Gary Chapman

DIE 5 SPRACHEN DER LIEBE FÜR TEENAGER

Gary Chapman

Die 5 Sprachen der Liebe für Teenager

francke

Über den Autor:

Gary Chapman ist zwar im Pensionsalter, will aber nichts von Ruhestand wissen. Er lebt mit seiner Frau Karolyn in North Carolina, arbeitet als Seelsorger seiner Gemeinde, hält Ehe-Seminare und ist Autor zahlreicher Bücher. Mit seinem Buch „Die fünf Sprachen der Liebe" hat er einen neuen Schlüssel zur Kommunikation gefunden und ein Millionenpublikum erreicht.

Bibliografische Information der Deutschen Nationalbibliothek
Die Deutsche Nationalbibliothek verzeichnet diese Publikation
in der Deutschen Nationalbibliografie;
detaillierte bibliografische Daten sind im Internet
über http://dnb.ddb.de abrufbar.

neu bearbeitet und erweitert
ISBN 978-3-86827-684-8

This book was first published in the United States by Northfield
Publishing, 820 N. LaSalle Blvd., Chicago, IL 60610 with the title
The 5 Love Languages of Teenagers

35037 Marburg an der Lahn
Deutsch von Silvia Lutz
Umschlagbild: © istockphoto.com / sturti
Umschlaggestaltung: Verlag der Francke-Buchhandlung GmbH,
Sven Gerhardt
Satz: Verlag der Francke-Buchhandlung GmbH
Druck und Bindung: CPI books GmbH, Leck - Germany

www.francke-buch.de

Inhaltsverzeichnis

Für Shelley und Derek.

Ohne euch hätte ich dieses Buch nie geschrieben.

Dank

Seit Jahren werde ich immer wieder gefragt: „Wann schreiben Sie ein Buch für Eltern von Teenagern?"

Meine Standardantwort lautete jedes Mal: „Wenn meine eigenen Teenager groß sind."

Jetzt, da unsere Kinder erwachsen und verheiratet sind, habe ich genug Abstand und kann objektiv über meine Erfolge und Misserfolge schreiben. Karolyn und ich waren gewiss keine perfekten Eltern. In den Teenager-Jahren unserer Kinder blieben wir nicht vor schmerzhaften und anstrengenden Phasen verschont, aber bei allem haben wir versucht, sie zu lieben. Das Entscheidende ist die Liebe. Heute haben wir eine gute Beziehung zu unseren früheren Teenagern, die mittlerweile reife, einfühlsame Erwachsene

*Ich schreibe dieses Buch,
weil ich fest davon überzeugt bin:
Eltern, die es schaffen,
ihre Teenager zu lieben,
machen das Wichtigste richtig.*

sind. Durch sie erfahren wir viel Freude und Ermutigung. Ich schreibe dieses Buch, weil ich fest davon überzeugt bin: Eltern, die es schaffen, ihre Teenager zu lieben, machen das Wichtigste richtig.

Vieles von dem, was Sie in diesem Buch lesen, habe ich von Shelley und Derek gelernt. Ohne die Erfahrungen, die ich in ihren Teenagerjahren gemacht habe, könnte ich nicht so gut mit anderen Eltern mitfühlen und auch nicht mit echter Leidenschaft ein Buch zu diesem Thema schreiben. Deshalb widme ich dieses Buch meinen Kindern. Ich möchte an dieser Stelle öffentlich bekennen, dass ich in ihrer Schuld stehe, weil ich an ihnen „üben" durfte. Durch das, was ich durch sie gelernt habe, mache ich bei meinen Enkeln hoffentlich einiges besser.

Ich bin auch Dr. Davis McGuirt sehr dankbar, der für mich Recherchen zu diesem Buch angestellt hat und mir eine unschätzbare Hilfe war. Er hat sowohl aktuelle als auch historische Studien über die Erziehung von Teenagern zusammengetragen, dieses Material ausgewertet und mir damit die Arbeit sehr erleichtert. *Danke, Davis. Ich hoffe, deine vielen Nachforschungen helfen dir und Mary Kay bei der Erziehung eurer eigenen Teenager.*

Wie immer stehe ich tief in der Schuld der Eltern, die mich an ihren Freuden und Schwierigkeiten im Umgang mit ihren Teenagern teilhaben ließen. Sowohl in den Beratungsstunden in meiner Praxis als auch „auf der Straße" habe ich viel von Eltern gelernt. Ihr Kummer hat mich sensibler gemacht. Ihr Erfolg hat mir Mut gemacht.

Ein besonderer Dank gilt Tricia Kube, meiner Büroassistentin, die die erste Ausgabe dieses Buches begleitete, und Anita Hall, die mich bei dieser überarbeiteten Ausgabe unterstützt hat.

Mein Dank geht auch an Betsey Newenhuyse, die als Lektorin ein gutes Buch noch besser macht. Sie hat Statistiken aktualisiert und so an dem Text gefeilt, dass diese neue Ausgabe Eltern und Teenager von heute anspricht.

Anmerkung zur deutschen Übersetzung: Wir sprechen in diesem Buch über Jugendliche im Teenager-Alter. Den ursprünglich englischen Begriff „Teenager" haben wir übernommen, da dieser auch im Deutschen umgangssprachlich benutzt wird. „Teenager" ist in der deutschen Sprache maskulin, d. h. es wird von „ihm" gesprochen. Doch selbstverständlich sind damit – sofern nicht ausdrücklich anders formuliert – immer männliche und weibliche Teenager gemeint.

Einleitung

Teenager zu erziehen war noch nie leicht. Aber die Teenager von heute leben in einer Welt, die sich von der Welt früherer Generationen stark unterscheidet, auch von der ihrer Eltern, die größtenteils der Generation X angehören.[1] Sie leben in einer globalen Welt mit mobilem Internet, Satellitenfernsehen und vielem mehr. Die moderne Technik setzt unsere Teenager dem Besten und dem Schlimmsten aus, was es in der Menschheitskultur gibt. Das homogene Umfeld in einem Dorf auf dem Land oder in einem vertrauten Stadtviertel gibt es nicht mehr. Die ethnischen Abgrenzungen der Teenager von heute sind völlig anders als noch vor wenigen Jahren. Der Pluralismus – die Akzeptanz vieler Gedankenkonzepte und Philosophien, die alle als gleichwertig und ebenbürtig betrachtet werden – hat den Platz allgemeingültiger Überzeugungen und Gedan-

Unsere Teenager leben in einer völlig anderen Welt als frühere Generationen.

kenmuster eingenommen. Unsere Teenager leben in einer völlig anderen Welt als frühere Generationen. Das gilt auch für die Schule. Teenager von heute sind einem starken Erfolgsdruck ausgesetzt, um einen Studienplatz an der „richtigen“ Universität zu bekommen. Dort erhoffen sie sich das nötige Handwerkszeug für eine lukrative Stelle in der Wirtschaft – einer Wirtschaft, die im letzten Jahrzehnt schwindelerregende Veränderungen durchlaufen hat.

Moderne Teenager leiden unter Schlafmangel. Nicht wenige von ihnen erleben Mobbing über die sozialen Medien oder Gewaltübergriffe. In einigen Bereichen hat sich die soziale Gesundheit von Teenagern verbessert. Zum Beispiel sind Schwangerschaften von Teenagern in Deutschland seit den 1970er-Jahren insgesamt stark zurückgegangen.[2] Dafür treten andere Schwierigkeiten verstärkt auf: Narzissmus, die Allgegenwart von Bildschirmen, Probleme auf dem Gebiet der Sexualität.

Trotz der ganzen Veränderungen und Herausforderungen bin ich der Meinung, dass Teenager ihre Eltern heute dringender brauchen als je zuvor. Alle Untersuchungen unterstreichen, dass der wichtigste Einfluss auf das Leben eines Teenagers von seinen Eltern kommt. Wenn die Eltern diese wichtige Rolle nicht wahrnehmen, übernimmt das jemand oder etwas anderes (Gleichaltrige, eine Clique oder die sozialen Medien). Ich bin fest davon überzeugt, dass wir unsere Teenager am besten unterstützen können, wenn wir als Eltern die Aufgabe wahrnehmen, unsere Kinder in Liebe anzuleiten.

Ich bin fest davon überzeugt, dass wir unsere Teenager am besten unterstützen können, wenn wir als Eltern die Aufgabe wahrnehmen, unsere Kinder in Liebe anzuleiten.

Bei den Eheseminaren, die ich anbiete, begegne ich vielen Eltern, die auf Panikmodus geschaltet haben. Das gilt besonders für Eltern, die herausgefunden haben, dass ihr Teenager eine Krankheit hat, die durch Geschlechtsverkehr übertragen wurde; dass ihre Teenager-Tochter schwanger ist oder eine Abtreibung hinter sich hat. Einige Eltern mussten erfahren, dass ihr Kind nicht nur Drogen nimmt, sondern auch an der Schule mit Drogen dealt. Andere bekommen entsetzt einen Anruf von der Polizei, weil ihr Teenager wegen unerlaubten Waffenbesitzes verhaftet wurde. Die Frage, die diese Eltern stellen, hat nichts mit einem philosophischen, distanzierten oder intellektuellen Interesse an den gesellschaftlichen Problemen von heute zu tun. Diese Frage kommt aus einem tiefen, persönlichen Schmerz: *„Was haben wir falsch gemacht?"*

„Wir haben versucht, gute Eltern zu sein. Wir haben ihnen alles gegeben, was sie wollten. Wie konnten sie sich selbst und uns das nur antun? Wir verstehen das einfach nicht", klagen sie.

Ich arbeite seit vierzig Jahren als Ehe- und Familientherapeut und habe mit diesen Eltern tiefstes Mitgefühl. Ich habe auch großes Mitgefühl mit den vielen Eltern, deren Teenager von dem oben genannten destruktiven Verhalten selbst nicht betroffen sind, die aber genau wissen, dass ihren Teenagern das genauso passieren könnte.

Dieses Buch konzentriert sich auf den, wie ich glaube, wichtigsten Grundstein für die Beziehung zwischen Eltern und Teenagern: *Liebe*. Dieses Wort ist wahrscheinlich das wichtigste Wort in unserer Sprache und gleichzeitig das Wort, das so häufig missverstanden wird wie kein anderes. Es ist meine Hoffnung, dass dieses Buch Eltern hilft, alles zu tun, um das emotionale Bedürfnis ihres Teenagers nach Liebe effektiv zu stillen. Ich glaube, dass es sich tief greifend auf das Verhalten des Teenagers auswirkt, wenn dieses Bedürfnis nach Liebe gestillt wird. Vielen falschen Verhaltensweisen von Teenagern liegt ein leerer Liebestank zugrunde. Damit will ich nicht sagen, dass Eltern ihre Teenager nicht lieben würden. Aber viele Teenager fühlen diese Liebe nicht. Viele Eltern haben die besten und ehrlichsten Absichten, doch sie wissen nicht, wie sie ihre Liebe auf emotionaler Ebene richtig kommunizieren können.

Ein Problem ist oft, dass sich viele Eltern selbst nicht geliebt fühlen. Ihre Ehebeziehung ist nicht intakt; die emotionale Liebe zwischen den Ehepartnern fließt nicht so, wie sie sollte. Diese Notwendigkeit – dem Partner in der Ehe zu zeigen, dass man ihn liebt – veranlasste mich, mein erstes Buch zu schreiben: *Die 5 Sprachen der Liebe: Wie Kommunikation in der Ehe gelingt.* Dieses Buch, das weltweit millionenfach verkauft wurde, hat in sehr vielen Ehen das emotionale Klima verbessert. Ehepaare haben gelernt, die „Sprache der Liebe" des anderen zu sprechen. Viele Menschen haben es erlebt, dass sie ihrem Partner dadurch ihre Liebe so zeigen können, dass er sie versteht. Als Autor freue ich mich natürlich sehr darüber, besonders wenn ich die Geschichten von Ehepaaren höre, die sich auseinandergelebt hatten, aber zu einer neuen Liebe finden konnten, als sie die Prinzipien der *5 Sprachen der Liebe* gelesen und in ihrer Beziehung umgesetzt haben.

Viele Eltern haben die besten und ehrlichsten Absichten, doch sie wissen nicht, wie sie ihre Liebe auf emotionaler Ebene richtig kommunizieren können.

Einige Zeit, nachdem mein Buch *Die 5 Sprachen der Liebe für Kinder* veröffentlicht worden war, das ich zusammen mit Ross Campbell geschrieben habe, sagte mir eine Mutter: „Dr. Chapman, Ihr Buch über die fünf Sprachen der Liebe für Kinder hat uns sehr geholfen, als unsere Kinder klein waren. Aber jetzt haben wir zwei Teenager und das ist etwas völlig anderes. Wir haben versucht, das zu tun, was wir immer gemacht haben, aber bei Teenagern funktioniert das nicht mehr. Bitte schreiben Sie ein Buch, das uns verrät, wie wir unseren Teenagern unsere Liebe zeigen können."

Diese Mutter hatte vollkommen recht: Teenager sind anders. Um Teenagern unsere Liebe so zu zeigen, dass sie sie annehmen können, ist ein wenig Hintergrundwissen nötig. Teenager machen eine enorme Veränderung durch. Deshalb ist es wichtig, dass die Eltern auch ihre Art verändern, wie sie ihren Teenagern ihre Liebe zeigen. Es ist meine Hoffnung, dass dieses Buch für die Eltern von Teenagern das bewirkt, was das erste Buch für viele Ehen und das zweite Buch für viele Eltern von kleineren Kindern bewirkt hat. Wenn das passiert, hat sich die Energie gelohnt, die ich in dieses Buch gesteckt habe.

Teenager machen eine enorme Veränderung durch. Deshalb ist es wichtig, dass die Eltern auch ihre Art verändern, wie sie ihren Teenagern ihre Liebe zeigen.

Ich habe es in erster Linie für Eltern geschrieben, aber ich denke, auch Großeltern und Lehrer bzw. Erzieher – eigentlich alle Erwachsenen, die mit Teenagern zu tun haben – können ihre Beziehungen zu Teenagern verbessern, wenn sie die Prinzipien in diesem Buch lesen und anwenden. Teenager müssen nicht nur die Liebe ihrer Eltern, sondern auch die Liebe von anderen wichtigen Bezugspersonen in ihrem Leben erfahren. Großeltern sollten nicht vergessen, dass Teenager unbedingt die Weisheit von älteren, reiferen Erwachsenen brauchen. Zeigen Sie ihnen Ihre Liebe und die Teenager werden auf Ihre Ratschläge hören.

In diesem Buch treten Sie hinter die geschlossenen Türen meiner Seelsorgepraxis und begegnen vielen Eltern und Teenagern, die mir erlaubt haben, darüber zu schreiben, wie sie mehr Verständnis und Liebe gelernt haben. Natürlich habe ich alle Namen geändert, um die Privatsphäre dieser Menschen zu wahren. Wenn Sie die Gespräche zwischen Eltern und Teenagern lesen, werden Sie entdecken, wie die Prinzipien der fünf Sprachen der Liebe im Leben Ihres Teenagers und Ihrer Familie tatsächlich funktionieren können.

Und jetzt ein Überblick über das, was Sie erwartet

Im ersten Kapitel betrachten wir die Welt, in der Ihr Teenager lebt – sowohl die Veränderungen, die in seinem Inneren stattfinden, als auch die Veränderungen in der Welt, in der er aufwächst. Im zweiten Kapitel erfahren Sie, wie wichtig die Liebe der Eltern bei der emotionalen, intellektuellen, sozialen und geistlichen Entwicklung des Teenagers ist.

In den Kapiteln 3 bis 7 betrachten wir die fünf Sprachen der Liebe und wie wir diese Sprachen im Umgang mit Teenagern anwenden können.

Kapitel 8 bringt Vorschläge, wie Sie die Liebessprache Ihres Teenagers herausfinden, d. h. wie Sie seinen Liebestank am effektivsten füllen können.

Zum Schluss betrachten wir die Themen, bei denen es kritisch werden kann: Selbstständigkeit des Teenagers, sinnvolle Grenzen setzen, Umgang mit Ärger, wie Sie Ihrem Teenager helfen können, mit Versagen umzugehen – alles mit den Augen der Liebe. Zusätzlich geben wir alleinerziehenden Eltern und Patchworkfamilien Hilfen an die Hand.

Ich bin überzeugt, dass ein junger Mensch die Veränderungen, die er erlebt, gut überstehen und sich zu einem gesunden jungen Erwachsenen entwickeln kann – wenn sein Bedürfnis nach Liebe in den Teenagerjahren gestillt wird. Diese Vision voller Hoffnung haben die meisten Eltern. Ich denke, es ist auch Ihre Vision. Darum betreten wir jetzt gemeinsam die Welt des Teenagers und betrachten die Herausforderungen, vor denen Teenagereltern stehen, aber auch die Chancen, die sich ihnen bieten, wenn sie ihrem Teenager ihre Liebe zeigen wollen.

1

Verstehen Sie die Teenager von heute?

Vor 70 Jahren gab es noch keine Teenager. Zumindest bekamen sie erst in der jüngsten Vergangenheit eine eigene Generationenbezeichnung. Das Wort *Teenager* wurde zum ersten Mal in der Zeit um den Zweiten Weltkrieg gebräuchlich. Obwohl viele Veränderungen stattgefunden haben, seit die ersten Teenager auf der sozialen Bühne erschienen, gibt es zwischen den Teenagern der 1940er-Jahre und denen des 21. Jahrhunderts viele Gemeinsamkeiten.

Seit den ersten Tagen, in denen die Teenagerkultur entstand, bis zu ihrer heutigen Ausprägung haben sich die grundlegenden Themen nicht geändert: *Unabhängigkeit* und *eigene Identität*. Die Teenager in unserer westlichen Gesellschaft sind auf der Suche nach ihrer Identität und versuchen gleichzeitig, von ihren Eltern unabhängig zu werden. In der Zeit, bevor man

Die Teenager in unserer westlichen Gesellschaft sind auf der Suche nach ihrer Identität und versuchen gleichzeitig, von ihren Eltern unabhängig zu werden.

offiziell von Teenagern sprach, spielten diese beiden Themen keine große Rolle.

Vor dem Industriezeitalter arbeiteten Teenager auf dem Bauernhof ihrer Eltern, bis sie irgendwann heirateten und ihr eigenes Land bekamen oder erbten. Die Frage nach der Identität war für einen Teenager kein Thema. Sobald er alt genug war, um auf den Feldern zu arbeiten, war er ein Bauer. Der heranwachsende Junge oder das heranwachsende Mädchen war ein Kind, bis er oder sie heiratete. Dann wurde aus dem Kind von einem Tag auf den anderen ein Erwachsener.

Die Suche nach Unabhängigkeit und Identität

Bis zum Anfang der 1940er-Jahre war Unabhängigkeit undenkbar, solange der junge Mensch nicht verheiratet war. Aber mit der Industrialisierung veränderte sich vieles: Man konnte seine eigene Identität immer mehr selbst bestimmen. Man konnte einen Beruf erlernen und in der Fabrik arbeiten. Dadurch wurde man Maschinist, Weber, Schuster usw. Auch die Unabhängigkeit von den Eltern wurde immer wichtiger, denn eine Arbeit zu bekommen konnte bedeuten, in ein anderes Dorf oder eine Stadt zu ziehen, wo man sich mit dem Geld, das man verdiente, eine von den Eltern unabhängige Wohnung leisten konnte. Die größeren kulturellen Veränderungen bildeten somit den Hintergrund für die sich entwickelnde Teenagerkultur.

Seit den 1940er-Jahren folgen Teenager diesem Muster, ihre Unabhängigkeit und Identität zu entwickeln, aber das geschieht in einer sich rasant verändernden Welt. Durch die Elektrizität, das Telefon, das Auto, das Radio, Flugzeuge, das Fernsehen, den Computer und das Internet nahmen die Möglichkeiten, Unabhängigkeit und eine eigene Identität zu entwickeln, immer mehr zu. Der Teenager von heute lebt in einer wirklich globalen Gesellschaft. Aber interessanterweise hat er den Blick weiterhin stark auf sich selbst gerichtet: seine Identität und seine Unabhängigkeit. Darauf gehen wir später genauer ein.

Die Orte, an denen der Teenager seine Unabhängigkeit und seine Identität zum Ausdruck bringt, haben sich im Laufe der Jahre verändert, aber die Mittel sind im Grunde immer noch die gleichen: Musik, Tanz, Mode, Hobbys, Sprache, Beziehungen. Zum Beispiel fand auf dem Gebiet der Musik eine Entwicklung von Big Bands zu Rhythm and Blues, Rock 'n' Roll, Folk, Country, Heavy Metal, Rap usw. statt.

In der sich verändernden Welt hat der Teenager stets eine größere Auswahl als die Generation vor ihm, aus der er sich etwas aussuchen kann. Aber egal, wofür er sich entscheidet – sein Musikgeschmack wird anders sein als der seiner Eltern: Das ist eine Frage der Unabhängigkeit und der Identität. Das Gleiche gilt in allen anderen Bereichen der Teenagerkultur.

Was charakterisiert also die Teenagerkultur unserer Tage? Inwiefern hat Ihr Teenager Gemeinsamkeiten mit Teenagern anderer Generationen und in welchen Bereichen unterscheidet er sich von ihnen?

Damals und heute: Fünf Gemeinsamkeiten

1. Körperliche und intellektuelle Veränderungen

Die grundlegenden Herausforderungen eines Teenagers von heute haben sehr viel Ähnlichkeit mit den Herausforderungen, vor denen Sie selbst als Teenager auch standen. Erstens steht der Teenager vor der Herausforderung, die Veränderungen, die in seinem Körper vor sich gehen, zu akzeptieren und richtig damit umzugehen. Arme und Beine, Hände und Füße ... alles wächst, manchmal unterschiedlich schnell, und die Proportionen stimmen noch nicht (das kann für einen Teenager sehr unangenehm und peinlich sein). Die Geschlechtsteile entwickeln sich, was aufregend, aber auch beängstigend sein kann. Und welche Eltern leiden nicht mit, wenn sie sehen, wie ihr Teenager mit dem unangenehmsten Feind kämpft: Pickel!

Diese körperlichen Veränderungen lösen unzählige Fragen in Ihrem Teenager aus: „Ich werde erwachsen, aber wie werde ich aussehen? Werde ich zu groß oder zu klein sein? Werden meine Ohren abstehen? Werden meine Brüste zu klein sein? Und meine Nase? Sind meine Füße zu groß? Bin ich zu dick oder zu dünn?“ Die vielen Fragen lassen den Teenager nicht los. Je nachdem, wie er damit umgeht, hat das entweder einen positiven oder einen negativen Einfluss auf seine eigene Identität.

Das körperliche Wachstum wird von einem „intellektuellen Wachstumsschub“ begleitet. Der Teenager entwickelt eine neue Denkweise. Das Denken von Kindern richtet sich auf konkrete Aktionen und Ereignisse. Ein Teenager beginnt, in abstrakten Begriffen zu denken wie Ehrlichkeit, Treue und Gerechtigkeit. Und mit dem abstrakten Denken kommt die weite Welt der unbegrenzten Möglichkeiten. Der Teenager kann überlegen, wie etwas anders sein könnte, wie eine Welt ohne Krieg aussehen würde oder wie verständnisvolle Eltern ihre Kinder behandeln würden. Die Welt der unbegrenzten Möglichkeiten öffnet die verschiedensten Türen bei der Identitätsfindung. Der Teenager erkennt: „Ich könnte Hirnchirurg werden oder Pilot oder Müllmann.“ Die Möglichkeiten sind grenzenlos und der Teenager kann sich zahlreiche Berufe für sich vorstellen.

Ein Teenager beginnt, in abstrakten Begriffen zu denken wie Ehrlichkeit, Treue und Gerechtigkeit. Und mit dem abstrakten Denken kommt die weite Welt der unbegrenzten Möglichkeiten.

2. Argumentieren und Hinterfragen

Das Teenageralter ist auch die Zeit, in der alles hinterfragt wird. Der Teenager ist in der Lage, logisch zu denken und die logischen Konsequenzen unterschiedlicher Entscheidungen zu sehen. Er hinterfragt nicht nur seine eigenen Argumente und Gedanken, sondern auch die seiner Eltern. Verstehen Sie, warum ein Teenager manchmal streitsüchtig wirkt? In Wirklichkeit entwickelt er nur seine geistigen Fertigkeiten. Wenn die Eltern das verstehen, können sie mit ihrem Teenager sinnvolle und interessante Gespräche führen. Wenn sie das nicht verstehen, kann sich eine angespannte Beziehung entwickeln, vielleicht sogar eine feindselige Atmosphäre, und der Teenager muss seine neu entdeckten intellektuellen „Muskeln" woanders trainieren. Da diese intellektuelle Entwicklung und die Verarbeitung neuer Informationen so schnell geht, hält sich der Teenager oft für klüger als seine Eltern. In einigen Bereichen ist er das vielleicht auch.

Dieses fortgeschrittene Denken stellt den Teenager auf dem Gebiet sozialer Beziehungen vor völlig neue Herausforderungen. Die Diskussion mit Gleichaltrigen und die Auseinandersetzung mit ihren Standpunkten lassen einerseits neue Ebenen der Vertrautheit entstehen, bieten aber auf der anderen Seite auch Reibungsflächen. Die Entstehung von Cliquen (kleinen, geschlossenen sozialen Gruppen) hängt viel mehr mit der Übereinstimmung in intellektuellen Fragen zusammen als mit der Frisur oder dem Kleidungsstil. Genauso wie Erwachsene fühlen sich Teenager meistens bei denjenigen am wohlsten, die ähnliche Standpunkte wie sie selbst vertreten.

3. Hinterfragen der persönlichen Moral und der eigenen Werte

Die intellektuelle Fähigkeit, Gedanken und Taten logisch zu analysieren und die Folgen bestimmter Glaubensüberzeugungen zu erkennen, führt zu einer weiteren Herausforderung für Teenager: Sie stellen die Glaubenssysteme, mit denen sie aufgewachsen sind, infrage und entscheiden, ob dieser Glaube es wert ist, dass sie sich dafür einsetzen. „Haben meine Eltern in ihren Ansichten über Gott, Moral und Werte recht?" Das sind schwere Fragen, mit denen sich jeder Teenager auseinandersetzen muss. Wenn Eltern diesen Kampf nicht verstehen, üben sie oft einen negativen Einfluss aus. Dann kann es sein, dass sich der Teenager sogar von ihnen distanziert.

Wenn der Teenager fundamentale Glaubensgrundsätze seiner Eltern hinterfragt, sind kluge Eltern für diese Fragen dankbar und versuchen, ehrliche Antworten zu geben, ohne bevormunden zu wollen. Vielmehr ermutigen sie ihren Teenager, diesen Gedanken weiter auf den Grund zu gehen. Mit anderen Worten: Sie sind für jede Gelegenheit dankbar, mit dem Teenager über die Glaubensinhalte, die sie seit Jahren vertreten, im Dialog zu bleiben. Wenn die Eltern hingegen die Fragen des Teenagers ablehnen, ihm vielleicht sogar Schuldgefühle vermitteln, weil er das infrage stellt, was sie selbst glauben, ist der Teenager gezwungen, mit seinen Fragen woanders hinzugehen.

4. Auseinandersetzung mit Sexualität und Ehe

Eine weitere Herausforderung für den Teenager ist der Umgang mit seiner eigenen Sexualität und gleichzeitig die Aufgabe, seine soziale Rolle als heranwachsender Mann oder heranwachsende Frau zu lernen. Was ist im Umgang mit Vertretern des anderen Geschlechts angemessen und was nicht? Was ist im Umgang mit den eigenen sexuellen Gedanken und Gefühlen angemessen und was nicht? Diese Fragen, denen Eltern oft aus dem Weg gehen, sind für den Teenager wichtig.

Die erwachende Sexualität des Teenagers ist Teil seiner Persönlichkeit und der Umgang mit Vertretern des anderen Geschlechts ist eine allgegenwärtige Realität. Die meisten Teens träumen davon, eines Tages zu heiraten und eine Familie zu haben. Im Jahr 2010 wurden in Deutschland 1.500 Kinder und

Jugendliche zu ihren Zukunftswünschen befragt. 75 Prozent gaben an, dass ihnen Familie „total wichtig" sei; für weitere 21 Prozent war Familie immerhin noch „wichtig".[3] Der Weg vom Anfang des Teenageralters bis zur stabilen Ehe und Familie nimmt in seinen Gedanken eine entscheidende Rolle ein.

Eltern, die ihm dabei helfen wollen, nutzen die normalen Familiengespräche, um Themen anzusprechen, die mit Sexualität, Freundschaften mit dem anderen Geschlecht und Ehe zu tun haben. Außerdem verweisen sie auf die richtigen Bücher, Zeitschriften und Websites, die altersgerecht sind und praktische und vernünftige Informationen bieten. Den Teenagern, die Gemeinde- oder Jugendgruppen besuchen, bieten verständnisvolle Erwachsene und Jugendreferenten oft Plattformen an, in denen über Sexualität, Freundschaft und Ehe gesprochen wird. Diese Gruppen ermöglichen einen sozialen Kontext, in dem Teenager diesen wichtigen Aspekt ihrer Entwicklung in einem offenen und verständnisvollen Rahmen ansprechen können.

5. Zukunftsfragen

Die Teenager von früher und die Teenager von heute haben noch eine weitere Herausforderung gemeinsam und das ist das Ringen mit der Frage: „Was werde ich mit meinem Leben machen?" Zu dieser Frage gehört die Berufswahl, aber sie reicht viel tiefer. Letztendlich ist es eine geistliche Frage: „Wofür lohnt es sich, mein Leben zu investieren? Wo werde ich die größte Zufriedenheit finden? Und wo kann ich das meiste bewirken?"

„Wofür lohnt es sich, mein Leben zu investieren? Wo werde ich die größte Zufriedenheit finden? Und wo kann ich das meiste bewirken?"

Auch wenn diese Fragen vielleicht philosophisch klingen, sind sie für unsere Teenager sehr real. Mittelfristig müssen die Teenager Antworten auf die Fragen finden: „Will ich studieren, und wenn ja, was und wo? Soll ich ein soziales Jahr machen, und wenn ja, in welchem Bereich? Oder soll ich eine Ausbildung machen, und wenn ja, in welchem Beruf?" Natürlich ist Teenagern bewusst, dass jede dieser Entscheidungen mit Folgen verbunden ist. Jeder Schritt hat einen Einfluss darauf, wohin der nächste Schritt geht und wohin ihr Weg führt. Das ist für diese jungen Gehirne eine große Herausforderung.

Eltern, die ihren Teenagern helfen wollen, erzählen ihnen von ihren eigenen Kämpfen, ihren eigenen Freuden und ihren eigenen Enttäuschungen. Als Eltern können und sollten Sie keine leichten Antworten geben, aber Sie können den Teenager bei seiner Suche ermutigen, indem Sie Ihrem Sohn oder Ihrer Tochter Leute aus verschiedenen Berufen vorstellen, die ihnen von ihrem Weg erzählen. Sie können Ihren Jugendlichen ermutigen, mit Berufsberatern an der Schule zu sprechen und Schnuppertage an Universitäten oder Praktika in Betrieben zu nutzen. Aber letztendlich sollten Sie Ihren Teenager ermutigen, Samuels Beispiel zu folgen. Der Prophet im alten Israel hörte als Jugendlicher Gottes Ruf und sagte: „Sprich, dein Diener hört."[4] Diejenigen, die in der Menschheitsgeschichte Großes bewirkten, waren Männer und Frauen, die eine Berufung von Gott hatten und dieser Berufung folgten.

Fünf fundamentale Unterschiede

Bei diesen ganzen Gemeinsamkeiten dürfen wir jedoch nicht übersehen, dass zwischen dem Teenager von heute und dem Teenager von früher (auch wenn es hier nur um wenige Jahre geht) auch ein großer Unterschied besteht. Dieser Unterschied ist die moderne kulturelle Situation, in der die Teenager von heute mit den oben aufgezählten Herausforderungen konfrontiert werden. Wie sehen diese Unterschiede aus?

1. Technologie

Einer der offensichtlichsten Unterschiede ist, dass die Teenager von heute in einer Welt mit hochentwickelter Technik aufwachsen. In der Jugendzeit ihrer Eltern gab es maximal Kabelfernsehen, die ersten Gehversuche des Internets und „Steinzeit"-Handys, aber der Teenager von heute ist ein „Digital Native". Eine Welt ohne mobiles Internet, soziale Medien und vernetzte Klassenzimmer ist für ihn undenkbar. Dank des allgegenwärtigen Smartphones ist jeder Film, der je produziert wurde, verfügbar; jedes Lied, das je gesungen wurde, kann auf diversen Musikkanälen gehört werden. Der Teenager von heute kann sich nicht an die Zeit vor dem Internet erinnern; unser Teenager und das Internet sind gemeinsam groß geworden. Was früher als „Informationsautobahn" bezeichnet wurde, hat sich zu einem weiten mobilen Netz entwickelt, das sowohl positive als auch negative Einflüsse auf uns alle hat. Dadurch hat der Teenager nicht nur immer einen direkten Zugang zu den neuesten Trends in Film, Mode, Musik und Sport, sondern er weiß auch immer sofort, wo seine Freunde gerade sind und wer mit wem zusammen ist oder Schluss gemacht hat. Durch die sozialen Netzwerke und die mobile Versorgung mit aktuellen Informationen hat das Internet das traditionelle Telefon als Medium, über das man mit Freunden kommunizieren und Ideen austauschen kann, nicht nur überholt, sondern buchstäblich ausgeschaltet. Sie sehen Ihren Teenager wahrscheinlich viel öfter an seinem Smartphone Nachrichten schreiben, surfen, chatten und/oder ein Spiel spielen (häufig alles gleichzeitig), als tatsächlich damit zu telefonieren. Diese technischen Möglichkeiten bringen Ihren Teenager in Kontakt mit der Welt und die Welt in Kontakt mit

Der Teenager von heute kann sich nicht an die Zeit vor dem Internet erinnern; unser Teenager und das Internet sind gemeinsam groß geworden.

Ihrem Teenager. Der Teenager von heute ist viel mehr kulturellen Reizen ausgesetzt, als sich das seine Eltern in seinem Alter je hätten vorstellen können.

2. Konfrontation mit Gewalt

Ein zweiter prägender Unterschied besteht darin, dass Ihr Teenager viel mehr über Gewalt weiß und erfährt als frühere Generationen. Das liegt einerseits an den technischen Fortschritten – das heißt, in den Medien wird viel mehr über Gewalt berichtet –, aber zum Teil spiegelt es auch einfach den Durst unserer Kultur nach Gewalt (die fast eine Besessenheit ist) wider. Unsere Filme, Lieder und Romane strotzen oft vor Gewaltszenen. Eine Umfrage unter amerikanischen Jugendlichen ergab, dass 36 Prozent der Teenager im letzten Monat einen Film oder eine Fernsehsendung gesehen hatten, die viel Gewalt enthielt.

Interessant war, dass acht von zehn Teens (78 Prozent bei der schon weiter oben erwähnten Umfrage) angaben, dass sie „kein Problem damit haben, Gewaltfilme oder Fernsehsendungen mit Gewalt zu sehen". Aber 53 Prozent derselben Teenager waren sich einig, dass „Gewalt im Fernsehen und in Filmen jungen Menschen falsche Botschaften vermittelt". Dieselbe Umfrage ergab, dass 65 Prozent der befragten Teens glauben, dass „Filme und Fernsehen einen großen Einfluss auf die Lebenseinstellung der jungen Leute von heute haben".[5]

Die Konfrontation mit Gewalt beschränkt sich nicht auf Medien und Filme. Viele Teenager von heute werden persönlich mit Gewalt konfrontiert. Sie sehen, wie ihr Vater ihre Mutter körperlich misshandelt, oder sie erleben selbst körperliche Misshandlung durch Vater, Stiefvater oder andere Erwachsene. Die meisten Teenager geben an, dass auch die Schule oft Schauplatz von Gewalt ist.

Einige Teenager werden selbst zu Tätern, die Gewalt anwenden, bis hin zum Totschlag. Die Totschlagsrate in den

USA ist in den letzten 30 Jahren relativ konstant geblieben, aber der Anteil der jugendlichen Täter nimmt ständig zu. Der Zeitraum, in dem dieser Anteil am meisten gewachsen ist, war von Mitte der 1980er- bis Mitte der 1990er-Jahre, als die Zahl der jugendlichen Täter um 168 Prozent stieg. Das FBI berichtet, dass es in den USA jedes Jahr ungefähr 23.000 Fälle von Totschlag gibt. Bei 25 Prozent dieser Fälle ist der Täter 21 Jahre oder jünger.[6] In den letzten Jahren weisen die Statistiken, Gott sei Dank, rückläufige Zahlen auf. Aber in vielen Städten stellt die Gewaltbereitschaft von Jugendlichen nach wie vor ein ernstes Problem dar.

3. Veränderung der Familiensituationen

Ein dritter kultureller Faktor, der den Teenager von heute beeinflusst, ist die veränderte Familiensituation in der modernen westlichen Familie. Laut einer Umfrage unter Jugendlichen vor ein paar Jahren leben vier von zehn amerikanischen Teenagern (39 Prozent) bei nur einem Elternteil. In acht von zehn Fällen ist der fehlende Elternteil der Vater. Dieselbe Umfrage ergab, dass 20 Prozent der amerikanischen Teenager mit einem Stiefvater oder einem anderen erwachsenen Mann, der mit ihrer Mutter zusammenlebt, unter einem Dach wohnen.[7] In Deutschland zeigen sich die Zahlen ein wenig anders: Hier leben nach einer Erhebung aus dem Jahr 2010 insgesamt ca. 17 Prozent der Minderjährigen bei nur einem Elternteil.[8] Hiervon leben ca. 90 Prozent bei der Mutter. Besonders traurig ist jedoch, dass ca. 40 Prozent der Eltern ohne Sorgerecht keinen oder nur selten Kontakt zu ihrem Kind haben.[9]

Soziologen stellen fest, dass „unsere Familien in einem noch nie da gewesenen Ausmaß völlig verschieden sind: Wir haben Väter, die arbeiten, während die Mutter Hausfrau ist; Väter und Mütter, die beide außer Haus arbeiten; alleinerziehende Eltern; Eltern, die zum zweiten Mal verheiratet sind und deren Kinder aus völlig unterschiedlichen Hintergründen zusammen aufwachsen; kinderlose Ehepaare; unverheiratete Paare mit und ohne Kinder; und homosexuelle Eltern. Im Familienleben finden historische Veränderungen statt."[10] Ein anderer Autor bemerkt dazu: „Uns fehlen noch die Zahlen über die Nebenwirkungen dieser Zersplitterung, aber die Soziologie vermutet einen direkten Zusammenhang mit vielen sozialen Problemen, die wir täglich beobachten können. Verhaltensauffälligkeiten, Stress, Entfremdung ... und kürzere Aufmerksamkeitsfähigkeit sind zum Teil direkt auf den Stress zurückzuführen, den es für Kinder und Jugendliche bedeutet, sich an neue Familienkonstellationen anpassen zu müssen."[11]

Es ist nichts Neues, dass der Teenager von heute oft ohne Verwandtschaft aufwächst. James Comer, Direktor des Kinder-Studienzentrums in Yale, bewertet diesen Faktor als fast genauso kritisch wie den Zusammenbruch der Kernfamilie. Aus seiner eigenen Kindheit erzählte Comer: „Auf dem Heimweg von der Schule traf ich mindestens fünf gute Freunde meiner Eltern, die ihnen sofort erzählten, wenn ich etwas anstellte. Für die Kinder von heute gibt es solche Menschen nicht mehr."[12] In der Vergangenheit konnten sich Teenager auf Verwandte, gesunde Nachbarschaften, Gemeinden und lokale Gruppen verlassen. Der Teenager von heute (und die Eltern von heute) haben diese Netzwerke oft nicht.

4. Konfrontation mit Sexualität

Die öffentliche sexuelle Atmosphäre, in der unsere Teenager aufwachsen, ist ebenfalls völlig anders als früher. Die Babyboomer der 1960er rebellierten gegen die Sexualmoral ihrer Eltern, aber sie kannten die Regeln und hatten manchmal sogar Schuldgefühle, wenn sie dagegen verstießen. Aber der Teenager von heute wächst in einer Welt ohne sexuelle Regeln auf. Filme, Medien und Musik setzen Sex mit Liebe gleich und stellen Sex als selbstverständlichen Teil einer normalen Freundschaft dar. Deshalb sind sehr viele Teenager sexuell aktiv.

Teenager, die nicht sexuell aktiv sind, kämpfen mit Gedanken wie: *Verpasse ich etwas Wichtiges? Stimmt mit mir etwas nicht?* Gleichzeitig haben diejenigen, die sexuell aktiv sind, andere negative Gefühle. Sie fühlen sich oft benutzt, missbraucht und leer.

Der Teenager von heute lebt in einer Welt, in der Sex nicht nur ein erwarteter Teil von Beziehungen ist, sondern in der es auch immer selbstverständlicher ist, dass man zusammenlebt, ohne zu heiraten, und in der homosexuelle Beziehungen als alternativer Lebensstil gefördert werden. Die Worte bisexuell und Transgender gehören für den modernen Teenager zum gängigen Vokabular. In einem sehr realen Sinn ist Sex zu einem Gott geworden und es gibt die verschiedensten Schreine und Anbetungsformen. Das ist die Welt, in der sich der Teenager von heute in den ohnehin beängstigenden Gewässern seiner eigenen erwachenden Sexualität zurechtfinden muss.

5. Neutrale moralische und religiöse Werte

Schließlich wächst der Teenager von heute in einer Welt auf, die im wahrsten Sinne des Wortes post-christlich ist. Auf dem Gebiet Religion und Moral gibt es keine Klarheit mehr. In früheren Generationen hätten die meisten definieren können, was moralisches und was unmoralisches Verhalten ist. Die moralischen Werte basierten in erster Line auf dem jüdischen und christlichen Glauben. Für den Teenager von heute gilt das nicht mehr. Zum ersten Mal in der Geschichte wächst eine ganze Generation ohne klare moralische Werte heran. Werte sind oft neutral. Der Teenager hört, dass das, was sich gut anfühlt, auch gut ist. Richtig und falsch sind relativ.

Zum ersten Mal in der Geschichte wächst eine ganze Generation ohne klare moralische Werte heran.

Die Teenagerjahre waren schon immer eine Zeit, in der religiöse Glaubensinhalte hinterfragt wurden. Teenager stellen Fragen über den religiösen Glauben – oder Unglauben – ihrer Eltern. Genauso wie in anderen Lebensbereichen versuchen sie, ihre eigene Identität zu finden. Doch im Gegensatz zu früher sind Teenager in unserer heutigen globalen Welt unzähligen religiösen Glaubensformen ausgesetzt. Das geschieht sowohl durch die Mittel der modernen Technik als auch durch Freunde, die zu anderen religiösen Gruppen gehören.

Religion ist für den Teenager von heute wichtig. Eine aktuelle Umfrage in den USA ergab, dass ungefähr die Hälfte der Teenager (51 Prozent) Religion für die Gestaltung ihres täglichen Lebens als wichtig betrachtet.[13] Über drei Viertel der Teenager (82 Prozent) identifizieren sich mit einer organisierten religiösen Gruppe. Ein Drittel der Teenager (36 Prozent) sagt, dass sie sich Gott „sehr" oder „äußerst" nahe fühlen, und über die Hälfte hat eine persönliche Entscheidung getroffen, für Gott zu leben (55 Prozent).[14] Vier von zehn Teenagern (40 Prozent) gaben an, dass sie mindestens einmal in der Woche einen Gottesdienst besuchen.[15] Für die SINUS-Studie in Deutschland von 2016 wurden zahlreiche Jugendliche auch zum Thema „Religion" befragt. Sie gaben an, sich sehr für Fragen zu Werten, Moral und Tod zu interessieren. Der Trend gehe allerdings mehr zum individuell zusammengestellten „Patchwork aus vielen religiösen, quasireligiösen und spirituellen Angeboten". Exotische Religionen, z. B. Buddhismus oder Hinduismus, würden „wie eine neue Sportart" gerne mal ausprobiert.[16]

Die Teenager von heute interessieren sich also mehr für die Erfahrungs- und Beziehungsebene in religiösen Gruppen als für abstrakte religiöse Überzeugungen. Wenn die Gruppe den Teenager akzeptiert, Verständnis zeigt und hilfsbereit ist, findet er sie attraktiv, auch wenn er vielleicht mit den religiösen Überzeugungen der Gruppe nicht übereinstimmt.

Eltern können führen

In dieser Welt wächst Ihr Teenager auf. Die gute Nachricht lautet, dass die Teenager von heute von ihren Eltern Führung erwarten. In einer aktuellen Umfrage gaben Teenager an, dass ihre Eltern in folgenden Bereichen mehr Einfluss haben als Gleichaltrige: Frage nach Studium oder Beruf, Gottesdienstbesuch, Hausaufgabenmachen und Umgang mit Alkohol. Eltern haben auch einen Einfluss auf die Berufspläne ihrer Teenager. Freunde haben mehr Einfluss auf ihre Entscheidungen bei kurzfristigeren Fragen: ob sie den Unterricht schwänzen, mit wem sie eine Beziehung anfangen, welche Frisur und Kleidung sie bevorzugen.[17]

Als Teenagern in der Umfrage die Frage gestellt wurde: „Wer hat den größten Einfluss auf deine Entscheidungen: deine Eltern oder deine Freunde?“, hatten bei den Entscheidungen, die einen größeren Einfluss darauf haben, zu welchen Menschen sich die Teenager entwickeln, die Eltern deutlich mehr Einfluss. Ja, Ihr Teenager wird in einigen Bereichen von Freunden geprägt, aber Sie als seine Eltern haben immer noch den größten Einfluss auf sein Denken und Verhalten. Die folgenden Kapitel wollen Ihnen zeigen, wie Sie das Bedürfnis Ihres Teenagers nach Liebe am besten stillen und dadurch den Grundstein legen können, um in allen anderen Lebensbereichen mehr Einfluss auf die Lebensgestaltung Ihres Teenagers nehmen zu können.

Ihr Teenager wird in einigen Bereichen von Freunden geprägt, aber Sie als seine Eltern haben immer noch den größten Einfluss auf sein Denken und Verhalten.

2

Der Schlüssel:

Elterliche Liebe

Becky, Mutter von zwei Kindern, wies alle Symptome eines Erziehungstraumas auf. Sie sprach mich bei einem Eheseminar an. „Dr. Chapman, ich habe schreckliche Angst", gestand sie. „Mein Sohn ist zwölf und meine Tochter ist elf. Ich habe Bücher über Teenager gelesen und bin entsetzt. Anscheinend haben alle Teenager Sex, nehmen Drogen und sind gewalttätig. Ist es wirklich so schlimm?" Dann fügte sie hinzu: „Ich habe schon überlegt, ob ich meine Kinder von der Schule nehme und zu Hause unterrichte, aber das jagt mir auch Angst ein. Ich weiß nicht, ob ich dafür bereit bin, dass meine Kinder Teenager werden."

In den letzten Jahren habe ich viele Eltern wie Becky getroffen. Viele Eltern lesen Bücher über die Erziehung von Teenagern. Im Fernsehen wird immer mehr von der Gewaltbereitschaft vieler Teenager berichtet. Wenn Sie zu diesen Eltern gehören oder sich fragen: „Muss ich Angst haben?", wird Ihnen dieses Kapitel hoffentlich einen Teil Ihrer Angst nehmen. Angst ist keine gute Voraussetzung für den Umgang mit Teenagern. Ich hoffe, dieses Kapitel schenkt Ihnen Zuversicht, dass Sie im Leben Ihres Teenagers eine positive Rolle spielen können.

Die gute Nachricht über Familien und Schulen

Als Erstes möchte ich Sie beruhigen: Nicht alle Fakten sind negativ. Es stimmt zwar, dass eine Umfrage im Jahr 1998 ergab, dass nur 57 Prozent der amerikanischen Teenager bei beiden Elternteilen leben – aber es stimmt auch, dass 87 Prozent der Teens Kontakt zu ihrem Vater haben, selbst wenn sie nicht bei ihm wohnen.[18] Eine große Mehrheit der Teenager (70 Prozent) gab an, dass sie eine „äußerst" oder „sehr" gute Beziehung zu ihrem Vater haben.[19] Bei einer anderen Umfrage aus dem Jahr 1999 gab die Mehrheit der Teens zwischen 13 und 17 Jahren an, dass sie normalerweise ein gutes Gefühl in Bezug auf die Schule haben. Auch gaben die meisten Teenager an, dass sie glücklich sind (85 Prozent) und sich an der Schule gut aufgehoben fühlen (82 Prozent). Fast genauso viele sagten, dass sie das Gefühl haben, geschätzt zu werden (78 Prozent), dass man sich für sie interessiere (77 Prozent), dass sie sich ermutigt (76 Prozent) und gefordert (72 Prozent) fühlten.[20] Zwei weitere Statistiken lassen das Herz von Eltern, denen die Schulbildung ihrer Kinder wichtig ist, höherschlagen: 97 Prozent der Teenager wollen die Mittlere Reife machen und 83 Prozent erachten ein Studium für „sehr wichtig".[21]

Bei der Auswertung dieser Ergebnisse betont George Gallup Junior, dass die Jugendlichen von Idealismus, Optimismus, Spontaneität und Begeisterung motiviert werden. „Junge Menschen geben an, dass sie gern anderen helfen, sich für den Weltfrieden und eine gesunde Umwelt einsetzen und dass sie ein gutes Gefühl in Bezug auf ihre Schule und ein noch positiveres Gefühl in Bezug auf ihre Lehrer haben." Was die Einstellung der Teens im Hinblick auf ihre Zukunft angeht, beschreibt Gallup: „Eine große Mehrheit der amerikanischen Jugendlichen gibt an, dass sie glücklich sind und sich auf die Zukunft freuen, dass sie sich ihren Familien sehr nahe fühlen, dass sie wahrscheinlich heiraten und Kinder haben wollen, mit ihrem persönlichen Leben zufrieden sind und das Ziel haben, in dem Beruf, für den sie sich entscheiden, Erfolg zu haben."[22]

Lawrence Steinberg, leitender Mitarbeiter des Forschungszentrums für menschliche Entwicklung und Ausbildung, ist ein in den USA anerkannter Experte für die Entwicklung im Teenageralter. Er sagt: „Die Adoleszenz ist nicht eine grundsätzlich schwierige Phase. Psychische Probleme, problematisches Verhalten und Familienkonflikte treten in der Adoleszenz nicht häufiger auf als in jeder anderen Lebensphase. Es ist unbestritten, dass einige Jugendliche Probleme haben und dass einige in Schwierigkeiten geraten. Aber bei der großen Mehrheit (fast 9 von 10) ist das nicht der Fall." Steinberg, der auch Professor für Psychologie an der Temple University ist, fügt hinzu: „Die Probleme, die wir als ‚normalen' Teil der Entwicklung eines Jugendlichen betrachten – Drogen, Kriminalität, verantwortungsloser Umgang mit Sex, Widerstand gegen jede Form von Autorität –, sind alles andere als normal. Man kann diese Probleme verhindern oder lösen. Als Fazit ist zu sagen, dass gute Kinder in der Adoleszenz nicht plötzlich böse werden."[23]

In den Medien hören wir von den zehn Prozent, die Probleme haben. Viele – sicherlich nicht alle – dieser Teenager hatten auch als Kinder schon Probleme. Doch natürlich möchte ich an dieser Stelle betonen, dass es kein immer zutreffendes Schema gibt, nach dem Sie schon im Voraus erkennen können, ob Ihr Teenager einmal Probleme haben wird oder nicht – quasi eine „Methode“ zur „Teenager-Problem-Vermeidung“. Meine Erfahrungen haben mir jedoch gezeigt, was unglaublich wichtig ist, um mit Ihrem Teenager im Gespräch zu bleiben: Das ist eine liebevolle, intakte Beziehung zueinander. Und ich möchte Sie ermutigen, an dieser Beziehung zu arbeiten. Sie und Ihr Teenager *können* eine positive Beziehung haben. Das will Ihr Teenager und ich nehme an, dass Sie das auch wollen. Deshalb wollen wir in diesem Kapitel betrachten, was ich für den wichtigsten Aspekt dieser Beziehung halte: das Bedürfnis Ihres Teenagers nach emotionaler Liebe. Wenn dieses Bedürfnis gestillt wird, kann der Teenager sich mit den Herausforderungen, von denen wir im ersten Kapitel gesprochen haben, erfolgreich auseinandersetzen.

Meine Erfahrungen haben mir jedoch gezeigt, was unglaublich wichtig ist, um mit Ihrem Teenager im Gespräch zu bleiben: Das ist eine liebevolle, intakte Beziehung zueinander.

Wenn Teenager wissen, dass ihre Eltern sie lieben, haben sie das Selbstvertrauen, um sich negativen Prägungen zu widersetzen, die sie daran hindern wollen, reife, leistungsfähige Erwachsene zu werden. Ohne die Liebe seiner Eltern ist die Gefahr groß, dass der Teenager seine Sehnsucht nach Anerkennung mithilfe von Drogen, pervertiertem Sex und Gewalt erfüllen will. Meiner Meinung nach ist es das Wichtigste, dass Eltern lernen, das emotionale Bedürfnis ihres Teenagers nach Liebe zu stillen.

Was meine ich mit „emotionaler Liebe“? Tief in der Seele des Teenagers sitzt der Wunsch, eine Beziehung zu seinen Eltern zu haben und von ihnen akzeptiert und gefördert zu werden. Wenn das geschieht, fühlt sich der Teenager geliebt. Wenn der Teenager sich nicht verbunden, angenommen und unterstützt fühlt, ist sein Gefühlstank leer. Diese Leere wirkt sich stark auf sein Verhalten aus. Ich werde nun auf die einzelnen Punkte genauer eingehen.

Die Sehnsucht des Teenagers nach Verbundenheit

Präsenz der Eltern

Es ist schon viel darüber geschrieben worden, wie wichtig es ist, dass ein kleines Kind eine Bindung zu seinen Eltern hat. Die meisten Kinderpsychologen sind sich einig, dass die emotionale Entwicklung des Kindes von Gefühlen der Unsicherheit begleitet ist, wenn diese Bindung nicht vorhanden ist. Wenn ein Elternteil des Kleinkindes nicht da ist, weil er bzw. sie verstorben ist oder aus anderen Gründen (z. B. Scheidung) keinen Kontakt zu dem Kind hat, kann sich logischerweise keine Bindung entwickeln.

Die grundsätzliche Voraussetzung für eine Bindung ist die Anwesenheit der Eltern. Kurz gesagt: *Um eine Bindung aufzubauen, ist es nötig, Zeit miteinander zu verbringen.*

In den Teenagerjahren gelten die gleichen Prinzipien. Wenn Eltern aufgrund von Scheidung, beruflichen Verpflichtungen usw. nicht oft da sind, besteht die Gefahr, dass sich der Teenager von ihnen entfremdet. Es ist eine logische Tatsache, dass Teenager und ihre Eltern Zeit miteinander verbringen müssen, wenn sie sich einander verbunden und geliebt fühlen sollen. Der Teenager, der sich im Stich gelassen fühlt, stellt sich womöglich die Frage: „Was stimmt mit mir nicht, dass ich meinen Eltern gleichgültig bin?“ Wenn Eltern wollen, dass sich ihr Teenager geliebt fühlt, ist es sehr wichtig, dass sie sich Zeit für ihn nehmen.

Die verbindende Macht der Kommunikation

Es ist natürlich nicht automatisch so, dass die körperliche Nähe von Eltern und Kindern *notwendigerweise* zu einer Verbundenheit führt. Für emotionale Verbundenheit ist Kommunikation nötig. Sie können als Mutter immer zu Hause sein oder als Vater zwei Wochen Urlaub zu Hause verbringen und trotzdem entsteht keine Verbundenheit, wenn keine Kommunikation geschieht.

Als ich vor ein paar Jahren ein Forschungsprojekt auswertete, stellte ich erfreut fest, dass 71 Prozent der befragten Teenager angaben, dass sie mindestens eine Mahlzeit am Tag mit ihrer Familie einnahmen. Aber diese Freude war nur von kurzer Dauer, als ich herausfand, dass bei der Hälfte der befragten Teenager während der letzten Mahlzeit mit ihrer Familie der Fernseher gelaufen war. Dazu kommt, dass jeder vierte angab, dass das Radio laufe, während 15 Prozent beim Essen ein Buch, eine Zeitschrift oder die Zeitung lasen.[24] Heute ist man mit seinem Smartphone beschäftigt. Anscheinend nutzen die meisten Eltern die Mahlzeiten nicht, um die Beziehung zu ihren Teenagern zu vertiefen.

Meiner Meinung nach ist der Esstisch einer der besten Orte, um eine emotionale Verbundenheit zu Teenagern aufzubauen. Sich ein wenig mit den Eltern zu unterhalten, ist ein kleiner Preis für eine gute Mahlzeit. Wenn Ihre Familie nicht zu den 71 Prozent gehört, die mindestens eine Mahlzeit am Tag gemeinsam einnehmen, möchte ich Sie ermutigen, das einzuführen. Allen, die zwar gemeinsam essen, aber nicht miteinander sprechen, möchte ich zu einer neuen Form des gemeinsamen Essens raten. Erklären Sie Ihren Teenagern (und Ihren anderen Kindern), dass Sie ein neues Ritual am Esstisch einführen wollen: „Zuerst sprechen wir mit Gott (ja, lehren Sie Ihre Kinder, für das Essen zu danken), dann sprechen wir miteinander; danach können wir, wenn wir wollen, den Fernseher oder das Radio einschalten." Und, sehr wichtig: Der Esstisch ist während des Essens handyfreie Zone!

Suchen Sie als Erstes einen Freiwilligen, der Gott für das Essen dankt. Dann erzählt jeder aus der Familie drei Dinge, die er an diesem Tag erlebt hat, und schildert, wie es ihm damit geht. Führen Sie von Anfang an Gesprächsregeln ein. *Regel Nr. 1:* Wenn ein Familienmitglied spricht, hören die anderen aufmerksam zu. *Regel Nr. 2:* Die anderen können Fragen stellen, wenn sie etwas nicht verstehen, aber sie geben keine Ratschläge, solange derjenige, der erzählt, nicht darum bittet.

Diese neue Gewohnheit kann schon genügen, um eine gewisse Verbundenheit mit Ihrem Teenager herzustellen und zu erhalten.

Der Wunsch des Teenagers, angenommen zu sein

Angenommen ... oder abgelehnt zu werden, hat Folgen

Ein zweites Element der emotionalen Liebe ist es, dass der Teenager sich von seinen Eltern angenommen fühlen sollte. Ein 14-Jähriger sagte: „Am meisten gefällt mir an meinen Eltern, dass sie mich so annehmen, wie ich bin. Sie versuchen nicht, mich so zu machen, wie meine ältere Schwester ist." Dieser Teenager fühlt sich geliebt und diese Liebe erlebt er darin, dass seine Eltern ihn annehmen.

„Meine Eltern mögen mich. Mir geht es gut." Diese Botschaften bestimmen das Denken von Teenagern, die sich angenommen fühlen. Das Gegenteil von Annehmen ist Ablehnen. Dadurch wird die Botschaft vermittelt: „Meine Eltern mögen mich nicht. Ich bin ihnen nicht gut genug. Sie hätten mich gern anders." Jeder Mensch, der sich abgelehnt fühlt, fühlt sich logischerweise nicht geliebt.

Der Anthropologe Ronald Rohner hat in über hundert Kulturen der Welt untersucht, welche Auswirkungen das Gefühl, abgelehnt zu sein, auf den Menschen hat. Seine Ergebnisse stellen klar heraus, dass die verschiedenen Kulturen Ablehnung zwar unterschiedlich zum Ausdruck bringen, aber dass Kinder, die sich abgelehnt fühlen, in jeder Kultur ein erhöhtes

Risiko für zahlreiche psychische Probleme entwickeln. Diese Probleme reichen von einem geringen Selbstwertgefühl zu einer mangelhaften moralischen Entwicklung, von Problemen im Umgang mit Aggression bis hin zu einer verwirrten sexuellen Identität. Rohner glaubt, dass die Folgen der Ablehnung so stark sind, dass er Ablehnung als ein „psychisches Krebsgeschwür, das sich im Gefühlssystem des Kindes ausbreitet und großen Schaden anrichtet“[25], bezeichnet.

James Garbarino, Professor für menschliche Entwicklung an der Cornell University, hat über viele Jahre das Gefühlsleben gewalttätiger Teenager untersucht. Er kam zu dem Schluss, dass das Gefühl, abgelehnt zu werden, ein wichtiges Element in der Psyche des gewalttätigen Teenagers darstellt. Dieses Gefühl der Ablehnung entsteht oft durch den Vergleich mit anderen Geschwistern.[26]

Den Teenager annehmen ... sein Verhalten korrigieren

Viele Eltern denken, es wäre falsch, wenn sich der Teenager bedingungslos angenommen fühlt. Robert, ein besorgter Vater von zwei Teenagern, erklärte mir mit großer Überzeugung: „Dr. Chapman, ich verstehe nicht, wie man einen Teenager annimmt, wenn sein Verhalten inakzeptabel ist. Meine Teenager sollen sich nicht abgelehnt fühlen, aber ehrlich gesagt gefällt mir ihr Verhalten manchmal nicht. Und wenn sie sich so benehmen, mag ich sie auch nicht besonders. Vielleicht lehne ich sie in diesem Moment ab, aber in meinem Herzen fühle ich etwas anderes. Ich empfinde Liebe und Sorge. Ich will nicht, dass sie ihr Leben kaputt machen.“

Robert spricht für viele Eltern, die noch nicht gelernt haben, ihrem Teenager zu vermitteln, dass sie ihn so annehmen, wie er ist – aber gleichzeitig sein falsches Verhalten korrigieren wollen. In den Kapiteln über die fünf Sprachen der Liebe gehen wir darauf näher ein.

An einem theologischen Beispiel will ich verdeutlichen, was

unser Ziel ist: Paulus, ein Apostel des christlichen Glaubens aus dem ersten Jahrhundert, sagt von Gott: „Darum wollen wir Gottes herrliche, unverdiente Güte preisen, die wir durch seinen geliebten Sohn erfahren haben.“[27] Er spricht von der zentralen christlichen Lehre, dass Gott, der heilig ist, uns angenommen hat, obwohl wir unheilig sind, weil er uns als Teil von sich selbst sieht, da wir seinen geliebten Sohn angenommen haben. Wenn wir seinen Sohn annehmen, nimmt Gott uns an. Obwohl Gott nicht immer mit unserem Verhalten einverstanden ist, freut er sich immer über uns, weil wir seine Kinder sind. Als Eltern versuchen wir das auch. Wir wollen unseren Kindern vermitteln, dass wir uns, unabhängig von ihrem Verhalten, darüber freuen, ihre Eltern zu sein. Das wird als *bedingungslose Liebe* bezeichnet.

Bedingungslose Liebe sagt: „Ich liebe dich, du bist mir wichtig. Ich halte zu dir, weil du mein Kind bist. Mir gefällt nicht immer, was du tust, aber ich liebe dich immer und mir liegt dein Wohl am Herzen. Du bist mein Sohn oder meine Tochter und ich werde dich nie ablehnen. Ich werde immer für dich da sein und das tun, was meiner Meinung nach das Beste für dich ist. Ich werde dich lieben – egal, was kommt.“

Ken Canfield gründete 1990 das *National Center for Fathering* in Springfield, USA. Es ist das Anliegen dieser Organisation, Väter durch Seminare und Kleingruppen bei der Erziehung ihrer Kinder zu unterstützen. Ken Canfield sagte: „Vergessen Sie nie die wichtigste Frage der Jugend: ‚Wer bin ich?‘ Diese Frage muss Ihr Teenager für sich selbst beantworten. Von Ihnen will er hören: ‚Egal, wer du später bist, ich werde dich immer lieben.‘“ Dann sprach Canfield eine große Angst an, die jeder Teenager hat: „Vergessen Sie nie die größte Angst der Jugend: ‚Bin ich normal?‘ Die wahrscheinliche Antwort auf diese Frage

Liebe sagt: „Ich liebe dich, du bist mir wichtig. Ich halte zu dir, weil du mein Kind bist.“

ist Ja. Aber der Teenager will von seinem Vater hören: ‚Selbst wenn du nicht normal wärst, würde ich dich lieben.'"[28]

Canfield spricht von bedingungsloser Akzeptanz und bedingungsloser Liebe. Ich werde später noch andere Gedanken dazu anführen. Zunächst einmal möchte ich Ihnen einen einfachen Schritt zeigen, der großen Einfluss darauf hat, wie Ihr Teenager Ihre verbalen Botschaften aufnimmt, mit denen Sie ihn führen und korrigieren wollen. Bevor Sie Ihrem Teenager sagen, was er tun sollte, ist es wichtig, immer diese Worte vorauszuschicken (oder ähnliche Worte, die Ihrer Persönlichkeit mehr entsprechen): „Ich liebe dich sehr. Ich werde dich auch dann lieben, wenn du meinen Rat nicht befolgst. Aber weil ich dich liebe, muss ich dir einen Rat geben." Geben Sie dann Ihrem Teenager Ihren Rat. Er muss immer wieder hören, dass Sie ihn annehmen, selbst wenn Sie mit seinem Verhalten nicht einverstanden sind.

Der Wunsch des Teenagers, gefördert zu werden

Der dritte Aspekt ist es, Ihren Teenager zu fördern. Dabei geht es darum, seinen Charakter positiv zu beeinflussen. Wir fördern das Wachstum von Pflanzen, indem wir den Boden, in den sie gepflanzt sind, durch Düngen und Gießen verbessern. Wir fördern die positive Entwicklung unserer Teenager, wenn wir das Klima verbessern, in dem sie aufwachsen – verbessern in ein warmes, liebevolles, ermutigendes und emotional positives Klima.

Wir fördern die positive Entwicklung unserer Teenager, wenn wir das Klima verbessern, in dem sie aufwachsen.

Misshandlung ist ein absolutes No-Go

Das Gegenteil von Fördern ist Misshandeln. Eine gewalttätige Atmosphäre ist Gift für die Seele jedes Teenagers. Teenager, die feindselige, sarkastische, abwertende oder brutale Worte von ihren Eltern hören, werden zwar auch irgendwann erwachsen, aber die Narben des verbalen Missbrauchs werden sie ihr Leben lang begleiten. Eltern, die ihre Teenager mit Schlagen, Stoßen, Schieben, Prügeln oder Schütteln körperlich misshandeln, können seine körperliche Entwicklung beeinträchtigen, aber auf jeden Fall schaden sie seiner emotionalen Entwicklung und erschweren sein weiteres Leben sehr.

Für die psychische Entwicklung eines Teenagers ist kaum etwas so schädlich wie Misshandlung. Teenager ziehen Schlussfolgerungen aus dem, was sie bei ihren Eltern beobachten oder durch sie erfahren. Untersuchungen legen den Schluss nahe, dass viele Teenager, die gewalttätig werden, selbst misshandelt wurden und keine Liebe erfahren haben. James Garbarino trifft den Punkt in seiner Beschreibung von gewalttätigen Jungen: „Sie nehmen Drogen. Sie sind gewalttätig. Sie stehlen. Sie haben übertrieben viel Sex. Sie treten in Banden und Kulte ein – aber wenn niemand hinsieht oder hinhört, stecken sie den Daumen in den Mund und weinen sich in den Schlaf."[29] Hinter vielen gewalttätigen Teenagern steht Gewalt im Elternhaus. *Liebe misshandelt nicht. Liebe fördert.*

Fördern Sie Ihren Teenager

Um Ihren Teenager zu fördern, ist es wichtig, dass Sie zuerst sich selbst fördern. Wenn Sie ein positives Klima schaffen wollen, in dem sich Ihr Teenager gut entwickeln kann, sollten Sie zuerst an sich selbst in den Bereichen arbeiten, in denen Sie emotionale Schwächen haben. Viele Eltern von Teenagern sind selbst nicht in Familien aufgewachsen, in denen sie gefördert wurden. Folglich haben sie negative Reaktionsmuster entwickelt. Wenn Sie das bei sich selbst beobachten, sollten

Sie zuerst mit Ihrem eigenen Schmerz richtig umgehen und lernen, Ihre Wut zu verarbeiten.

Dabei kann es hilfreich sein, Bücher über den Umgang mit Ärger zu lesen[30], Selbsthilfegruppen Ihrer Kirche oder einer anderen Organisation zu besuchen oder persönliche Seelsorge in Anspruch zu nehmen. Es ist nie zu spät, die dunkle Seite Ihrer eigenen Geschichte anzugehen. Ihr Teenager verdient es, Sie von Ihrer besten Seite zu erleben, aber das ist nur möglich, wenn Sie Ihre eigene Vergangenheit richtig verarbeitet haben.

Eltern, die ihre Teenager fördern, haben eine positive Einstellung. Damit will ich nicht sagen, dass sie die Realität leugnen. Aber sie entscheiden sich, Gottes Hand hinter den Ereignissen zu sehen, die sie erleben. Sie suchen die Sonne hinter den Wolken und strahlen diese Einstellung aus. Eltern, die ihre Kinder fördern, machen ihnen Mut, sehen das Positive an dem, was ihre Teenager tun und sagen, und loben sie.

Eltern, die ihre Teenager fördern, kümmern sich um sie. Sie überlegen, wie sie das Leben ihrer Teenager verbessern können. In den folgenden Kapiteln betrachten wir die fünf Sprachen der Liebe und helfen Ihnen, die Liebessprache Ihres Teenagers herauszufinden. Wenn Sie diese Sprache sprechen, ist das der beste Weg, um Ihren Teenager zu fördern und sein Leben zu verbessern.

Verstehen Sie, wie entscheidend ein leerer Tank ist

Emotionale Liebe ist für Ihren Teenager deshalb so wichtig, weil sie jeden anderen Bereich seines Lebens beeinflusst. Wenn der Liebestank des Teenagers leer ist, denkt er: „Ich bin allen egal." Die Motivation zum Lernen fehlt. „Warum soll ich mich in der Schule anstrengen? Was aus mir wird, interessiert doch eh keinen." Schulpsychologen und Beratungslehrer hören solche Aussagen jeden Tag.

Ein leerer Liebestank beeinflusst auch die Fähigkeit des

Teenagers, anderen Menschen Mitgefühl entgegenzubringen. Wenn sich der Teenager nicht geliebt fühlt, ist er nicht in der Lage zu erkennen, wie sein negatives Verhalten die Gefühle von anderen verletzt. Untersuchungen zeigen, dass die meisten jugendlichen Gewalttäter sehr wenig Empathie haben.[31] Empathie ist eine der Grundlagen für das, was Daniel Goleman als „emotionale Intelligenz" bezeichnet. Er definiert emotionale Intelligenz als die Fähigkeit, die Gefühle von anderen zu erkennen, erfolgreich nonverbal mit ihnen zu kommunizieren, mit den Höhepunkten und Tiefen des täglichen Lebens richtig umzugehen und realistische Erwartungen an Beziehungen zu stellen.[32] Mangelnde emotionale Intelligenz beeinflusst somit die Fähigkeit des Teenagers, eine positive Beziehung zu anderen Menschen zu haben.

Wenn sich der Teenager nicht geliebt fühlt, ist er nicht in der Lage zu erkennen, wie sein negatives Verhalten die Gefühle von anderen verletzt.

Mangelnde Empathie wiederum beeinträchtigt die Entwicklung des Gewissens und der moralischen Urteilsfähigkeit. In den Teenagerjahren werden die Maßstäbe für das Gewissen verinnerlicht. In der Kindheit geben die Eltern die Maßstäbe vor. Jetzt kämpft der Teenager mit seiner eigenen Vorstellung davon, was moralisch und was unmoralisch ist. Wenn er zu wenig Liebe erfährt, ist er meist selbst nicht in der Lage, anderen Menschen Empathie entgegenzubringen. Er versteht auch nicht, warum es falsch ist, andere zu verletzen. Wenn das Bedürfnis nach Liebe nicht gestillt wird, ergibt die Vorstellung von einem liebenden Gott wenig Sinn. Das ist einer der Gründe, warum sich Teenager, denen es an emotionaler Zuneigung fehlt, oft vom Glauben der Eltern abwenden.

Zusammengefasst kann man sagen, dass die intellektuelle, emotionale, soziale, moralische und geistliche Entwicklung des Teenagers stark gefördert wird, wenn er genügend emotionale Liebe erfährt. Umkehrt ist er in diesen ganzen Bereichen stark beeinträchtigt, wenn das emotionale Bedürfnis nach Liebe nicht gestillt wird.

Ihr nächster Mitmensch

Soziologen, Psychologen und Pastoren sind sich einig, dass es das fundamentalste Bedürfnis des Teenagers ist, von den wichtigen Erwachsenen in seinem Leben emotionale Liebe zu erfahren. David Popenoe, Professor für Soziologie an der Rutgers University und Co-Vorsitzender der Familienberatung in Amerika, schreibt: „Kinder entwickeln sich am besten, wenn sie die Gelegenheit haben, herzliche, enge, kontinuierliche und dauerhafte Beziehungen sowohl zu ihrem Vater als auch zu ihrer Mutter zu haben." Die Psychologen Henry Cloud und John Townsend ergänzen: „Für das Wachstum Ihres Jugendlichen gibt es nichts Wichtigeres als Liebe." In *Lost Boys* fragte James Garbarino: „Welches Mittel hat ein Junge, einen Sinn in seinem Leben zu finden, wenn er das Gefühl nicht kennt, geliebt und geschätzt zu werden?"[33]

Als die religiösen Führer jener Zeit Jesus von Nazareth fragten: „Welches ist das wichtigste Gebot im Gesetz Gottes?", antwortete der Gründer des christlichen Glaubens: „‚Du sollst den Herrn, deinen Gott, lieben von ganzem Herzen, mit ganzer Hingabe und mit deinem ganzen Verstand!' Das ist das erste und wichtigste Gebot. Ebenso wichtig ist aber das zweite: ‚Liebe deinen Mitmenschen wie dich selbst!' Alle anderen Gebote und alle Forderungen der Propheten sind in diesen Geboten enthalten."[34] Jesus fasste die Lehren der alttestamentlichen Bücher und die Worte der jüdischen Propheten in diesen zwei Geboten zusammen. Und ich würde an dieser Stelle sagen – der Teenager, der in Ihrem Haus lebt, ist Ihr nächster Mitmensch.

„Ich fühlte mich mein ganzes Leben lang allein"

Wenn Eltern und andere wichtige Erwachsene das Bedürfnis eines Teenagers nach Liebe nicht stillen, wird er an falschen Stellen nach Liebe suchen. Vor über zehn Jahren tötete der 16-jährige Luke Woodham seine Mutter und schoss anschließend an seiner Schule in Pearl, Mississippi, um sich. Dabei tötete er weitere drei Menschen und verletzte sieben. Später sagte er einem Reporter, dass er sich in seinem Umfeld so isoliert und abgelehnt gefühlt hatte, dass er sich auf eine Gruppe eingelassen hatte, die sich selbst als Satanisten bezeichneten. Er sagte: „Ich fühlte mich mein ganzes Leben lang ausgegrenzt und allein. Endlich fand ich Menschen, die meine Freunde sein wollten."

Garbarino fügt hinzu: „Jungen mit emotionalen Defiziten, die sich von Lehrern und Eltern abgelehnt fühlen, sind für gesellschaftsfeindliche ältere Jugendliche und Erwachsene eine leichte Beute. Diese negativen Rollenvorbilder rekrutieren verwundbare Jungen und geben ihnen als Gegenleistung für die Loyalität zu einem gesellschaftsfeindlichen Ziel Selbstbestätigung. Viele Jungen, die gewalttätig sind und in Schwierigkeiten geraten, erzählen, dass sich ältere Jungen mit ihnen anfreundeten. Sie akzeptierten sie, aber sie erwarteten von ihnen, dass sie sich an kriminellen Machenschaften beteiligten."[35]

Nachdem er jahrelang versucht hatte, gewalttätige und straffällig gewordene Teenager zu verstehen, kam Garbarino zu dem Schluss: „Nichts scheint den menschlichen Geist mehr zu bedrohen als Ablehnung, Brutalität und mangelnde Liebe."[36]

Für Eltern von Teenagern ist es sehr wichtig zu lernen, wie sie das Bedürfnis des Teenagers nach emotionaler Liebe erfüllen können. Was Sie in den nächsten fünf Kapiteln lesen, gibt Ihnen eine Einführung in die fünf Grundsprachen der Liebe – die fünf effektivsten Mittel, den emotionalen Liebestank Ihres Teenagers zu füllen. Danach will ich Ihnen zeigen, wie Sie herausfinden können, welche Liebessprache Ihr Teenager spricht. Das ist die Sprache, mit der Sie sein emotionales Bedürfnis nach Liebe am effektivsten stillen können. Ich habe in vielen Elternseminaren über dieses Thema gesprochen und viele Eltern, die das Gehörte in die Tat umgesetzt haben, bestätigen, dass sich das Verhalten ihrer Teenager radikal verändert hat. Für sie als Eltern ist es eine unglaublich erfüllende und befriedigende Erfahrung, wenn sie das wichtigste emotionale Bedürfnis ihres Teenagers stillen können. Diese Erfahrung wünsche ich Ihnen auch.

3

Sprache der Liebe Nummer 1:

Lob und Anerkennung

Der 15-jährige Ben saß auf Drängen seiner Eltern in meiner Praxis. Seine Füße hatten in den dunklen Sandalen reichlich Platz. Seine Hose hing viel zu weit an seinem dünnen Körper. Auf seinem T-Shirt stand: „Freiheit heißt, so viel Gummibärchen zu essen, wie du willst." Ich war nicht sicher, ob er in meiner Praxis sein wollte, aber ich war angenehm überrascht, dass Ben meinen Fragen aufmerksam zuhörte und mir offen erzählte, was er dachte und fühlte. (Ich erinnere mich an andere Teenager, die in meiner Praxis saßen und deren Antwort auf jede Frage „Schon okay" lautete.)

Bens Eltern hatten sich beklagt, dass er ihnen gegenüber sehr rebellisch geworden sei. Er hatte manchmal Wutanfälle und vor Kurzem sogar gedroht, von zu Hause auszuziehen. Nach dieser Drohung hatten sie darauf bestanden, dass er mit mir sprechen sollte. Der Gedanke, dass Ben von zu Hause ausziehen könnte, hatte seine Eltern schockiert.

Sein Vater drückte es so aus: „Er ist der Typ, der so etwas wirklich macht. Er würde jemanden finden, bei dem er wohnen kann. Diese Vorstellung jagt uns Angst ein."

„Wir haben versucht, mit Ben zu reden", ergänzte seine Mutter. „Aber irgendwie endet es immer in einem Streit, bei dem einer von uns die Beherrschung verliert und Dinge sagt, die er nicht so meint. Später entschuldigen wir uns und versuchen es erneut, aber Ben wirkt jedes Mal so ... so unvernünftig, wenn wir anderer Meinung sind als er."

In unserem Gespräch versicherte ich Ben als Erstes, dass es nicht meine Aufgabe war, ihm zu sagen, was er tun sollte. Ich wollte ihm vielmehr dabei helfen, seine Eltern ein bisschen besser zu verstehen, und ich wollte auch seinen Eltern helfen, ihn zu verstehen. Ich ließ anklingen, dass seine Eltern „sich anscheinend Sorgen machten" und deshalb wollten, dass wir miteinander sprachen. Ben nickte zustimmend. Ich beschloss, mit der Gegenwart zu beginnen und nicht in der Vergangenheit zu bohren. Deshalb fing ich an: „Deine Eltern haben erzählt, dass du daran denkst, von zu Hause auszuziehen. Könntest du mir vielleicht etwas dazu sagen?"

„Ich habe nicht vor auszuziehen", erwiderte Ben mit einem energischen Kopfschütteln. „Das habe ich gesagt, als ich sauer war, weil sie mir überhaupt nicht zugehört haben. Manchmal denke ich schon darüber nach, dass ich am liebsten ausziehen würde, aber ich glaube nicht, dass ich das wirklich mache."

„Wie stellst du dir das vor, wenn du ausziehen würdest?", wollte ich wissen. „Wie, glaubst du, wäre dein Leben, wenn du nicht mehr bei deinen Eltern wohnen würdest?"

„Ich hätte die Freiheit, das zu tun, was ich will", antwortete Ben. „Ich müsste nicht wegen jeder Kleinigkeit mit ihnen diskutieren. Das nervt mich zu Hause so sehr. Diese ständigen Diskussionen!"

Ich begann zu erahnen, dass negative Worte Ben sehr wehtaten. Daraus schloss ich, dass seine Liebessprache *Lob und Anerkennung* sein könnte. Wenn Teenager durch negative Worte verletzt werden, ist das oft ein Hinweis darauf, dass positive, ermutigende Worte ihr Bedürfnis nach Liebe am stärksten ansprechen.

„Hast du das Gefühl, dass deine Eltern dich lieben?", fragte ich.

Ben überlegte einen Moment und sagte dann: „Ich weiß, dass sie mich lieben, aber manchmal fühle ich mich nicht geliebt. Besonders in den letzten Jahren."

„Wie haben deine Eltern dir gezeigt, dass sie dich lieben, als du kleiner warst?", fragte ich.

„Sie haben mir gesagt, wie toll ich bin", erzählte er schmunzelnd. „Das sehen sie jetzt wohl nicht mehr so."

„Erinnerst du dich an die positiven Dinge, die sie gesagt haben?"

„Ich erinnere mich, dass ich einmal Football gespielt habe. Mein Vater sagte mir nach dem Spiel, ich wäre der beste Spieler, den er je gesehen hat. Er war der Meinung, ich könnte eines Tages Footballprofi werden, wenn ich wollte."

„Spielst du noch Football?", fragte ich.

„Ich weiß, dass sie mich lieben, aber manchmal fühle ich mich nicht geliebt."

Ben nickte, gab aber dann zu, dass er keine Chancen sah, diesen Sport intensiver zu betreiben. „Ich spiele nicht schlecht, aber so gut bin ich auch wieder nicht." Als ich ihn bat, sich an positive Dinge zu erinnern, die seine Mutter zu ihm als Kind gesagt hatte, antwortete Ben: „Mama hat oft gesagt: ‚Ich liebe dich, ich liebe dich, ich liebe dich.' Sie hat es immer dreimal hintereinander und ganz schnell gesagt. Manchmal dachte ich, sie meint es nicht ernst, aber meistens wusste ich, dass sie es schon ernst meinte."

„Sagt sie das immer noch zu dir?“, fragte ich.

„In letzter Zeit nicht mehr“, antwortete er. „Jetzt kritisiert sie mich nur noch.“

„Was sagt sie, wenn sie dich kritisiert?“, wollte ich wissen.

„Gestern Abend hat sie zum Beispiel gesagt, dass ich verantwortungslos wäre, und wenn ich mich nicht ändere, werde ich die Schule nicht schaffen. Sie sagt, dass ich schlampig und respektlos wäre.“

„Und? Bist du das?“, erkundigte ich mich.

„Wahrscheinlich bin ich schlampig“, gab er zögernd zu. „Aber wenn sie nicht die ganze Zeit an mir herumnörgeln würden, wäre ich nicht respektlos.“

„Was kritisieren deine Eltern sonst noch an dir?“

„Alles. Sie sagen, ich daddele zu viel mit dem Handy herum und sitze die ganze Zeit nur vor dem Computer und hänge zu viel mit meinen Freunden ab. Ich komme nicht um die Uhrzeit nach Hause, zu der sie es erwarten. Ich rufe nicht an, wenn ich zu spät komme. Ich mache meine Hausaufgaben nicht ordentlich. Sie sagen, ich nehme die Schule nicht ernst genug. Sie kritisieren einfach alles, was ich tue.“

„Welche Gefühle hast du gegenüber deinen Eltern, wenn sie dich so viel kritisieren?“

„An manchen Tagen möchte ich einfach nur weg“, seufzte Ben. „Von diesem ständigen Nörgeln habe ich die Nase so was von voll. Warum können sie mich nicht so lassen, wie ich bin? So schlimm, wie sie tun, bin ich auch wieder nicht. Es wäre so schön, wenn sie mich einfach in Ruhe lassen würden.“

„Was würdest du tun, wenn sie dich in Ruhe lassen würden?“, fragte ich weiter.

„Keine Ahnung. Wahrscheinlich einfach ein ganz normaler Teenager sein. Ich mache schon keinen Unsinn wie Drogen nehmen oder mit einem Mädchen schlafen oder Amok laufen. Ich glaube, meine Eltern sehen zu viel fern. Sie sehen diese durchgeknallten Typen im Fernsehen und denken, alle Teenager wären so. Ich bin nicht durchgeknallt. Warum können sie mir nicht vertrauen?"

Leerer Tank

Nach drei weiteren Gesprächen mit Ben kam ich zu dem Schluss, dass er ein ganz normaler Teenager war. Sein einziges Problem war, dass sein Liebestank leer war. Das lag nicht daran, dass seine Eltern ihn nicht mehr liebten. Aber sie hatten aufgehört, seine Liebessprache zu sprechen: *Lob und Anerkennung.* In seiner Kindheit hatten sie ihn oft mit Worten bestätigt. An ihre lobenden Worte konnte er sich deutlich erinnern, aber jetzt hatte sich das seiner Meinung nach alles geändert. Was er hörte, waren negative Worte, und was er fühlte, war Ablehnung. Bens Liebestank war als Kind voll gewesen, aber als Teenager war er leer.

Bens Liebestank war als Kind voll gewesen, aber als Teenager war er leer.

Nachdem ich mir Bens Geschichte genau angehört hatte, teilte ich ihm meine Einschätzung mit. Ich erklärte ihm, dass jeder von uns einen emotionalen Liebestank hat und dass dieser Tank gefüllt ist, wenn wir uns von den Menschen, die uns wichtig sind, wirklich geliebt fühlen. Dann sehen wir die Welt in einem positiven Licht und können unsere Meinungsverschiedenheiten positiv klären. Aber wenn der Liebestank leer ist und wir uns abgelehnt und nicht geliebt fühlen, wird es extrem schwer, Meinungsverschiedenheiten anzusprechen, ohne dass es hitzig und laut wird. Ich erklärte Ben, dass seine Eltern auch einen emotionalen Liebestank hatten, der vermutlich ebenfalls leer war. Früher hatte er wahrscheinlich ihre Liebessprache gesprochen und sie hatten gefühlt, dass er sie liebt, aber jetzt war ihr emotionaler Tank genauso leer wie seiner.

„Wenn der Liebestank der Eltern leer ist", erklärte ich, „legen sie ihren Teenagern gegenüber oft ein ungesundes Verhalten an den Tag." Ich versicherte Ben, dass sich das alles ändern und seine Beziehung zu seinen Eltern wieder besser werden konnte. Ich erklärte ihm, dass die nächsten drei Jahre die besten Jahre seines Lebens werden könnten und dass er seine Eltern vielleicht sogar vermissen würde, wenn er in ein paar Jahren auszieht. Ben lachte: „Das wäre nicht schlecht!"

Ich versprach, dass ich Bens Eltern meine Einschätzung der Situation darlegen würde. Ben bekam von mir den Auftrag, seinen Eltern zu zeigen, dass er sie liebte, auch wenn er im Moment negative Gefühle ihnen gegenüber empfand. Ich erklärte, dass sich die wachsende Unabhängigkeit von den Eltern in einem Klima der Liebe viel besser entwickeln könne. „Liebe ist eine Entscheidung", sagte ich. „Ich bin überzeugt davon, dass auch du zu einer guten Lösung beitragen kannst. Du musst dich nur *entscheiden*, deine Eltern zu lieben, und versuchen, ihre Liebessprache zu sprechen. Du weißt ja: Liebe bringt Frieden, Hass bringt Krieg."

Ben nickte begeistert. „Ja, Mann! Das klingt logisch!" (Das war einer dieser Momente, in denen ich merkte, dass ich immer noch mit einem Teenager kommunizieren kann.)

„In ungefähr sechs Wochen will ich mich wieder mit dir treffen und sehen, wie es läuft. Bis dahin werde ich einige Gespräche mit deinen Eltern führen", erklärte ich ihm.

„Okay", antwortete er und öffnete die Tür. Dann verließ er mein Büro, wobei seine Hosenbeine über den Boden schleiften.

In den Gesprächen mit Bens Eltern versuchte ich, ihnen das zu vermitteln, was ich Ihnen im Rest dieses Kapitels auch gern nahebringen möchte. Ich empfand mit Bens Eltern tiefes Mitgefühl, genauso wie mit den vielen anderen Eltern von Teenagern, die ähnliche Kämpfe ausfechten. Bens Eltern nahmen wie die meisten, die dieses Buch lesen, ihre Aufgabe sehr ernst. Sie hatten Erziehungsbücher gelesen, Erziehungsseminare besucht und ihre Erfahrungen mit anderen Eltern ausgetauscht. In den ersten zwölf Jahren von Bens Leben waren sie ausgezeichnete Eltern gewesen. Aber als die Teenagerjahre anfingen, waren sie überfordert. Als die Kindheit in die stürmischen Gewässer der Jugend überging, wurde ihr Boot gegen die Felsen geschleudert, sodass sie plötzlich ums Überleben kämpfen mussten.

Sie sind keine Kinder mehr

Viele Eltern glauben, dass sie weiterhin genau wie im Kindergarten- und Grundschulalter mit ihren Kindern umgehen können, wenn diese zu Teenagern werden. Das ist ein schwerwiegender Fehler, denn ein Teenager ist kein Kind mehr. Er befindet sich im Übergang zum Erwachsenen. Das Lied, das sich im Kopf eines Teenagers abspielt, singt von Unabhängigkeit und eigener Identität. Die Melodie muss an die körperlichen, emotionalen, geistigen, geistlichen und sozialen Veränderungen angepasst werden, die der Teenager durchmacht (wie wir im ersten Kapitel besprochen haben). Wenn Eltern auf dieses neue Lied keine Rücksicht nehmen, stellen sie damit unbewusst die Weichen für größere Konflikte mit ihrem Teenager.

Eltern, die einen Teenager genauso behandeln, wie sie ihn als Kind behandelt haben, werden damit nicht die gleichen Ergebnisse erzielen wie früher. Wenn der Teenager nicht so reagiert, wie er als Kind reagiert hat, sind die Eltern gezwungen, etwas anderes zu versuchen. Ohne die richtige Anleitung fangen die Eltern oft an, Zwang auszuüben, was zu Streit, Gefühlsausbrüchen und vielleicht sogar verbalem Missbrauch führen kann. Ein solches Verhalten ist besonders für den Teenager, dessen Liebessprache *Lob und Anerkennung* ist, emotional verheerend. Die Versuche der Eltern, den Teenager zur Unterordnung zu überreden, treiben ihn in Wirklichkeit in die Rebellion.

Ohne es zu merken, zerstören die Eltern die emotionale Rückendeckung des Teenagers und ersetzen sie durch verbale Kriegsführung. Betrachten Sie die Veränderung mit den Augen Ihres Teenagers: Als Kind fühlte er die herzliche, liebevolle Sicherheit seiner Eltern, aber als Teenager explodieren verbale Granaten in seiner Seele und sein Liebestank wird beschädigt. Als Eltern haben wir vielleicht immer noch gute Absichten, aber wir erzielen schlechte Ergebnisse. Solange Eltern nicht den Kurs ändern, haben sie es höchstwahrscheinlich mit einem rebellischen Teenager zu tun und werden auch später keine gute Beziehung zu dem jungen Erwachsenen aufbauen können.

Aber es muss nicht so sein. Viele Eltern machen glücklicherweise das Gleiche wie Bens Eltern: Sie erkennen, dass sie ihren Kurs ändern müssen, und reagieren entsprechend. Bei Bens Eltern bestand der erste Schritt darin, dass sie erkannten, was passiert war. Ich erklärte ihnen, dass Bens Liebessprache meiner Meinung nach *Lob und Anerkennung* war. In der Kindheit war Bens Liebestank durch die vielen lobenden Worte seiner Eltern gefüllt worden. Aber in den Wirren der Teenagerzeit hörte er von ihnen statt Lob und Anerkennung plötzlich Verurteilung und Kritik. Ihre Worte vermittelten ihm nicht, dass sie ihn so annahmen, wie er war. Ben fühlte sich abgelehnt. Dadurch hatten seine Eltern nicht nur seinen Liebestank geleert, sondern ihn mit negativen Gefühlen gefüllt.

> *Viele Eltern machen glücklicherweise das Gleiche wie Bens Eltern: Sie erkennen, dass sie ihren Kurs ändern müssen, und reagieren entsprechend.*

In unserem Gespräch konnte ich förmlich beobachten, wie Bens Eltern ein Licht aufging. Sein Vater sagte erleichtert:

„Jetzt verstehe ich, was passiert ist. Es ist völlig einleuchtend. Aber wie können wir das ändern?“

Ich war froh, dass er diese Frage stellte, denn Eltern, die für gute Ratschläge offen sind, können viel lernen.

Das Erfolgskonzept von Bens Eltern

Als ersten Schritt schlug ich einen Waffenstillstand vor: Bens Eltern mussten aufhören, ständig verurteilende, negative Granaten abzuschießen. Zweitens: Sie sollten eine Familienkonferenz einberufen und Ben offen gestehen, wie sehr sie bedauerten, was passiert war. Sie sollten ihm erklären, dass sie ihre Aufgabe als Eltern wirklich ernst nahmen und nur sein Bestes im Sinn hatten, aber jetzt erkannt hatten, dass sie es falsch angepackt hatten. Sie könnten ihm auch erklären, dass sie noch vieles über ihre Rolle als Eltern eines Teenagers lernen mussten und dass sie das wirklich lernen wollten. Aber vor allem sollte er wissen, dass sie ihn liebten – egal, was er tat – und dass sie ihn immer lieben würden.

„Ich möchte Ihnen Mut machen, Ben zu sagen, dass es Ihnen vor allem um sein Wohl geht und dass Sie sich fest vorgenommen haben, kritische, verurteilende, beleidigende und lieblose Worte aus Ihrem Vokabular zu streichen.

Seien Sie ehrlich zu Ben. Sagen Sie ihm, dass Sie in den ersten Monaten sicher noch Fehler machen werden, aber wenn das passiert, werden Sie sich entschuldigen, denn es ist wirklich nicht Ihre Absicht, ihn zu verletzen. Sie können ihm sagen: ‚Uns ist bewusst, dass wir immer deine Eltern sein werden. Wir wollen dich durch diese Teenagerjahre begleiten und dir helfen, ein verantwortungsbewusster, selbständiger Erwachsener zu werden. Wir haben vor, für dich da zu sein, wenn du Rat brauchst. Und wir haben vor, weiterhin Regeln aufzustellen, die unserer Meinung nach zu deinem Besten dienen.‘“

Dann riet ich Bens Eltern, diese Regeln nicht zum Streitthema zu machen. „Lassen Sie ihn wissen, dass Sie lernen wollen, eine offene Kommunikation mit ihm zu führen. Sagen Sie ihm: ‚Ben, wir wollen dich wie einen fast erwachsenen jungen Mann behandeln, denn das bist du. Deine Gedanken und Gefühle sind wichtig. Wir wissen, dass es einige Zeit dauert, und jeder von uns wird bei diesem Prozess manchmal Fehler machen, aber wir haben die feste Absicht, die Eltern zu sein, die du verdienst.'"

Seine Eltern befolgten diese Ratschläge. Später berichteten sie mir, dass diese Familienkonferenz der Wendepunkt in ihrer Beziehung zu Ben gewesen war. Sie hatten den Eindruck, dass ihnen Ben ihre Fehler vergeben hatte, obwohl er nicht allzu optimistisch war, ob sie sich wirklich ändern könnten. Sie konnten seine Bedenken verstehen und gaben auch zu, dass es schwer werden würde. Aber sie waren fest entschlossen, an ihrer Rolle als Eltern zu arbeiten.

Ich weiß, dass einige Leser jetzt denken: *Aber wie sollen wir unseren Teenager erziehen, wenn wir ihm nicht sagen, dass sein Verhalten falsch ist?* Eine Mutter formulierte es so: „Dr. Chapman, Sie wollen damit doch bestimmt nicht sagen, dass wir Teenager einfach tun lassen sollen, was sie wollen?"

Ich antwortete darauf mit einem deutlichen: „Ganz gewiss nicht!"

Teenager brauchen Grenzen. Eltern, die ihre Teenager lieben, werden dafür sorgen, dass sie sich innerhalb dieser Grenzen bewegen. Aber es gibt eine bessere Möglichkeit, Teenager zu motivieren, als ihnen grausame, bittere, verurteilende Worte an den Kopf zu werfen, wenn sie etwas falsch machen. In Kapitel 12, wo wir über die Beziehung von Liebe und Verantwortung sprechen, gehen

Teenager brauchen Grenzen. Eltern, die ihre Teenager lieben, werden dafür sorgen, dass sie sich innerhalb dieser Grenzen bewegen.

wir darauf näher ein. Im Moment konzentrieren wir uns aber erst einmal darauf, wie wir dafür sorgen können, dass der Liebestank unseres Teenagers voll ist. Mit harten, lieblosen Worten erreichen wir das eindeutig nicht. Negative, verurteilende Worte schaden jedem Teenager; aber für den Teenager, dessen Liebessprache *Lob und Anerkennung* ist, sind sie verheerend.

Teenager kämpfen damit, ihre eigene Identität zu finden. Sie vergleichen sich körperlich, geistig und sozial mit Gleichaltrigen. Viele kommen zu dem Schluss, dass sie einfach „nicht mithalten können". Sie fühlen sich unsicher, haben wenig Selbstvertrauen und quälen sich mit Selbstvorwürfen. Wenn es eine Lebensphase gibt, in der ein Mensch besonders viel Lob und Anerkennung braucht, dann in den Teenagerjahren. Aber genau in dieser Phase greifen Eltern oft auf negative Worte zurück, weil sie den Teenager dazu bewegen wollen, das zu tun, was sie für das Beste halten. Ich kann nicht genug betonen, wie wichtig es ist, dass Teenager von ihren Eltern positive, ermutigende Worte zu hören bekommen. Selbst wenn die Liebessprache Ihres Teenagers nicht *Lob und Anerkennung* ist, wird er dankbar sein, wenn Sie ihn loben. Das alte hebräische Sprichwort stimmt: „Worte haben Macht. Sie können über Leben und Tod entscheiden."[37]

Wie Sie Ihren Teenager loben können

Wie sollen wir mit unserem Teenager kommunizieren, dessen Liebessprache *Lob und Anerkennung* ist? Ich möchte Ihnen einige Möglichkeiten vorschlagen, wie Sie der Seele Ihres Teenagers mit ermutigenden Worten Gutes tun können.

Lobende Worte

Sagen Sie lobende Worte. Lob bedeutet, dass Sie die Leistungen Ihres Teenagers erkennen und ihn dafür loben. Jeder

Teenager macht einiges richtig. Betrachten Sie diese guten Dinge und belohnen Sie ihn dafür mit Lob. Wenn Sie Teenager loben, sind einige Dinge wichtig.

Erstens – seien Sie ehrlich! Teenager suchen Erwachsene, die ehrlich und authentisch sind. Als Ihr Kind drei war, konnten Sie ihm vielleicht noch schmeicheln, aber wenn es 13 ist, kommen Sie damit nicht mehr durch. Wenn Sie Ihrer Tochter sagen: „Du hast dein Zimmer schön aufgeräumt", obwohl sie das gar nicht getan hat, ist das wie eine Ohrfeige für ihre Intelligenz. Sie ist zu klug für so etwas. Unterlassen Sie solche Spiele.

Das bringt mich zum zweiten wichtigen Faktor: Loben Sie konkret. Allgemeine lobende Aussagen wie „Du hast dein Zimmer schön aufgeräumt" entsprechen selten der Wahrheit. Die Wahrheit liegt meistens im Konkreten. „Es ist dir gut gelungen, den Saftfleck aus dem Teppich zu entfernen." – „Danke, dass du die dreckige Wäsche in den Wäschekorb geworfen hast. Das war mir wirklich eine Hilfe, als ich heute Morgen gewaschen habe." – „Danke, dass du am Samstag die Blätter im Vorgarten weggekehrt hast. Er sieht jetzt wieder ordentlich aus." Das ist ein konkretes Lob, das in den Ohren des Teenagers echt klingt. Versuchen Sie, Ihren Blick für konkrete Dinge zu schärfen.

Stefans Sohn Adrian spielt in der Baseballmannschaft seiner Schule. Vor Kurzem hatte er einen besonders schlechten Tag. Irgendwie klappte auf dem Spielfeld überhaupt nichts. Aber bei einem Spielzug lief es perfekt. Adrian war auf der dritten Position, ein Läufer war auf der ersten und einer fehlte noch. Als der Werfer einen scharf angeschnittenen Ball auf die dritte Position warf, fing Adrian ihn, landete einen perfekten Wurf auf den zweiten Mann, der wiederum einen perfekten Wurf auf den ersten startete. Mit

Versuchen Sie, Ihren Blick für konkrete Dinge zu schärfen.

dieser Aktion gewannen sie diesen Punkt. Das war der einzige Spielzug im ganzen Spiel, bei dem Adrian gut war, aber seine Mannschaft verlor das Spiel trotzdem.

Adrian fuhr im Mannschaftsbus nach Hause. Sein Vater und sein jüngerer Bruder, die sich das Spiel angesehen hatten, fuhren im Auto. Als Adrian einige Stunden später heimkam, öffnete ihm sein Bruder die Tür und begrüßte ihn mit den Worten: „Papa hat gesagt, dass er so ein gutes Spiel noch nie gesehen hat."

„Wovon redest du?", fragte Adrian.

„Dein doppelter Spielzug", erwiderte sein jüngerer Bruder.

Stefan schaltete den Fernseher aus und trat zu ihnen. „Das stimmt", sagte er. „Ich werde diesen Spielzug nie vergessen. Ich weiß, dass ihr verloren habt. Ich weiß auch, dass du keinen guten Tag hattest, aber ich sage dir: Dieser Spielzug war wirklich genial! Der Ball war scharf angeschnitten, aber du hast wie ein Profi gespielt. Das war wirklich gut. Unvergesslich."

Adrian ging in die Küche, um ein Glas Wasser zu trinken. Sein Vater kehrte ins Wohnzimmer zurück, aber in der Küche trank Adrian mehr als nur Wasser. Sein Liebestank wurde aufgefüllt, während er über die Worte seines Vaters nachdachte. Stefan hatte es gelernt, das Konkrete zu sehen und seinen Teenager zu loben. Wie viel anders wäre der Abend verlaufen, wenn Adrians Vater es sich leicht gemacht und die Leistungen seines Sohnes an diesem Nachmittag pauschal kritisiert hätte.

Es kostet Mühe, besonders für Eltern, die selbst dazu neigen, in allem eher das Negative zu suchen. Doch *alle* Eltern können es lernen, konkrete Dinge zu finden, die lobenswert sind, und sie als Gelegenheit nutzen, um ihre Teenager zu loben.

Es gibt noch einen dritten Aspekt beim Loben: Wenn Sie keine Ergebnisse loben können, dann loben Sie die Anstrengung. Angenommen, Ihr 13-Jähriger hat den Rasen gemäht. Natürlich sieht der Rasen nicht so perfekt aus, wie es der Fall wäre, wenn Sie ihn selbst gemäht hätten. Im Gegenteil, er sieht eher wild und struppig aus. Das ist kein Wunder, denn Ihr Sohn hat nicht so viel Übung wie Sie. Aber an den meisten Stellen ist das Gras gemäht und Ihr Teenager hat zwei Stunden dafür investiert. Beherrschen Sie sich! Verweisen Sie nicht auf das Gras, das noch zu lang ist. Das können Sie nächste Woche machen, bevor er wieder zu mähen beginnt. Jetzt sollten Sie sagen: „Oliver, du wirst beim Rasenmähen immer besser. Ich bin dir wirklich dankbar, dass du dich so sehr bemühst. Das ist mir eine große Hilfe. Danke."

Oliver geht in sein Zimmer und irgendwie ist das Rasenmähen für ihn lohnenswert. Sein Liebestank wird aufgefüllt, wenn er merkt, dass er seinem Vater wichtig ist und dass seine Arbeit Beachtung findet.

Vielleicht fragen Sie jetzt: „Aber wird er nicht immer nur mittelmäßig den Rasen mähen, wenn ich ihn nicht auf das Gras hinweise, das er stehen gelassen hat?" Meine Antwort lautet: „Es ist alles eine Frage des Timings."

Nach zwei Stunden Rasenmähen will niemand hören, dass er es nicht perfekt gemacht hat. Wenn Sie Oliver jetzt kritisieren, wird er das Rasenmähen mit Sicherheit hassen. Doch wenn seine Anstrengungen mit Lob belohnt werden, fühlt er sich wertgeachtet und ist motiviert, das nächste Mal wieder zu mähen. Er ist sogar offen für Anregungen, wie er es besser machen kann, wenn er eine Woche später wieder damit anfängt.

(Randbemerkung an alle Elternpaare, die das lesen: Ich möchte Sie darauf hinweisen, dass das Gleiche auch in Ihrer Ehe gilt. Belohnen Sie sich gegenseitig für die Mühe, die sich der andere gemacht hat, statt auf die Unvollkommenheiten hinzuweisen. Versuchen Sie es! Es lohnt sich. Versprochen! Zum Beispiel streicht der Mann drei Stunden lang ein Zimmer. Dann kommt seine Frau und deutet auf die Stelle, die er übersehen hat. Ich sage Ihnen: Das ist für lange Zeit das letzte

Mal, dass er ein Zimmer gestrichen hat. Oder eine Frau kocht ihrem Mann ein Essen. Er setzt sich an den Tisch und sagt: „Der Krautsalat ist versalzen." Ergebnis: Hoffentlich mag er Fastfood-Restaurants. Er wird dort in den nächsten Tagen öfter zu sehen sein. Es ist ganz einfach: Loben Sie für die Mühe, nicht für das perfekte Ergebnis.)

Teenager brauchen lobende Worte von ihren Eltern. Teenager tun immer etwas, das Lob verdient. Einige Eltern sind so darauf fixiert, dass der Teenager ihre Erwartungen nicht ganz erfüllt, dass sie das Positive übersehen. Sie haben einen Tunnelblick. Die Konzentration auf das Negative ist der Schwachpunkt vieler Eltern und führt bei ihren Teenagern zu einem leeren Liebestank. Egal, was im Leben Ihres Teenagers geschieht, das bei Ihnen Schmerz, Enttäuschung oder Ärger auslöst – Sie sollten weiterhin auf die Dinge achten, die lobenswert sind, und Ihren Teenager loben.

Die Konzentration auf das Negative ist der Schwachpunkt vieler Eltern und führt bei ihren Teenagern zu einem leeren Liebestank.

Worte der Zuneigung

Während sich Lob auf das positive Verhalten eines Teenagers konzentriert, hat Zuneigung den Teenager selbst im Blick. Sie drückt mit Worten etwas Positives über den Teenager als Person aus.

Die häufigste Aussage, mit der Zuneigung zum Ausdruck gebracht wird, ist dieser einfache Satz: „Ich liebe dich." Diese drei Worte sind immer richtig, auch wenn es eine Zeit geben wird, in der Ihr Teenager nicht will, dass Sie sie im Beisein anderer Teenager sagen. Wenn Ihr Teenager Sie bittet, das zu unterlassen, sollten Sie seinen Wunsch unbedingt respektieren. Wenn diese drei Worte jedoch in privater Umgebung gesagt werden, sind sie in jeder Entwicklungsphase angemessen.

Sie sind sogar unverzichtbar – denn Teenager, die die Worte „Ich liebe dich" von ihren Eltern nicht hören, leiden oft noch als Erwachsene darunter. In den letzten Jahren hatte ich Gelegenheit, bei mehreren Ehekonferenzen für Profisportler zu sprechen. Eines meiner traurigsten Erlebnisse hatte ich dabei, als ein Profisportler (und ich spreche hier von einem wirklich erfolgreichen Sportler, der hart im Nehmen ist) mit Tränen in den Augen zu mir sagte: „Dr. Chapman, ich habe aus dem Mund meines Vaters nie die Worte ‚Ich liebe dich' gehört."

In der Seele des Menschen, der nie die Worte „Ich liebe dich" von seinem Vater oder seiner Mutter gehört hat, klafft eine schmerzliche Lücke.

Am liebsten hätte ich ihn in die Arme genommen und gesagt: „Ich möchte dein Vater sein. Ich liebe dich." Ich kann diese Worte sagen und ich kann ihn umarmen (obwohl meine Arme zu kurz sind, um einen Footballspieler richtig umarmen zu können), aber meine Umarmung und meine Worte können nie das ersetzen, was sein Vater versäumt hat. In der Seele des Menschen, der nie die Worte „Ich liebe dich" von seinem Vater oder seiner Mutter gehört hat, klafft eine schmerzliche Lücke.

Normalerweise gehen Mütter bei ihrem Sohn oder ihrer Tochter im Teenageralter großzügig mit diesen Worten um. Väter sind in dieser Hinsicht oft zurückhaltender. Manchmal haben Väter diese Worte selbst nie gehört. Deshalb haben sie Probleme, etwas auszusprechen, das zu ihnen nie jemand gesagt hat. Diese Worte kommen ihnen nicht selbstverständlich über die Lippen.

Falls Sie zufällig ein solcher Vater sind, möchte ich Sie ermutigen, diese Tradition zu durchbrechen, Ihrem Teenager in die Augen zu schauen, ihm die Hände auf die Schultern zu legen und zu sagen: „Was ich dir jetzt sagen will, ist mir sehr wichtig. Hör mir bitte gut zu." Schauen Sie ihn direkt an und sagen Sie dann: „Ich habe dich sehr lieb" und umarmen Sie ihn. Unabhängig davon, was diese Erfahrung für Sie bedeutet, kann ich Ihnen versichern, dass Ihre Worte im Herzen Ihres Teenagers ewig nachhallen werden. Wenn der Damm erst einmal gebrochen ist, kann die Liebe ungehindert fließen. Sagen Sie diese Worte immer wieder. Ihr Teenager wird es nie müde werden, sie zu hören, und Ihr eigener Liebestank wird wieder aufgefüllt, wenn Ihr Teenager diese Worte auch zu Ihnen sagt.

Natürlich gibt es auch andere Wege, Zuneigung in Worten auszudrücken. Die Autorin Vicki Lansky beschrieb die Zeit, als ihre 13-jährige Tochter Dana niedergeschlagen war und sie sie aufheitern wollte. Sie sagte zu Dana: „Ich habe die Zeit mit dir heute wirklich genossen."

Warum benutzte sie das Wort „genossen" und nicht „geliebt"? Vicki erklärte: „Das Wort *genießen* bewirkte etwas." Danach fragte ihre Tochter sie mehrmals: „Mama, hast du mich heute auch genossen?"[38]

Finden Sie Ihre eigenen Synonyme und probieren Sie sie bei Ihrem Teenager aus. Hier sind für den Anfang einige Anregungen:

„Ich mag dich."

„Ich bin stolz, wenn ich an dich denke."

„Du bist mein Sonnenschein."

„Wenn ich mir auf der Welt einen Teenager aussuchen könnte, würde ich mich für dich entscheiden."

„Du bist wunderbar."

„Jeden Morgen, wenn ich aufwache, denke ich: ‚Was habe ich für ein Glück, dass ich dein Vater sein kann!'"

„Gestern saß ich an meinem Schreibtisch und habe gedacht: ‚Ich vermisse meine Tochter.'"

„Ich finde es herrlich, wenn du da bist."

Überlegen Sie sich jetzt ein paar andere Formulierungen

und schreiben Sie sie in ein Notizbuch. Flechten Sie sie hin und wieder neben Ihrem „Ich liebe dich" ein. Wenn Ihr Teenager es gewohnt ist, „Ich liebe dich" von Ihnen zu hören, kann es sein, dass andere liebevolle Worte den Liebestank Ihres Teenagers effektiver füllen können.

Worte der Zuneigung können auch verschiedene Eigenschaften des Körpers oder der Persönlichkeit Ihres Teenagers betreffen. „Deine Haare glänzen heute wie die Sonne" kann einer 16-Jährigen, die wegen ihres Aussehens unsicher ist, besonders guttun. „Du hast schöne Augen" können die 17-Jährige trösten, die gerade von ihrem Freund sitzen gelassen wurde. „Du bist so stark" können die Worte sein, die einem 15-Jährigen Mut zusprechen, der unter seinen Pickeln leidet. Suchen Sie körperliche Eigenschaften Ihres Teenagers, die Sie mit Worten positiv hervorheben können. Damit bringen Sie Ihre Zuneigung zum Ausdruck.

Diese Worte der Zuneigung können sich auch auf die Persönlichkeit des Teenagers konzentrieren. „Es freut mich sehr, dass du so gut mit anderen umgehen kannst. Ich weiß, dass du dich selbst als schüchtern und ungeschickt empfindest. Aber ich habe beobachtet, dass du dich öffnest, sobald du dich mit jemandem unterhältst. Es ist, als würden die Schleusen geöffnet und du fängst an, ungehindert zu sprechen."

Andere Möglichkeiten, Ihrem Teenager zu zeigen, dass Sie ihn gut finden und so lieben, wie er ist, sind:

„Du bist so vernünftig. Ich finde es gut, dass du immer erst überlegst, bevor du sprichst."

„Deine übersprudelnde Art macht so viele Menschen glücklich."

„Du bist vielleicht still, aber wenn du sprichst, hast du etwas zu sagen."

„Ich bewundere wirklich, dass du so zuverlässig bist. Wenn du dein Wort gibst, kann man sich darauf verlassen."

„Ich bin so froh, dass ich dir vertrauen kann. Andere Mütter erzählen mir, dass sie ihren Töchtern nicht vertrauen können, aber ich vertraue dir voll und ganz."

„Ich liebe es, wie du andere Menschen ermutigst. Ich habe gesehen, wie du gestern Abend nach dem Spiel mit Tim gesprochen hast. Du hast wirklich die Gabe, andere zu ermutigen."

Solche Worte der Zuneigung sprechen den Geist von Teenagern in der Tiefe an. Sie geben Ihrem Sohn oder Ihrer Tochter das Gefühl, geschätzt, bewundert und geliebt zu werden.

Einigen Eltern fällt es nicht so leicht, Worte der Zuneigung auszusprechen. Ich schlage Ihnen vor, ein Notizbuch zu führen. Schreiben Sie die Beispiele auf, die ich Ihnen oben genannt habe, lesen Sie sie mehrmals laut vor, wenn Sie allein sind. Schreiben Sie eigene Formulierungen auf, mit denen Sie Ihrem Teenager Ihre Zuneigung vermitteln können, und sagen Sie sie Ihrem Teenager hin und wieder.

Worte im Beisein von anderen

Versuchen Sie, Ihren Teenager im Beisein der ganzen Familie zu bestätigen. Loben Sie ihn und danken Sie ihm vor jüngeren oder älteren Geschwistern. (Ich rate jedoch nicht dazu, das in der Anwesenheit von gleichaltrigen Teenagern zu machen.) Anerkennende Worte haben oft eine größere Wirkung, wenn andere dabei sind. Zum Beispiel sitzt die Familie am Tisch und Philipps Vater sagt: „Ich habe es Philipp schon gesagt, aber ich möchte es noch einmal vor der ganzen Familie wiederholen: Ich war gestern sehr stolz auf ihn. Er hätte allen Grund gehabt, auf seinen Trainer sauer zu sein, aber er hat großen Sportsgeist bewiesen und ich bin stolz auf ihn." Philipp erfährt dadurch Anerkennung. Und zudem wird der Rest der Familie daran erinnert, wie wichtig es ist, Charakter zu zeigen.

Oder die Mutter schwärmt von ihrer Tochter: „Habt ihr heute Jenny gesehen? Sie hatte den Mut, sich für den Elfmeter zu melden. Dann hat sie den Schuss eiskalt verwandelt und das Spiel entschieden. Einfach spitze!" Jenny findet nicht nur beim Spiel Anerkennung, sondern kann dieses positive Gefühl wiederholen und die Anerkennung ihrer Familie spüren. Das spricht Jennys emotionales Bedürfnis nach Liebe vielleicht sogar noch mehr an, als wenn ihre Mutter diese Worte nur unter vier Augen zu ihr gesagt hätte.

In der Unsicherheit dieser schwierigen Altersphase sind Lob und Anerkennung für die Seele eines Teenagers oft wie Regen in der Wüste.

Lob und Anerkennung sind eine der fünf Grundsprachen der Liebe. Alle Teenager brauchen Worte der Bestätigung. In der Unsicherheit dieser schwierigen Altersphase sind Lob und Anerkennung für die Seele eines Teenagers oft wie Regen in der Wüste. Für die Gefühle von Teenagern, deren Liebessprache *Lob und Anerkennung* ist, ist nichts wichtiger, als von ihren Eltern genau dies zu bekommen.

Das sagen Teenager dazu ...

Lesen Sie folgende Aussagen von Teenagern, die sich geliebt fühlen, wenn sie von ihren Eltern Lob und Anerkennung bekommen.

Martin, 17, ist Mitglied einer Ringermannschaft. „Wenn ich gewinne, ist für mich nichts wichtiger, als meinen Vater sagen zu hören: ‚Gut gemacht, Junge!' Wenn ich verliere, hilft es mir am meisten, wenn er sagt: ‚Du hast es ihm wirklich sehr schwer gemacht und tapfer gekämpft.'"

Christine, 13: „Ich weiß, dass meine Mutter mich liebt. Sie sagt es mir immer wieder. Ich denke, mein Vater liebt mich auch, aber er sagt es nicht."

Julian, 15: „Ich habe keinen Vater außer den Männern im Jugendzentrum. Aber ich weiß, dass meine Mutter mich liebt.

Sie sagt, wie stolz sie auf mich ist, und ermutigt mich, das Beste aus meinem Leben zu machen."

Michaela, 18: „Ich gehe in ein paar Monaten an die Uni. Ich habe großes Glück: Meine beiden Eltern lieben mich. Selbst in den schweren Teenagerjahren haben sie mich immer ermutigt. Mein Vater sagt: ‚Du bist die Größte' und meine Mutter sagt: ‚Du kannst alles schaffen, was du dir vornimmst.' Ich hoffe nur, ich kann anderen Leuten genauso helfen wie sie mir."

Emma, 14: „Meine Mutter verließ uns, als ich vier war. Ich kann mich an sie nicht erinnern, aber später hat mein Vater meine Stiefmutter geheiratet. Sie ist für mich meine Mutter. Manchmal, wenn ich mich selbst kleinmache, sagt sie, wie sehr sie mich liebt. Und sie sagt gute Dinge über mich, die ich manchmal vergesse. Ohne sie würde ich es nicht schaffen."

Bei diesen und vielen anderen Teenagern haben *Lob und Anerkennung* eine große Wirkung. Wenn ihre Eltern solche Worte regelmäßig sagen, bleibt der emotionale Liebestank dieser Teenager randvoll.

Wenn die Sprache der Liebe Ihres Teenagers *Lob und Anerkennung* ist

Suchen Sie von den folgenden Vorschlägen etwas aus und versuchen Sie etwas Neues, das Ihrem Teenager guttun könnte.

- Sprechen Sie über ein Ziel, das Ihr Teenager erreichen möchte, und ermutigen Sie ihn, es auszuprobieren.
- Kleben Sie einen Zettel mit ermutigenden Worten ans Müsliglas, das er jeden Morgen sieht.
- Gewöhnen Sie sich an, eine konkrete Leistung Ihres Teenagers zu loben, die Sie beobachtet haben. Bei-

spiele sind etwa: „Die Kleidung, die du dir ausgesucht hast, steht dir wirklich sehr gut und passt perfekt zusammen." Oder: „Ich bewundere es, dass du dich so angestrengt hast, um dein Referat für die Schule pünktlich fertig zu haben."

- Fragen Sie, was Ihr Teenager nach der Schule vorhat. Wenn Ihre Tochter sagt: „Ich will Physiotherapeutin werden und Menschen helfen, nach schweren Verletzungen wieder fit zu werden", dann ermutigen Sie sie, herauszufinden, was nötig wäre, um dieses Ziel zu erreichen.
- Schreiben Sie Mut machende Zitate auf ein Blatt Papier und notieren Sie daneben: „Dabei musste ich an dich denken", bevor Sie es Ihrem Teenager geben.
- Wenn Sie künstlerisch begabt sind, entwerfen Sie ein Bild oder eine Zeichnung, die zeigt, wie sehr Sie Ihren Teenager lieben.
- Lassen Sie ein Bild oder einen besonderen Brief von Ihrem Teenager rahmen. Hängen Sie es/ihn zu Hause oder in Ihrem Büro auf.
- Wenn Sie aus beruflichen oder anderen Gründen verreisen, dann hinterlassen Sie Ihrem Teenager für jeden Tag, den Sie fort sind, eine kurze Nachricht.
- Schreiben Sie Ihrem Teenager, wenn Sie an ihn denken, eine SMS, in der Sie ihm einfach sagen: „Ich liebe dich."
- Stellen Sie Pokale, schulische Auszeichnungen und andere herausragende Arbeiten an einem Platz auf, von dem Ihr Teenager weiß, dass er Ihnen wichtig ist.
- Wenn Ihr Teenager niedergeschlagen ist, dann sagen Sie ihm fünf Gründe, warum Sie stolz auf ihn sind.
- Stecken Sie aktuelle Fotos von Ihrem Teenager in Ihr Portemonnaie, laden Sie sich Bilder von ihm aufs

Handy und zeigen Sie sie Ihren Freunden – besonders, wenn Ihr Teenager dabei ist.

- Basteln Sie ein Mutmachglas, in das Sie und Ihr Teenager Zettel mit lobenden Worten werfen können. Lesen Sie sie regelmäßig gemeinsam.
- Wenn ein Teenager versucht, Ihnen zu helfen, aber einen Fehler macht, dann loben Sie zuerst seine guten Absichten.

4

Sprache der Liebe Nummer 2:

Zärtlichkeit

Wenn wir die Menschen berühren, die wir lieben, liegt darin eine unglaubliche emotionale Macht. Deshalb werden Eltern ermutigt, Babys auf dem Arm zu halten und sie zu liebkosen – sie zu küssen und ihre Haut zu streicheln. Wenn Sie Ihre Dreijährige umarmen oder sie auf Ihrem Schoß sitzen lassen, während Sie eine Geschichte vorlesen, füllen Sie den Liebestank des Kindes. Auch am Ende des Lebens sind Berührungen ein wichtiges emotionales Kommunikationsmittel. Einem alten Menschen können Sie ein Lächeln ins Gesicht zaubern, wenn Sie seine Hand halten! Und natürlich – Ihren Ehepartner umarmen und küssen Sie (hoffentlich) auch.

Aber wie ist es bei Teenagern? Sind sie anders? Kann man Teenager mit körperlicher Berührung emotional erreichen? Die Antwort lautet Ja und Nein. Es kommt darauf an, wann, wo und wie es geschieht.

Zum Beispiel kann dem Teenager eine Umarmung im Beisein von gleichaltrigen Freunden peinlich sein. Dann stößt er die Eltern weg oder knurrt: „Lass das!" Aber wenn er nach dem Fußballtraining nach Hause kommt und Sie ihm die Schultermuskeln massieren, kann das ein Weg sein, wie Sie ihm Ihre Liebe zeigen. Wenn Sie versuchen, einen Teenager zu berühren, der gerade seine Ruhe haben will, reagiert er wahrscheinlich abweisend. Aber eine liebevolle Berührung nach einem enttäuschenden Tag an der Schule wird als echte elterliche Liebe verstanden.

Teenager sind anders als Kinder. Sie können einen Teenager nicht auf die gleiche Art und in der gleichen Umgebung berühren, wie Sie ihn als Kind berührt haben. Eltern dürfen nicht vergessen, dass der Teenager nach Unabhängigkeit und seiner eigenen Identität strebt. Deshalb sollten sie sich fragen: „Bedroht meine Berührung sein Gefühl von Unabhängigkeit? Trägt sie zu seiner eigenen Identität bei?"

Denken Sie daran: Der Teenager hat es dringend nötig, Ihre Liebe zu fühlen. *Zärtlichkeit* ist eine der fünf Sprachen der Liebe, aber es ist entscheidend, dass Sie diese Sprache zur richtigen Zeit, am richtigen Ort und auf die richtige Weise einsetzen. Wenn die Liebessprache Ihres Kindes *Zärtlichkeit* ist, ändert sich das nicht, wenn er heranwächst. Aber der „Dialekt", in dem Sie diese Sprache sprechen, muss sich ändern, wenn der Teenager Ihre Liebe fühlen soll. Was das im Einzelnen bedeutet, zeige ich Ihnen jetzt.

Eltern dürfen nicht vergessen, dass der Teenager nach Unabhängigkeit und seiner eigenen Identität strebt.

Die richtige Zeit für Berührungen

Im alten hebräischen Weisheitsbuch heißt es: „Alles hat seine Zeit ... Umarmen hat seine Zeit wie auch das Loslassen.“[39] Trainer bläuen ihren Sportlern ein: „Es kommt auf das richtige Timing an, Jungs!“ Ähnlich müssen Teenagereltern die Kunst des richtigen Timings lernen. Gute Aktionen zur falschen Zeit sind wie ein Schuss, der nach hinten losgeht. Das richtige Timing zu finden, ist aus zwei Gründen eine schwere Aufgabe: Erstens ist es sehr stark von der momentanen Stimmung des Teenagers abhängig. Und zweitens ist die Stimmung des Teenagers nicht immer leicht einzuordnen. Manchmal merken Eltern erst dann, wenn sie die Initiative ergriffen haben und den Teenager liebevoll berühren, dass er gerade in einer Stimmung ist, in der er keinen Körperkontakt will. Aber nur weil es schwer ist, heißt das ja nicht, dass es unmöglich wäre.

Kluge Eltern beobachten ihren Teenager. Sie lernen, an seinem Verhalten zu erkennen, in welcher Stimmung er gerade ist. Eine Mutter sagte: „Ich erkenne daran, wie mein Sohn die Haustür zumacht, ob er umarmt werden will oder nicht. Wenn er die Tür zuknallt, heißt das: ‚Rühr mich nicht an!‘ Wenn er sich die Zeit nimmt, die Tür leise zu schließen, sagt er damit: ‚Ich bin für eine Umarmung offen.‘“ Eine andere Mutter erzählte: „Wenn meine Tochter Abstand zu mir hält, während sie spricht, weiß ich, dass sie nicht berührt werden will. Wenn sie auf der anderen Seite des Zimmers stehen bleibt, ist das ein eindeutiges Zeichen. Aber wenn sie näher kommt und nahe neben mir stehen bleibt, weiß ich, dass sie für eine liebevolle Berührung offen ist.“

Teenager kommunizieren durch ihre Körpersprache, in welcher Stimmung sie sind. Stehen sie nahe neben Ihnen oder verschränken sie die Arme vor sich? Aufmerksame Eltern beobachten diese Körpersprache und lernen, zu welchem Zeitpunkt sie ihren Teenager berühren können. Sie müssen nicht verstehen, *warum* der Teenager gerade in einer Stimmung ist, in der er keinen Körperkontakt will. Wichtig ist nur, dass Sie diese Stimmung erkennen und respektieren.

Es ist fast immer falsch, einen Teenager berühren zu wollen, der gerade wütend ist. Wenn sich zum Beispiel Ihre Tochter über Sie oder jemand anderen ärgert, will sie nicht umarmt werden. Sie ist wütend, weil ihr ihrer Meinung nach Unrecht getan wurde. Ärger schiebt andere Menschen weg. Wenn Sie einen Teenager berühren, der sich gerade ärgert, werden Sie fast immer abgewiesen werden. Ein verärgerter Teenager versteht körperliche Berührung als Versuch, ihn zu kontrollieren. Das ist ein Angriff auf seine Unabhängigkeit. Deshalb zieht sich der Teenager vor Ihrer Berührung zurück. Kurz gesagt: Es ist normalerweise unangemessen, einem Teenager Ihre Liebe durch Zärtlichkeit zeigen zu wollen, wenn er gerade wütend ist.

Andererseits gibt es viele angemessene Augenblicke, in denen Sie einen Teenager berühren können. Eine solche Gelegenheit entsteht häufig, wenn Ihr Teenager eine größere Leistung vollbracht hat. Das kann völlig unterschiedlich sein: ein Sieg auf dem Sportplatz, ein erfolgreicher Klaviervortrag, ein besonders gut aufgeführter Tanz, die Fertigstellung einer wichtigen Arbeit für die Schule, eine gute Note in Mathematik, die bestandene Führerscheinprüfung. In solchen Augenblicken sind Teenager normalerweise für Körperkontakte mit den Eltern offen. Die Freude über die geschaffte Leistung hat ihn auf dem Weg zur Unabhängigkeit und zu seiner eigenen Identität einen großen Schritt vorangebracht. Wenn Sie mit *Lob und Anerkennung* sowie mit *Zärtlichkeit* seinen Erfolg feiern, versteht der Teenager das als weiteren Beweis dafür, dass Sie seine Leistung anerkennen.

Im Gegenzug dazu kann es auch in Zeiten der Niederlage wichtig sein, Ihrem Teenager Ihre Liebe durch Zärtlichkeit zu zeigen. Ihr Sohn ist niedergeschlagen, weil er die Matheschulaufgabe vergeigt hat, weil seine Freundin ihn verlassen hat oder weil er eine Beule ins Auto gefahren hat. Ihre Tochter ist traurig, weil ihre beste Freundin zu einer Party eingeladen wurde und sie nicht, oder – noch schlimmer – weil ihr Freund mit ihr Schluss gemacht hat und jetzt mit ihrer besten Freundin zusammen ist. Das sind Gelegenheiten, in denen Teenager für Körperkontakt offen sind.

Im normalen Alltag ist der Teenager, wenn er gut gelaunt ist, meistens für Körperkontakt offen. Wenn der Teenager schlecht gelaunt ist, will er keine körperliche Berührung. Einfühlsame Eltern respektieren seine Stimmung und versuchen, ihn nur im richtigen Moment zu berühren. Oft ist dabei Ausprobieren die einzige Möglichkeit, das zu lernen.

Eine Mutter berichtet: „Als Julia 13 wurde, befürchtete ich schon, sie würde Drogen nehmen. Ihr Verhalten hatte sich radikal verändert. Sie war immer ein Kind gewesen, das ständig kuscheln wollte. Ich durfte sie oft umarmen und küssen und ihr den Rücken massieren. Aber als sie 13 wurde, zog sie sich vor mir zurück und wollte nicht, dass ich sie berühre. Ich dachte, in unserer Beziehung wäre etwas Furchtbares passiert. Später begriff ich, dass sie ein ganz normaler Teenager ist. Jetzt habe ich gelernt, wann Julia in der Stimmung ist, in der sie berührt werden möchte, und wann nicht.

Hin und wieder irre ich mich und sie weicht vor meinen Umarmungen zurück. Aber meistens klappt es, weil ich den richtigen Zeitpunkt gewählt habe. Julia ist jetzt 15 und ich sehe unsere Beziehung positiv. Ich glaube, ihre Liebessprache ist *Zärtlichkeit*. Ich weiß, dass meine Tochter die Berührung braucht. Ich will aber weiterhin sensibel sein und den richtigen Zeitpunkt abpassen."

„Ich weiß, dass meine Tochter die Berührung braucht. Ich will aber weiterhin sensibel sein und den richtigen Zeitpunkt abpassen."

Der Ort für Berührungen

Genauso wie es eine Zeit für Berührungen gibt und eine Zeit, in der sie unangebracht sind, verhält es sich auch mit dem Ort. Bedenken Sie bitte, dass ich hier von Geografie spreche und nicht von Sexualität. Zu diesem Thema kommen wir später.

Ein Beispiel: Der Zehnjährige freute sich über die Umarmung seiner Mutter nach dem Fußballspiel. Er lief zu ihr an den Spielfeldrand und wartete auf ihre lobenden Worte und ihre anerkennende Berührung. Aber mit 16 läuft er bestimmt nicht mehr zu seiner Mutter und hofft inständig, dass sie nicht auf ihn zustürzt, sobald der Schiedsrichter abpfeift. Er feiert mit seinen Mannschaftskameraden und Freunden seine Unabhängigkeit und seine eigene Identität. Seine Freunde dürfen ihm auf den Rücken klopfen, ihn kurz umarmen, sich mit ihm abklatschen. Aber wenn sich seine Mutter nähert, denkt er: *Bitte, Mama, denk nicht einmal daran!* In der Öffentlichkeit wollen Teenager von ihren Eltern nicht umarmt oder liebevoll berührt werden.

Das gilt besonders im Beisein von Gleichaltrigen. Die eigene Identität des Teenagers ist mit der seiner Freunde verknüpft. Wenn Mama oder Papa in diese Welt eindringen und ihm durch zärtliche Berührungen ihre Zuneigung zeigen, wird seine Identität bedroht. Das empfindet er als Angriff auf seinen Wunsch nach Unabhängigkeit. Ein Teenager formulierte es so: „Wenn meine Eltern so etwas machen, geben sie mir das Gefühl, dass ich in ihren Augen immer noch ein Kind bin." Eine gute Faustregel ist es, einen Teenager nie im Beisein seiner Freunde zu berühren – es sei denn, der Teenager ergreift die Initiative.

Manchmal sind Teenager für körperliche Berührungen im Beisein von Verwandten, etwa der Großeltern, offen. Wenn Sie den Großeltern stolz von den Leistungen Ihres Teenagers erzählen, kann es sein, dass er dabei ein Schulterklopfen akzeptiert. Aber setzen Sie das nicht als selbstverständlich voraus. Achten Sie auf die Reaktion Ihres Teenagers und lassen Sie ihn in Ruhe, wenn er Ihnen signalisiert, dass er keinen Körperkontakt will.

Wo ist der angemessene Ort, um Ihrem Teenager durch Zärtlichkeit mitzuteilen, dass Sie ihn lieben? Normalerweise in der Privatsphäre zu Hause oder wenn Sie mit ihm allein sind. Denken Sie daran: Auch *Zärtlichkeit* ist eine der fünf Sprachen der Liebe. Für Teenager, deren Liebessprache *Zärtlichkeit* ist, ist es sehr wichtig, dass ihre Eltern lernen, die passende Zeit und den richtigen Ort zu finden, um ihnen ihre Liebe zu zeigen.

Der 14-jährige Jakob erzählte mir: „Ich gehe mit meinem Vater gern zelten. Dann fühle ich mich ihm am nächsten."

Als ich fragte: „Was gefällt dir an den Campingausflügen mit deinem Vater am besten?", antwortete er: „Wenn wir nachts am Lagerfeuer miteinander ringen. Besonders schön ist es, wenn ich ihn besiege." Bei Jakob kommt emotionale Liebe durch Berührungen zum Ausdruck. Seine Unabhängigkeit und eigene Identität werden gefördert, besonders wenn er gewinnt.

Jessica, 15 Jahre alt, sagte mir: „Mama und ich stehen uns wirklich nahe. Ohne ihre Umarmungen würde ich es wahrscheinlich nicht schaffen. Die Schule war in diesem Jahr hart, aber ich weiß, wenn ich nach Hause komme, werde ich von Mama umarmt." Jessicas Mutter hat die Liebessprache ihrer Tochter erkannt und wendet sie in der Privatsphäre zu Hause an. Es ist sehr wichtig, dass Sie diese Sprache der Liebe immer zur richtigen Zeit und am richtigen Ort sprechen. Sonst wird Ihre Berührung nicht als Ausdruck von Liebe verstanden.

Wie können wir unserem Teenager gegenüber Zärtlichkeit zeigen?

Seien Sie flexibel

Hier geht es nicht um die Art der Berührung, sondern darum, wie wir unsere Teenager berühren. Es gibt zahlreiche Möglichkeiten, durch körperliche Berührung Zuneigung auszudrücken. Umarmungen, Küsse auf die Wange, ein Streicheln über den Rücken, Schulterklopfen, zärtliche Berührungen, Massagen und Ringen sind angemessene Möglichkeiten, einem Teenager durch Zärtlichkeit emotionale Liebe zu zeigen. Trotzdem ist es nicht so leicht, wie es sich anhört. Jeder Teenager ist anders. Nicht alle mögen die gleiche Art von Berührungen. Einige Teens lassen sich gern den Rücken massieren, andere nicht. Einige mögen es, wenn Sie mit ihren Haaren spielen, andere nicht. Ihr Teenager ist einmalig! Machen Sie sich die Mühe, dass Sie nicht nur seine Sprache der Liebe lernen, sondern auch die Dialekte, in denen er Liebe am besten annehmen kann.

Es ist wichtig, dass wir es uns bewusst machen, dass wir dem Teenager nicht unsere eigene Liebessprache aufdrängen dürfen. Wir müssen seine Sprache lernen. Noch komplizierter wird es dadurch, dass Ihr Teenager die Berührungsformen, die er als Kind gemocht hat, jetzt häufig nicht mehr mag. Das ist für Eltern oft frustrierend. Sie haben geglaubt, sie hätten die Liebessprache ihres Kindes erkannt und gelernt, sie zu sprechen. Doch plötzlich zieht sich der Sohn vor den gleichen Berührungen zurück, die er früher so geliebt hat. Der Hauptgrund dafür ist das Streben des Teenagers nach Unabhängigkeit und seiner eigenen Identität. Wenn Sie Ihren Teenager genauso

Es ist wichtig, dass wir es uns bewusst machen, dass wir dem Teenager nicht unsere eigene Liebessprache aufdrängen dürfen.

berühren, wie Sie ihn als Kind berührt haben, kann es sein, dass diese Berührungen Gefühle von Abhängigkeit und Unsicherheit auslösen. Das ist genau das Gegenteil von dem, was der Teenager braucht. Deshalb zieht er sich vor diesen „kindischen“ Ausdrucksformen der Liebe zurück.

Vor einiger Zeit sprach ich bei einem Elternseminar über dieses Thema. In der Pause kam Robert sehr aufgeregt zu mir und sagte: „Jetzt verstehe ich endlich, was los ist! Mein Sohn Mark ist 15. Als er jünger war, habe ich ihm oft den Rücken massiert. Er hat das geliebt. Aber in den letzten zwei oder drei Jahren durfte ich ihm den Rücken nicht mehr massieren. Ich hatte das Gefühl, er zieht sich vor mir zurück. Ich konnte nicht verstehen, warum er sich so sehr verändert hat. Jetzt ist mir klar, dass ihn die Massage an seine Kindheit erinnert. Er entwickelt seine Unabhängigkeit und will nicht wieder ein Kind sein. Das ist völlig logisch.“

Ich schlug Robert vor, neue Wege zu suchen, wie er seinem Sohn durch Körperkontakt seine Liebe zeigen konnte. „Klopfen Sie ihm auf den Rücken, tippen Sie ihn auf die Schulter, berühren Sie seinen Arm, wenn er an Ihnen vorbeigeht. Wenn er sich darauf einlässt, dann ringen Sie auf dem Boden mit ihm. Sie werden sehen, wie Marks Liebestank anfängt, sich zu füllen, weil Sie ihn wie einen heranwachsenden Mann behandeln und nicht mehr wie ein Kind. Dadurch fördern Sie sein Streben nach Unabhängigkeit, statt es zu sabotieren.“ Robert hatte eine wichtige Lektion darüber gelernt, wie man Teenagern Liebe zeigt.

Wenn die Reaktion Ihres Teenagers auf Ihre Bemühungen, ihn zu berühren, signalisiert: „Das mag ich nicht“, dann lassen Sie ihn los und suchen Sie eine andere Art der Zärtlichkeit. Zwingen Sie ihm keine besondere Form auf, nur weil Sie meinen, dass er das mögen müsste. Bei den fünf Sprachen der Liebe geht es darum, dass Sie lernen, die Sprache des anderen zu sprechen und nicht Ihre eigene. Die Schlüsselfrage lautet:

Was gibt Ihrem Teenager das Gefühl, geliebt zu werden? Wenn seine Liebessprache *Zärtlichkeit* ist, müssen Sie die Berührungsformen finden, die ihm mitteilen, dass Sie ihn lieben. Der Prozess, einen Teenager zu lieben, wird durch die eigenen Vorlieben der Eltern oft erschwert. Einige Eltern haben ihrem Teenager noch nie ein Bein gestellt und können sich nicht vorstellen, ihm damit ihre Liebe zu zeigen. Andere haben ihren Teenager noch nie mit dem Ellbogen gestoßen. Damit will ich nicht sagen, dass alle Teenager diese Dialekte der körperlichen Berührung mögen. Aber ich rate Ihnen, die körperliche Berührung zu finden, die Ihren Teenager anspricht, und diesen Dialekt regelmäßig zu sprechen.

Selbstverständlich ist das emotionale Klima, in dem Sie ihn berühren, äußerst wichtig. Wenn Sie Ihrem Teenager ein Bein stellen, weil Sie gerade wütend sind, ist das kein Ausdruck von Liebe. Wenn Sie ihm kräftig auf die Schulter klopfen, weil Sie von seinem Verhalten frustriert sind, fühlt er sich nicht geliebt. Die Mutter, die ihre Tochter nicht mehr umarmt, weil ihr ihre Freunde nicht gefallen, riskiert es, ihre Tochter zu verlieren. Als Eltern sind wir für unsere Einstellung verantwortlich. Wenn wir unseren Teenagern nur dann Liebe entgegenbringen, wenn sie Dinge tun, die uns gefallen, hat das nichts mehr mit bedingungsloser Liebe zu tun. Dann haben wir die verhängnisvolle Welt der Manipulation betreten.

Als Eltern sind wir für unsere Einstellung verantwortlich.

Setzen Sie körperliche Berührung sanft zur Korrektur ein

Die gute Nachricht über *Zärtlichkeit* als Sprache der Liebe ist es, dass sie leicht anzuwenden ist, selbst wenn Ihnen das Verhalten Ihres Teenagers nicht gefällt. Sie können sogar Ihr Missfallen über sein Verhalten ausdrücken und gleichzeitig durch eine körperliche Berührung zeigen, dass Sie ihn lieben.

Maria berührt den Arm Ihrer Tochter und sagt: „Es stört

mich, dass du gestern Abend eine Stunde zu spät nach Hause gekommen bist. Mir ist bewusst, dass du mit deinen Freunden Spaß hattest und nicht auf die Uhr gesehen hast. Aber verstehst du, wie das für mich ist? Wir haben doch ausgemacht, dass du mich anrufst, wenn es bei dir später wird, damit ich mir keine Sorgen mache."

Jetzt dreht sie sich um und schaut ihre Tochter an. Sie legt ihr beiden Hände auf die Schultern und sagt: „Schatz, ich liebe dich sehr. Ich will dir das Leben nicht unnötig schwer machen. Ich will nur wissen, dass bei dir alles in Ordnung ist." Maria zeigt ihrer Tochter sehr effektiv, dass sie sie liebt, kommuniziert aber gleichzeitig klar, was ihr nicht gefällt.

Wenn Zärtlichkeit zur richtigen Zeit am richtigen Ort und auf die richtige Weise eingesetzt wird, sprechen Sie damit die Seele des Teenagers an. Eine körperliche Berührung sagt: „Ich erkenne dich als wichtige Person an. Ich stehe zu dir. Ich kümmere mich um dich. Ich liebe dich." Jeder Teenager braucht Zärtlichkeit. Wenn er diese Zärtlichkeit nicht von seinen Eltern bekommt, sucht er sie woanders.

Ein kritisches Wort an Väter

Viele Väter dieser Generation neigen dazu, sich davor zurückzuziehen, ihre Töchter im Teenageralter körperlich zu berühren. Das geschieht besonders dann, wenn die Tochter in die Pubertät kommt. Einige wissen nicht, wie sie mit den körperlichen Veränderungen ihrer Tochter umgehen sollen; andere meinen, ihre Töchter würden keine Berührung mehr wollen, weil sie keine Kinder mehr sind. Wieder andere Väter befürchten, man könnte ihnen vorwerfen, ihre Tochter sexuell zu berühren oder gar zu missbrauchen. Aus welchem Grund auch immer sie sich so verhalten: Es ist ein schwerer Fehler, Zärtlichkeit zu meiden. Für Mädchen im Teenageralter ist es wichtig, sich als heranwachsende Frau gut zu fühlen. Sie müssen spüren, dass sie für das männliche Geschlecht attraktiv sind. Es ist die Aufgabe ihrer Väter, den Mädchen dieses positive Gefühl zu vermitteln. Eine angemessene körperliche Berührung ist dafür ein gutes Mittel. Wenn der Vater seiner Tochter körperliche Zuneigung vorenthält, besteht womöglich die Gefahr, dass sie schon sehr früh sexuell aktiv wird.

Liebe Väter, ich möchte Ihnen Mut machen, weiterhin den Körperkontakt zu suchen, wenn Ihre Tochter ins Teenageralter kommt. Sie braucht diese angemessenen Berührungen, während sie ihre Unabhängigkeit und ihre eigene Identität als junge Frau entwickelt.

Unangemessene körperliche Berührungen

Es tut mir weh, dass ich die nächsten Absätze schreiben muss. Es wäre schön, wenn körperliche Misshandlung und sexueller Missbrauch in unserer Gesellschaft nicht so häufig vorkommen würden. Es ist eine traurige Realität, dass eine immer noch viel zu hohe Anzahl von Teenagern Misshandlungen und Missbrauch, leider auch durch ihre Eltern, ausgesetzt ist. Die dramatischen Fälle sehen wir in den Abendnachrichten. Doch die meisten Betroffenen leiden still und manchmal haben nicht einmal die Menschen, die ihnen sehr nahestehen, eine Ahnung davon.

Körperliche Misshandlung und Wut

Körperliche Misshandlung bedeutet, aus Wut und nicht im Spiel zu schlagen, zu treten, zu stoßen usw. Das Schlüsselwort ist *Wut*. Einige Eltern von Teenagern haben nie gelernt, konstruktiv mit Wut umzugehen. Wenn sie sich über das Verhalten des Teenagers ärgern, folgt nach lieblosen Worten oft körperliche Gewalt. Ohrfeigen, Stoßen, Schieben, Würgen, Festhalten, Schütteln und Schlagen ist Misshandlung. Wenn das passiert, können wir sicher sein, dass der Liebestank des Teenagers nicht nur leer bleibt, sondern vielmehr durchlöchert wird. Positive Worte und körperliche Zuneigung empfindet der Teenager nach solchen Wutausbrüchen oft als leer und hohl. Das Herz des Teenagers erholt sich von einer körperlichen Misshandlung nicht so leicht.

Diese Eltern, die ihr Verhalten aufrichtig bereuen und unbedingt wollen, dass sich ihr Teenager nach solchen Wutanfällen geliebt fühlt, müssen sich bei ihm nicht nur ehrlich entschuldigen. Ich halte es für unverzichtbar, dass sie unbedingt professionelle Hilfe suchen, um ihr zerstörerisches Verhaltensmuster zu durchbrechen und einen positiven Umgang mit Wut zu lernen. Das geschieht am besten durch Selbsthilfegruppen und/oder professionelle Therapie.

Wutausbrüche hören nicht einfach von selbst auf. Der Vater oder die Mutter muss bewusst etwas unternehmen, um das zerstörerische Verhalten zu ändern. Genauso wenig verschwindet der emotionale Schmerz des Teenagers von selbst. Wenn sich der Vater oder die Mutter nicht aufrichtig entschuldigt und sein Verhalten aktiv ändert, wird sich der Teenager höchstwahrscheinlich von dem Elternteil, der ihn misshandelt, weiterhin nicht geliebt fühlen. Leider fühlt sich der Teenager dann oft auch vom anderen Elternteil nicht geliebt. Die Logik des Teenagers sagt: „Wenn meine Mutter mich lieben würde, würde sie nicht zulassen, dass mein Vater mich misshandelt. Sie würde mich beschützen." Falls Sie mit einem Partner/einer Partnerin verheiratet sind, der bzw. die immer wieder gewalttätig wird, möchte ich Ihnen Mut machen, einen Therapeuten oder Seelsorger aufzusuchen. Sie brauchen emotionale Stärke und das notwendige Wissen, um konstruktive Schritte zu gehen, durch die Sie sich selbst und Ihren Teenager schützen können. Es hat nichts mit Liebe zu tun, wenn Sie zulassen, dass diese Misshandlungen weitergehen. Sie benötigen die Hilfe eines ausgebildeten Therapeuten oder Seelsorgers, um in Ihrer Familie etwas zum Positiven verändern zu können.

Sexueller Missbrauch

Von sexuellem Missbrauch spricht man, wenn Sie Ihre Rolle als Vater oder Mutter ausnutzen, um Ihren Teenager zu sexuellen Handlungen zu nötigen, durch die Sie Ihre eigenen sexuellen Wünsche befriedigen. Sexueller Missbrauch geschieht leider häufig durch Verwandte, den Stiefvater oder den Freund der Mutter. Opfer von sexuellem Missbrauch sind überwiegend Mädchen im Teenageralter. Auch wenn in der Kernfamilie manchmal homosexueller Missbrauch geschieht, ist er bei Weitem nicht so häufig wie heterosexueller Missbrauch. Oft versucht der Täter, der den sexuellen Missbrauch verübt, dem Teenager einzureden, seine sexuellen Übergriffe wären Ausdruck seiner Liebe. Diese Botschaft kommt beim Teenager als „nicht richtig" an. Etwas tief in seiner Seele sagt ihm: „Hier stimmt etwas nicht."

Aber dem Teenager widerstrebt es oft, mit dem anderen Elternteil oder einem anderen Erwachsenen darüber zu sprechen. Manchmal schweigt der Teenager, weil er sich schämt, aber die häufigste Ursache für sein Schweigen ist Angst.

Oft droht der Täter dem Opfer Gewalt an. Eine 15-Jährige erzählte: „Mein Vater hat gesagt: Wenn ich meiner Mutter oder irgendjemand anderem erzähle, was zwischen uns läuft, streitet er es ab. Und meine Mutter wird ihm glauben und nicht mir. Dann würde er dafür sorgen, dass ich bestraft werde, weil ich gelogen habe."

Als eine 17-Jährige gefragt wurde, warum sie es ihrer Mutter nicht gesagt hat, dass ihr Stiefvater sie sexuell missbraucht, seit sie 13 war, antwortete sie: „Wenn ich es meiner Mutter gesagt hätte, hätte mich mein Stiefvater umgebracht. Er hat oft gesagt, dass es für ihn eine Leichtigkeit wäre, mich loszuwerden. Ich wusste, dass er das ernst meinte, und ich wollte nicht sterben." Erst als ihr Stiefvater wegen eines anderen Vergehens im Gefängnis saß, vertraute sie endlich einem Seelsorger an, was ihr jahrelang angetan worden war.

Jedem Erwachsenen muss klar sein, dass sexuelle Intimität mit einem Teenager vonseiten einer Elternfigur kein Ausdruck von Liebe ist. Das ist Selbstbefriedigung auf Kosten von anderen – das genaue Gegenteil von Liebe. Der Teenager wird benutzt und missbraucht. Ein solcher Missbrauch löst beim Teenager Bitterkeit, Hass, Wut und oft Depressionen aus. Er hat auch sehr negative Folgen für die emotionale, soziale und sexuelle Entwicklung des Teenagers.

Umgang mit sexuellem Missbrauch

Falls Sie selbst von einem Teenager, der unter Ihrem Dach wohnt, sexuelle Befriedigung bekommen, ist der erste Schritt zuzugeben, dass dieses Verhalten falsch ist. Als zweiten Schritt müssen Sie einen Termin mit einem professionellen Therapeuten vereinbaren, das Problem schildern und erste Schritte gehen, um die Beziehung zu Ihrem Teenager in Ordnung zu bringen. Ja, das ist ein mutiger Schritt, der Sie etwas kostet. Er bringt Sie in Verlegenheit; er kann Ihre Ehebeziehung zerstören; er kann emotionalen Stress für Sie bedeuten – ja, er kann sogar zu rechtlichen Konsequenzen führen. Aber wenn Sie das nicht machen, zahlen Sie auf lange Sicht einen noch viel höheren Preis.

Mir ist sehr wohl bewusst, dass die meisten, die sich des sexuellen Missbrauchs schuldig gemacht haben, den Rat nicht befolgen werden, den ich Ihnen gerade gegeben habe. Deshalb muss der andere Elternteil aktiv werden. Natürlich hat derjenige oft keine Ahnung von dem, was passiert. Manchmal verschließen Mütter oder Väter die Augen vor eindeutigen Hinweisen und stellen sich taub, wenn ihr Teenager versucht, es ihnen zu sagen. Diese mangelnde Sensibilität ist Verrat an Ihrem Teenager, egal, aus welchem Grund Sie sich so verhalten. Ich fordere Sie nachdrücklich auf, jede Aussage Ihres Teenagers, die auch nur entfernt einem Hilferuf ähnelt, anzuhören, ernst zu nehmen und der Sache auf den Grund zu gehen. Und ich bitte Sie sehr, die Augen offen zu halten und jeden Hinweis, dass zwischen Ihrem Partner und Ihrem Teenager etwas Unangemessenes passieren könnte, zu überprüfen.

Bitte machen Sie sich bewusst, dass Ihr Teenager es vielleicht sogar abstreitet, wenn Sie ihn darauf ansprechen. Ich wiederhole: Der Grund für dieses Abstreiten ist oft Scham oder Angst. Verstehen Sie die spontane Antwort Ihres Teenagers nicht als letztes Wort. Wenn Sie Grund zu der Annahme haben, dass zwischen Ihrem Partner und Ihrem Teenager unangemessene sexuelle Dinge passieren, rate ich Ihnen dringend, einen professionellen Therapeuten aufzusuchen. Schildern Sie ihm die Hinweise, die Sie beobachtet haben, und lassen Sie sich von ihm helfen, um die nötigen Schritte zu gehen. Sexueller Missbrauch zerstört das Leben Ihres Teenagers. Wenn Sie von einem solchen Missbrauch wissen und nichts dagegen unternehmen, fühlt sich Ihr Teenager nicht nur vom Täter missbraucht, sondern er fühlt sich auch von Ihnen im Stich gelassen. Ja, die richtige Reaktion auf Missbrauch kostet Sie etwas. Es ist vielleicht beschämend für Sie und Ihre Familie; es kann sogar Ihre Ehe oder Beziehung zu dem Täter zerstören, aber es ist die einzige Möglichkeit, wenn Sie Ihren Teenager lieben.

Mit der richtigen Therapie und geistlichen Hilfe kann auch nach einem schrecklichen Missbrauch Heilung geschehen. Aber ohne emotionale und geistliche Hilfe kann es sein, dass Ihr Teenager nie ein gesundes Leben als Erwachsener führen kann. Viele junge Erwachsene in unserer Gesellschaft, die Probleme haben, sehen die Wurzel für ihre Probleme in sexuellem Missbrauch, den sie als Teenager erlitten haben. Nicht immer haben die Eltern oder Elternfiguren diesen Missbrauch verübt. Der Täter kann ein Verwandter gewesen sein: Tanten, Onkel, Cousins oder Erwachsene, die der Teenager in der Schule, in der Gemeinde oder in einem anderen Umfeld kennengelernt hat. Homosexueller Missbrauch von Teenagern findet meistens außerhalb der Kernfamilie statt. Wenn Eltern von einem solchen Missbrauch erfahren, müssen sie das unverzüglich den verantwortlichen Behörden wie dem Jugendamt melden. Sie dürfen Ihren Teenager im Haifischbecken der sexuellen Verwirrung des 21. Jahrhunderts nicht allein lassen. Die elterliche Liebe verpflichtet uns dazu, alles in unserer Macht Stehende zu tun, um unseren Teenagern bei der Entwicklung einer positiven sexuellen Identität zu helfen und sie vor Erwachsenen zu beschützen, die sie zu ihrer eigenen sexuellen Befriedigung missbrauchen wollen.

Die elterliche Liebe verpflichtet uns dazu, alles in unserer Macht Stehende zu tun, um unseren Teenagern bei der Entwicklung einer positiven sexuellen Identität zu helfen.

Die ermutigende Nachricht ist, dass die meisten Eltern ihre Teenager nicht körperlich misshandeln oder sexuell missbrauchen. Fast alle Eltern lieben ihre Teenager und zeigen ihnen auf angemessene Weise durch Berührungen ihre Liebe. Eine Umfrage unter amerikanischen Teenagern zwischen 13 und 17 Jahren ergab, dass 75 Prozent der Meinung sind, dass Väter ihren Teenager mindestens einmal in der Woche umarmen sollten. 55 Prozent derselben Teenager gaben an, dass sie das bei ihrem eigenen Vater erleben.[40]

Das sagen Teenager dazu …

Teenager brauchen die Berührung ihrer Eltern, damit sie sich geliebt fühlen. Für einige Teenager ist *Zärtlichkeit* die bevorzugte Liebessprache. Sie reagieren auf Berührungen und Körperkontakt tiefer und eher als auf die anderen vier Sprachen der Liebe.

Lesen Sie, was diese Teenager sagen, deren Liebessprache *Zärtlichkeit* ist:

Victoria, 16, die bei ihrer alleinerziehenden Mutter lebt:

„Ich liebe es, wenn Mama mir den Rücken massiert. Meine ganzen Probleme verschwinden, wenn sie das macht."

Joel, 17, sagt: „Ich weiß, dass mein Vater mich liebt. Er stupst mich immer an. Er stößt mich mit dem Ellbogen, wenn wir zusammen ein Spiel anschauen. Er klopft mir auf die Schulter und stellt mir ein Bein, wenn ich an ihm vorbeigehe. Manchmal bin ich nicht in der Stimmung, berührt zu werden, und das respektiert er. Aber am nächsten Tag rempelt er mich wieder an. Das ist herrlich!"

Maria, 15: „Mein Vater umarmt mich nicht so oft wie früher. Ich weiß nicht, ob er meint, ich wäre jetzt erwachsen und bräuchte das nicht mehr. Aber ich vermisse seine Umarmungen. Sie geben mir immer das Gefühl, etwas Besonderes zu sein."

Dennis, der sich in Mathematik besonders schwertut, erzählt: „Das Beste bei den Hausaufgaben ist, wenn Mama kommt und meine Schultern massiert. Dann vergesse ich Algebra. Das entspannt mich. Danach fühle ich mich besser."

Jessica, 17: „Ich weiß, dass es manchmal nicht leicht ist, mit mir zu leben. Meine Eltern müssen einige Launen von mir ertragen. Das liegt wahrscheinlich einfach daran, dass ich ein Teenager bin ... aber wenn sie mich umarmen oder auch nur meinen Arm berühren, habe ich das Gefühl, dass alles in Ordnung ist. Es ist beruhigend. Ich weiß, dass sie mich wirklich lieben."

Wenn die Sprache der Liebe Ihres Teenagers *Zärtlichkeit* ist

Brauchen Sie noch mehr Anregungen? Probieren Sie den einen oder anderen der folgenden Vorschläge in der nächsten Woche aus!

- Halten Sie sich beim Tischgebet an den Händen.
- Überlegen Sie sich einen Handschlag oder eine Begrüßungsform, die Sie nur bei Ihrem Teenager anwenden. Benutzen Sie diese Form regelmäßig, wenn Sie sich verabschieden oder begrüßen.
- Streicheln Sie Ihrem Teenager zärtlich über den Kopf, wenn er gestresst ist, damit er sich entspannen kann, während er Ihnen von seinen Problemen erzählt.
- Umarmen Sie Ihren Teenager jeden Tag, wenn er zur Schule aufbricht, so lange er es zulässt. Aber seien Sie sensibel und respektieren Sie, wenn er das nicht will, besonders in der Öffentlichkeit.
- Nehmen Sie sich, wenn Sie Ihren Teenager zurechtgewiesen haben, einen Moment Zeit, um ihn zu umarmen. Damit zeigen Sie ihm, dass die Zurechtweisung eine Konsequenz seines falschen Verhaltens und nicht gegen ihn als Person gerichtet ist.
- Finden Sie ein besonderes Ritual, um Ihrem Teenager zu gratulieren, wenn er etwas Positives geschafft hat – beispielsweise durch Abklatschen, eine Umarmung, Schulterklopfen.
- Kaufen Sie Ihrem Teenager ein Geschenk, das mit Berührung zu tun hat, zum Beispiel ein weiches Kissen, eine Decke oder einen Pullover.
- Machen Sie gemeinsam Sport, der mit Körperkontakt verbunden ist. Basketball, Fußball oder ähnliche

Sportarten können Sie ohne großen Aufwand im Garten oder in der Garageneinfahrt spielen. Dadurch verbringen Sie Zeit mit Ihrem Teenager und er erlebt ganz nebenbei körperliche Berührung.

- Bieten Sie Ihrem Teenager eine Schultermassage an, wenn er einen besonders schweren Tag hatte.
- Zwischen Vater und Sohn kann ein spielerisches Ringen oft ein Ausdruck von Liebe sein, aber nur, wenn der Teenager das mag.
- Klopfen Sie Ihrem Teenager anerkennend auf den Rücken, um ihm Ihre Liebe zu zeigen, wenn er etwas Wichtiges erreicht hat. (Das kann ermutigend sein, wenn Ihr Teenager ein Ziel nicht erreicht hat. Bemühen Sie sich, Ihre Liebe nicht an Bedingungen zu knüpfen.)
- Wenn Sie sehen, dass Ihr Teenager schon im Bett liegt, dann gehen Sie zu ihm und decken Sie ihn bis zur Nasenspitze zu.

5

Sprache der Liebe Nummer 3:

Zweisamkeit – Zeit nur für dich

Um 23:45 Uhr betrat ich das Zimmer meines Sohnes. Ich hatte den ganzen Tag Beratungsgespräche geführt und war sowohl körperlich als auch emotional erschöpft. Ich erwartete ein kurzes: „Gute Nacht. Hab dich lieb."

Doch stattdessen sagte mein Sohn: „Papa, ich verstehe die Frauen nicht."

Ich setzte mich auf den Boden, lehnte mich an sein Bett und fragte: „Wie meinst du das?"

Das war der Anfang eines zweistündigen Gesprächs. Derek war damals 17 Jahre alt. Jetzt ist er über 40. Er versteht die Frauen immer noch nicht. Ich auch nicht. Aber unsere Beziehung war immer so gut, dass wir miteinander gesprochen haben, und darauf kommt es an.

Wenn Sie Ihrem Teenager Zeit schenken, in der Sie nur für ihn da sind, geben Sie ihm damit einen Teil Ihres Lebens.

Wenn Sie Ihrem Teenager

Zeit schenken, in der Sie nur für ihn da sind, geben Sie ihm damit einen Teil Ihres Lebens. Schenken Sie ihm Ihre ungeteilte Aufmerksamkeit. In dieser Zeit ist alles andere unwichtig. Wenn Sie sich bewusst Zeit für jemanden nehmen, spürt er emotionale Liebe.

Leider ist die Liebessprache *Zweisamkeit* schwerer zu sprechen als *Lob und Anerkennung* oder *Zärtlichkeit.* Aus einem ganz einfachen Grund: Es kostet mehr Zeit. Eine positive Berührung dauert eine Sekunde; Lob und Anerkennung kann man in einer Minute aussprechen. Aber Zweisamkeit kann Stunden kosten. In der heutigen Welt, in der es jeder eilig hat, fällt es vielen Eltern von Teenagern schwer, die Liebessprache *Zweisamkeit – Zeit nur für dich* zu sprechen. Viele Teenager leben in schicken Häusern, besitzen Smartphones, PCs und Tablets im Überfluss, besuchen die besten Schulen und haben alle Möglichkeiten – doch ihr Liebestank ist leer. Sie haben manchmal das Gefühl, als gehörten auch sie nur zur Sammlung ihrer Eltern.

Viel beschäftigte Eltern, die ihren Teenagern zeigen wollen, dass sie sie lieben, sollten sich bewusst Zeit nehmen, um ihnen ihre ungeteilte Aufmerksamkeit zu schenken. Der Psychiater Ross Campbell schreibt: „Ohne konzentrierte Aufmerksamkeit erlebt der Teenager eine zunehmende Unsicherheit, weil er das Gefühl hat, alles andere wäre wichtiger als er. Als Folge davon fühlt er sich weniger sicher und hat in seiner emotionalen und psychischen Entwicklung Defizite.“[41]

Seien Sie da. Seien Sie wirklich da.

Der entscheidende Punkt bei der Liebessprache *Zweisamkeit – Zeit nur für dich* ist, dass man für den anderen da ist. Nur im gleichen Haus mit Ihrem Teenager zu sein reicht nicht. Wenn Sie sich im selben Raum mit Ihrem Teenager aufhalten, sind Sie ihm zwar räumlich nahe, aber Sie sind noch nicht unbedingt für ihn da. Für jemanden da zu sein heißt, auf ihn einzugehen. Wenn Vater und Sohn gemeinsam ein Fußballspiel anschauen, ob im Fernsehen oder womöglich sogar im Stadion, erleben sie diese Gemeinschaft vielleicht. Vielleicht aber auch nicht. Wenn sich der Jugendliche danach einsam fühlt und denkt: *Das Fußballspiel ist meinem Vater wichtiger als ich,* hat diese Gemeinschaft nicht stattgefunden. Aber wenn beim Teenager die Botschaft ankommt: „Das Wichtigste an diesem Spiel ist es, mit dir zusammen zu sein. Ich liebe es, wenn wir gemeinsam etwas unternehmen", besteht zwischen Vater und Sohn eine gute Beziehung. Der Sohn fühlt sich geliebt. In diesem Kapitel beschäftigen wir uns damit, wie Sie *Gemeinschaft* erleben können, wenn Sie mit Ihrem Teenager zusammen sind.

Für jemanden da zu sein heißt, auf ihn einzugehen.

Was heißt es, Gemeinschaft zu erleben? Im Wesentlichen bedeutet es, dass der Teenager das Gefühl hat, der Mittelpunkt Ihrer Aufmerksamkeit zu sein. Das heißt nicht, dass Sie jeden Tag lange, tiefe Gespräche führen müssen. Aber es bedeutet, dass Sie als Vater oder Mutter bewusst versuchen, durch Blickkontakt, Worte, Berührungen und Ihre Körpersprache zu kommunizieren, dass Ihnen Ihr Teenager wichtiger ist als das, was Sie mit ihm unternehmen.

Der 15-jährige Andy machte mir das deutlich, als er sagte: „Mein Vater meint, er tue mir einen Gefallen, wenn er mich zum Angeln mitnimmt. Er bezeichnet das als unsere ‚Kumpelzeit', aber wir sprechen dabei nie miteinander. Unsere Gespräche drehen sich nur um das Angeln und die Natur, aber mich interessieren Angeln und die Natur nicht. Es wäre schön, wenn ich mit meinem Vater über meine Probleme sprechen könnte. Ich habe das Gefühl, dass er sich nicht für mich interessiert." Ich kenne Andys Vater und ich kann Ihnen versichern, dass er dachte, er tue seinem Sohn etwas sehr Gutes, wenn er mit ihm angeln geht. Er hatte keine Ahnung, dass sie nicht dieselbe Liebessprache sprechen.

Das Problem war, dass er sich auf die Aktivität statt auf seinen Sohn konzentrierte. Andys Vater war schockiert, als er später bei unserem Beratungsgespräch erfuhr, dass sich sein Sohn nach einem Angelausflug leer und abgelehnt fühlt. Dieser Vater musste noch so einiges über Zweisamkeit lernen.

Gespräche mit Tiefgang

Genauso wie *Lob und Anerkennung* und *Zärtlichkeit* hat die Liebessprache *Zweisamkeit – Zeit nur für dich* auch viele Dialekte. Einer der häufigsten Dialekte sind Gespräche mit Tiefgang. Damit meine ich einen Dialog zwischen Vater oder Mutter und dem Teenager, bei dem jeder in einer freundlichen, positiven Atmosphäre offen über seine Erfahrungen, Gedanken, Gefühle und Wünsche sprechen kann. Dazu ist es nötig, dass Eltern lernen, *mit* ihrem Teenager zu sprechen und nicht auf ihn einzureden.

Fragen und Zuhören

Gespräche mit Tiefgang sind etwas ganz anderes als die erste Sprache der Liebe, die ich vorgestellt habe. Bei Lob und Anerkennung geht es um das, was wir *sagen*, während es bei Gesprächen mit Tiefgang darum geht, was wir *hören*. Wenn Eltern ihre Liebe durch Zeit und Aufmerksamkeit zum Ausdruck bringen wollen, bedeutet das, dass sie nachfragen und mitfühlend zuhören, was der Teenager sagt. Der Vater, die Mutter stellt Fragen – nicht nachbohrend und neugierig, sondern mit dem echten Wunsch, die Gedanken, Gefühle und Wünsche des Teenagers zu verstehen. Die meisten Eltern müssen das erst üben, denn es bedeutet, dass sie ihren gewohnten Kommunikationsstil ändern müssen.

Als unsere Kinder klein waren, haben wir Anweisungen und Befehle erteilt, aber wenn wir diesen Kommunikationsstil in den Teenagerjahren beibehalten, sagt der Teenager: „Du behandelst mich wie ein Kind." Und er hat recht. Wir müssen lernen, unser Kind als Teenager zu behandeln. Dazu gehört, dass wir seinem Unabhängigkeitsstreben nicht im Weg stehen und ihn ermutigen, seine eigene Identität zu entwickeln.

Das bedeutet: Es ist wichtig, dass wir unserem Teenager erlauben, seine eigenen Gedanken zu denken, seine eigenen Gefühle zu entwickeln, seine eigenen Träume zu haben und sie uns erzählen zu können, ohne dass wir ihm ungebeten unsere Meinung aufdrängen. Als Eltern ist es unsere Aufgabe, ihm dabei zu helfen, seine Ideen selbst einzuschätzen, seine Gefühle zu verstehen und realistische Schritte zur Umsetzung seiner Träume zu gehen. Und wir müssen lernen, das in der freundschaftlichen, ermutigenden Atmosphäre des Dialogs zu tun statt durch Monologe mit dogmatischen Aussagen. *Für die meisten Eltern ist das eine der größten Herausforderungen im Umgang mit ihren Teenagern.* Viele Eltern tun sich bei diesem Lernprozess sehr schwer.

„Ich weiß nicht, wie man mit einem Teenager richtig umgeht", sagte Marlene eines Tages sehr frustriert zu mir. „Ich dachte, ich mache es ganz gut, bis Kathrin 16 wurde. Jetzt muss ich mir sagen lassen, dass ich dumm bin, keinen Bezug zur Realität habe und ständig versuche, ihr Leben zu kontrollieren. Ich bin total frustriert und fühle mich von meiner Tochter überhaupt nicht wertgeschätzt. Alles, was ich sage, ist falsch. Ich weiß nicht einmal mehr, wie ich mit ihr sprechen soll."

Ich kannte Marlene schon seit mehreren Jahren und wusste, dass ihr Kommunikationsstil das ist, was ich als „plätschernden Bach" bezeichne (alles, was durch Augen und Ohren hereinkommt, geht durch den Mund wieder hinaus; normalerweise liegen dazwischen keine 60 Sekunden). Alles, was Marlene sah, hörte oder fühlte, sprach sie ungeniert wieder aus – ohne zu überlegen, ob andere ihre Gedanken, Gefühle und Eindrücke hören wollten. Kathrin, die das in ihrer Kindheit als normal hingenommen hatte, versuchte jetzt, ihre eigene Identität zu finden und eine gewisse Unabhängigkeit von ihrer Mutter zu entwickeln. Sie akzeptierte die Ansichten ihrer Mutter nicht mehr als alleingültige Wahrheit. Sie hatte jetzt eigene Gedanken und sprach sie genauso ungeniert aus wie ihre Mutter.

Ich wusste, dass Marlene viel lernen musste. Aber ich wusste auch, dass sie die enge Beziehung, die sie in früheren Jahren zu Kathrin gehabt hatte, verlieren würde, wenn sie kein neues Gesprächsmuster mit ihrer Tochter entwickelte. Marlene musste lernen, ihren eigenen Wortschwall einzudämmen, und sie musste die neue Kunst des aktiven Zuhörens und mitfühlenden Dialogs lernen.

Wie führt man ein Gespräch mit Tiefgang?

Ich stelle Ihnen acht Richtlinien für ein besseres Zuhören und einen echten Dialog vor. Bei den ersten fünf Grundregeln geht es darum, dass Sie lernen, Ihrem Teenager aktiv zuzuhören. Es ist wichtig, dass dieses Zuhören vor den Schritten 6 bis 8 kommt. Diese Richtlinien halfen Marlene dabei, mit ihrer Tochter Gespräche mit Tiefgang zu führen. Wenn Sie diese Grundregeln beachten, werden sich auch Ihre Gespräche mit Ihrem Teenager verbessern.

1. Achten Sie auf Augenkontakt, wenn Ihr Teenager spricht. Das verhindert, dass Ihre Gedanken abschweifen, und zeigt Ihrem Teenager, dass er Ihre volle Aufmerksamkeit hat. Unterlassen Sie es, abwertend die Augen zu verdrehen, die Augen zu schließen, wenn Sie Kritik einstecken müssen, über den Teenager hinwegzuschauen oder auf Ihre Schuhe zu starren, während er spricht.

2. *Tun Sie nicht nebenbei noch etwas anderes, während Sie Ihrem Teenager zuhören.* Denken Sie daran, dass es wichtig ist, ihm Ihre ungeteilte Aufmerksamkeit zu schenken. Wenn Sie gerade am Computer sitzen, lesen oder etwas anderes tun, sodass Sie sich im Moment nicht voll und ganz auf ihn konzentrieren können, teilen Sie das Ihrem Teenager mit. Eine positive Erklärung wäre zum Beispiel: „Ich weiß, dass du mit mir sprechen willst, und mich interessiert, was du mir sagen willst. Ich möchte dir meine ganze Aufmerksamkeit schenken. Aber das kann ich im Moment nicht. Wenn du mir zehn Minuten gibst, um das hier fertig zu machen, setze ich mich danach zu dir und höre dir zu." Die meisten Teenager respektieren eine solche Bitte.

3. *Achten Sie auf Gefühle.* Fragen Sie sich: „Welche Gefühle empfindet mein Teenager gerade?" Fragen Sie nach, selbst wenn Sie meinen, die Antwort darauf zu wissen. Zum Beispiel: „Das klingt, als wärst du enttäuscht, weil ich vergessen habe, dass ..." Damit geben Sie dem Teenager Gelegenheit, seine Gefühle klarzustellen. Außerdem zeigt es ihm, dass Sie aufmerksam zuhören.

4. *Beobachten Sie seine Körpersprache.* Geballte Fäuste, zitternde Hände, Tränen, Stirnrunzeln und Augenbewegungen können Ihnen einen Hinweis darauf geben, was der Teenager fühlt. Manchmal vermittelt seine Körpersprache eine ganz andere Botschaft als seine Worte. Fragen Sie nach, um sicher zu sein, dass Sie verstehen, was er wirklich denkt und fühlt.

5. *Unterbrechen Sie ihn nicht.* Untersuchungen haben ergeben, dass der durchschnittliche Mensch nur 17 Sekunden zuhört, bevor er den anderen unterbricht und seine eigenen Gedanken einwirft. Eltern von Teenagern sind in diesem Punkt vielleicht sogar noch schneller! Solche Unterbrechungen beenden das Gespräch oft, bevor es überhaupt richtig angefangen

hat. An diesem frühen Punkt des Gesprächs ist es nicht Ihr Ziel, sich zu verteidigen oder den Teenager zurechtzuweisen. Es geht darum, die Gedanken, Gefühle und Wünsche des Teenagers zu verstehen.

Es geht darum, die Gedanken, Gefühle und Wünsche des Teenagers zu verstehen.

6. *Fragen Sie nach.* Auch wenn Sie glauben, dass Sie verstehen, was Ihr Teenager sagt, sollten Sie sich rückversichern. Spiegeln Sie ihm, was er gesagt hat (so wie Sie es verstanden haben). Fragen Sie: „Wenn ich dich richtig verstanden habe, sagst du … Ist das richtig?" Oder: „Willst du damit sagen …?" Rückfragen räumen Missverständnisse aus und helfen Ihnen zu verstehen, was Ihr Teenager sagt. Denken Sie daran, dass Sie Antworten suchen auf die Fragen: „Was denkt mein Teenager? Was fühlt mein Teenager? Was wünscht sich mein Teenager von mir?" Behalten Sie Ihre Gedanken für sich, solange Sie diese Fragen nicht eindeutig beantwortet haben.

7. *Bringen Sie Ihr Verständnis zum Ausdruck.* Der Teenager muss wissen, dass Sie ihm zugehört und ihn verstanden haben. Angenommen, Sie fragen als Mutter nach: „Wenn ich dich richtig verstehe, willst du mit drei Freunden zum Strand fahren und du willst mit deinem Auto fahren, weil die anderen keinen Führerschein haben. Außerdem möchtest du gerne, dass ich das Benzin und die Übernachtung zahle, weil keiner von euch genug Geld dafür hat. Hast du das gemeint?" Wenn der Teenager darauf mit „Ja" antwortet, können Sie zum Ausdruck bringen, dass Sie seine Bitte verstehen: „Ich kann gut verstehen, dass du dir das wünschst. Ihr hättet bestimmt viel Spaß am Strand." Wenn Sie Ihr Verständnis zum Ausdruck bringen, bestätigen Sie damit das Selbstwertgefühl des Teenagers und behandeln ihn als einen Menschen, der Wünsche haben darf. Jetzt sind Sie bereit, um den achten Schritt zu gehen.

8. Bitten Sie um Erlaubnis, Ihre Sicht der Dinge äußern zu dürfen. „Willst du hören, was ich von dieser Idee halte?“ Wenn der Teenager „Ja“ sagt, teilen Sie ihm Ihre Gedanken, Ideen und Gefühle mit. Wenn der Teenager sagt: „Eigentlich nicht“, ist das Gespräch beendet und für die Fahrt zum Strand gibt es kein Geld. Wenn Sie Verständnis für die Gedanken, Gefühle und Wünsche Ihres Teenagers gezeigt haben, ist Ihr Teenager wahrscheinlich dafür offen, sich Ihren Standpunkt anzuhören. Auch wenn Ihr Teenager vielleicht anderer Meinung ist als Sie, wird er Ihnen zuhören.

Schaffen Sie ein gutes Gesprächsklima

Einige Eltern finden die Vorstellung, um Erlaubnis zu bitten, bevor sie ihre Meinung zu etwas äußern, lächerlich oder sogar beleidigend. „Warum sollte ich meinen Teenager um Erlaubnis bitten, auch etwas sagen zu dürfen?“, fragte mich ein Vater empört. Die Frage ist nicht, ob die Eltern das Recht haben, dem Teenager ihre Meinung zu sagen. Dieses Recht haben sie selbstverständlich. Die Frage ist vielmehr: „Wollen Sie, dass Ihnen Ihr Teenager *zuhört*, wenn Sie ihm etwas sagen?“

Die Frage um Erlaubnis erkennt an, dass Ihr Teenager ein Individuum ist und die Wahl hat, sich anzuhören, was Sie fühlen und denken – oder eben nicht. Damit schaffen Sie das Klima für einen verständnisvollen Dialog. Eltern haben selbstverständlich die Freiheit, ihren Teenagern eine Gardinenpredigt zu halten, ohne vorher um Erlaubnis zu fragen, aber die Teenager haben auch die Freiheit, nicht hinzuhören, wenn sie nicht wollen. Viele werden „auf Durchzug schalten“, weil sie das Gefühl haben, wie ein Kind behandelt zu werden. Wenn Sie um Erlaubnis bitten, Ihre Sicht zu äußern, hat der Teenager das Gefühl, als heranreifender junger Mensch ernst genommen zu werden.

Selbstverständlich haben Sie als Eltern immer noch das letzte Wort, wenn es um Dinge wie den Ausflug an den Strand geht, ob Sie dafür zahlen wollen oder es Ihrem Teenager überhaupt erlauben, wegzufahren. Es geht hier nicht um elterliche Autorität, sondern um die Beziehung zwischen den Eltern und ihrem Teenager und darum, wie Sie Ihre Autorität zum Ausdruck bringen. Sie können Ihre Autorität natürlich wie ein Tyrann ausspielen. Aber das führt mit fast absoluter Sicherheit dazu, dass sich Ihr Teenager abgelehnt und ungeliebt fühlt. Sie können Ihrem Teenager jedoch auch als liebevolle Eltern begegnen, die ihm helfen wollen, sich zu einem verantwortungsbewussten, selbständigen jungen Erwachsenen zu entwickeln.

Solche Gespräche mit Tiefgang kosten natürlich Zeit. Sie verbringen viel mehr Zeit damit, dem Teenager zuzuhören, als selbst zu sprechen. Aber es lohnt sich. Der Teenager fühlt sich respektiert, verstanden und geliebt. Und ist das nicht der Traum aller Eltern? Solche Träume werden jedoch nicht wahr, wenn Sie einfach das tun, was Sie immer getan haben. Sie werden wahr, wenn Sie neue Kommunikationsmuster lernen, die in den Teenagerjahren angemessener sind.

Sagen Sie es richtig

Etwas zu sagen, ist ein wichtiger Teil eines sinnvollen Dialogs mit Ihrem Teenager. Aber entscheidend ist die Art und Weise, wie Sie es sagen. Teilen Sie Ihre eigenen Gedanken, Gefühle und Wünsche mit und greifen Sie nicht die des Teenagers an. Es führt zu einer angespannten Beziehung, wenn die Eltern ihren Vortrag damit einleiten, dass sie die Sicht des Teenagers verurteilen. Es ist weitaus besser, es positiv anzupacken und Ihrem Teenager Ihre Gedanken, Gefühle und Wünsche zu beschreiben.

> *Entscheidend ist die Art und Weise, wie Sie es sagen.*

Ich-Botschaften

Am einfachsten lernen Sie diese Form des Sprechens, wenn Sie Ihre Sätze mit *ich* und nicht mit *du* beginnen: „*Ich* denke ... *ich* fühle ... *ich* möchte ..." Mit solchen Aussagen geben Sie etwas über sich selbst preis; Sie teilen dem Teenager mit, was in Ihnen vorgeht. Im Gegenzug dazu sind Aussagen wie: „*Du* hast unrecht, *du* verstehst das nicht, *du* deutest die Situation falsch, *du* bist unvernünftig oder *du* machst mir das Leben schwer ..." Schuldzuweisungen und Anklagen. Sie führen fast immer zu einer von zwei Reaktionen: explosiver Streit oder Rückzug und Niedergeschlagenheit; je nachdem, welcher Persönlichkeitstyp Ihr Teenager ist.

Du-Botschaften verhindern den Dialog; *Ich*-Botschaften bereiten den Weg für ein weiteres Gespräch. Es dauert vielleicht einige Zeit, bis Sie diese neue Art des Gesprächs lernen. Falls Sie feststellen, dass Sie Ihre Sätze mit *du* beginnen, sollten Sie das einstellen. Sagen Sie Ihrem Teenager, dass Sie versuchen, sich eine neue Art des Dialogs anzugewöhnen und dass Sie den letzten Satz gern noch einmal anders sagen würden. Formulieren Sie den Satz dann so, dass er mit *ich* anfängt.

Wenn Sie sich zum Beispiel sagen hören: „*Du* machst mich wütend, wenn ...", sollten Sie sich unterbrechen und sagen: „Ich möchte es anders formulieren: *Ich* ärgere mich, wenn ..." Sagen Sie dann zu Ihrem Teenager: „Ich will dir erklären, warum ich versuche zu lernen, mich anders auszudrücken. Ich will dich nicht verurteilen; ich will dich verstehen. Aber ich will auch, dass du meine Gefühle und Gedanken verstehst." Die meisten Teenager reagieren positiv darauf, wenn ihre Eltern versuchen, neue Kommunikationsmuster zu lernen.

Lehren, nicht predigen

Ein weiteres wichtiges Prinzip im Gespräch mit Teenagern ist es, dass Sie lehren und nicht predigen. Ich bin auf dem Land aufgewachsen, wo Lehrer und Pfarrer hohes Ansehen genossen haben. Lehrer und Pfarrer unterschieden sich nicht in ihren Inhalten, denn das Weltliche und das Geistliche waren eng miteinander verknüpft, sogar in der Schule. Der Unterschied war auch nicht der Ort. Zwar predigte der Pfarrer in der Kirche und der Lehrer lehrte in der Schule, aber der Lehrer lehrte auch oft in der Kirche und der Pfarrer predigte manchmal in der Schule. Der Unterschied war die Art, wie die Botschaft weitergegeben wurde. Der Pfarrer war in seinen Worten eindringlich; er sprach manchmal laut und manchmal leise, manchmal weinte er, manchmal lachte er – und immer war er leidenschaftlich und dogmatisch. Der Lehrer hingegen schlug einen Gesprächston an. Er gab den Inhalt „sachlich" weiter. Er war bestimmt auch leidenschaftlich, aber sein Tonfall brachte das nie übertrieben zum Ausdruck. Eltern von Teenagern, die mit ihren Worten eine positive Wirkung erzielen wollen, sollten sich den Lehrer und nicht den Pfarrer zum Vorbild nehmen.

Wenn Eltern die Stimme erheben und/oder theatralisch werden, sucht der Teenager an anderen Stellen Rat. Andererseits erleben Eltern, die lernen, ihre Gedanken auf vernünftige und ruhige Art mitzuteilen, dass Teenager sie um Rat fragen. Ich will damit nicht sagen, dass Eltern nicht beharrlich sein sollten, wenn es um wichtige Glaubensdinge geht. Aber ihr Standpunkt muss von Offenheit für die Meinung von anderen begleitet sein. Besonders für die Meinung ihres Teenagers. „Ich will dir erklären, was mein Standpunkt dazu ist und warum ich das für das Beste halte. Sag mir danach bitte, wie du diese Sache siehst. Mich interessiert deine Meinung." Eine solche Herangehensweise erlaubt den Eltern, das darzulegen, wovon sie fest überzeugt sind. Gleichzeitig ermöglicht sie dem Teenager, seine Gedanken zu äußern, selbst wenn sie von denen der Eltern abweichen. Eltern sollten versuchen, ein solch offenes Klima zu schaffen.

Denken Sie daran: Teenager fangen an, abstrakt und in logischen Zusammenhängen zu denken. Sie hinterfragen die Überzeugungen, mit denen sie aufgewachsen sind, und entscheiden sich für ihr eigenes Wertesystem. Eltern, die diesen Prozess beeinflussen wollen, müssen lernen, Fragen zu stellen. Eltern, die fragen können, machen es ihren Teenagern leichter, mit ihnen zu kommunizieren. Damit meine ich nicht lästige Fragen wie: „Wo warst du? Wie lang bist du geblieben? Mit wem warst du zusammen?"

Eltern, die fragen können, machen es ihren Teenagern leichter, mit ihnen zu kommunizieren.

Nein, ich meine vielmehr Fragen, die Ihr Interesse an dem vermitteln, was Ihr Teenager denkt – zum Beispiel: „Wie, glaubst du, sehen die meisten Teenager die Demonstrationen der Studenten letzte Woche gegen eine stärkere Aufrüstung?"

Hören Sie aufmerksam zu; dann werden Sie nicht nur die Beobachtungen Ihres Teenagers in Bezug auf andere Teenager erfahren, sondern auch hören, was er selbst zu dem Thema denkt. Ein aufmerksames Interesse an der Meinung des Teenagers, das sich durch die richtigen Fragen äußert, kann sogar dazu führen, dass der Teenager nach *Ihrer* Meinung fragt. Fragen führen nicht nur zu Antworten, sondern auch zu weiteren Fragen.

Nennen Sie Ihre Gründe

Ich möchte Ihnen noch einen weiteren Rat für das Gespräch mit Teenagern geben: Streichen Sie „Weil ich das sage" aus Ihrem Wortschatz und ersetzen Sie diese Antwort durch „Ich will dir den Grund erklären". Teenager wollen Begründungen hören. Sie entwickeln ihre Argumentationsfertigkeiten und gehen auf Menschen ein, die logische Argumente für ihre Überzeugungen und Meinungen haben. Eltern, die auf ihre Autorität pochen, ohne Gründe zu nennen, blockieren einen positiven Dialog mit ihrem Teenager. Der Teenager fühlt sich von seinem Vater oder seiner Mutter abgelehnt und sein Liebestank bleibt leer.

Eltern, die die Kunst des effektiven Zuhörens und Sprechens lernen, vermitteln ihrem Teenager auf emotionaler Ebene am wirkungsvollsten, dass sie ihn lieben. Gespräche mit Tiefgang gehören zu den besten Mitteln, ihnen ihre Liebe zu zeigen.

Gemeinsame Aktivitäten

Teenager unternehmen gern etwas. Die meisten Gespräche mit Tiefgang finden in Verbindung mit irgendeiner Aktivität statt. Einige dieser Aktivitäten sind Teil des normalen Lebensablaufs – Schule, Sport, Musik, Tanz, Theater, Gemeinde bzw. Kirche. In vielen dieser Bereiche sind Teenager aktiv. Eltern, die ihren Teenagern Zeit und Aufmerksamkeit schenken wollen, werden feststellen, dass es dafür viele Gelegenheiten gibt. Solange der Teenager noch jünger ist, bieten sich dafür die vielen Stunden an, die Sie auf dem Weg zu solchen Aktivitäten mit ihm im Auto verbringen. Diese Fahrzeiten müssen nicht von anstrengenden Diskussionen geprägt sein, wenn Eltern die acht oben genannten Prinzipien über Zuhören und Sprechen befolgen. Oft bieten sich dadurch Gelegenheiten, mit Ihrem Teenager Gespräche mit Tiefgang zu führen. Wenn Ihr Teenager weiß, dass Sie gekommen sind, weil Sie seinen Einsatz oder Auftritt sehen wollen; weil Sie sich für das interessieren, was er tut; dass an diesem Nachmittag für Sie nichts wichtiger ist, als „seine" Veranstaltung zu besuchen, spricht das für ihn Bände.

Eine 14-Jährige erzählte freudestrahlend: „Mein Vater kommt immer zu meinen Konzerten. Er ist kein Musiker, aber er spricht mir Mut zu. Ich habe so großes Glück." Ein anderes Mädchen im Teenageralter, das im selben Orchester spielt, sagte hingegen niedergeschlagen: „Ich weiß, dass mich mein Vater liebt, aber er nimmt sich nie frei, um zu meinen Konzerten zu kommen. Er hat Zeit, um mit seinen Freunden Golf zu spielen, aber für mich nimmt er sich nie Zeit." Das zweite Mädchen weiß zwar, dass sein Vater es liebt, aber es hat einen leeren Liebestank.

Teenager wissen, dass Sie ihnen einen Teil Ihres Lebens geben, wenn Sie sich die Zeit nehmen, bei ihren Aktivitäten zuzuschauen. Das zeigt sehr deutlich Ihre Liebe. Wenn sich Eltern jedoch keine Zeit nehmen, um die Veranstaltungen ihrer Teenager zu besuchen, vermitteln sie ihnen damit die Botschaft: „Du bist mir nicht so wichtig wie andere Dinge."

Teenager wissen, dass Sie ihnen einen Teil Ihres Lebens geben, wenn Sie sich die Zeit nehmen, bei ihren Aktivitäten zuzuschauen.

Teenager kommen mit den Herausforderungen ihrer Entwicklung besser zurecht, wenn ihre Eltern im normalen Alltag Zeit für sie haben. Als 5.000 Erwachsene befragt wurden: „Was hat Sie als Teenager am meisten an Ihren Eltern gestört?", war die häufigste Antwort: „Dass sie sich nicht für mein Leben interessiert haben."[42] Teenager wünschen es sich, dass ihre Eltern an ihrem Leben teilhaben. Diese Zeiten sind nicht nur kostbare Momente, an die Sie sich beide später gern erinnern werden, sondern vertiefen vor allem Ihre Beziehung. Bei den Hausaufgaben helfen, Veranstaltungen besuchen, mit Ihrem Teenager zum Einkaufszentrum fahren und mit ihm shoppen gehen – das alles sind Gelegenheiten, bei denen Sie Zeit und Aufmerksamkeit schenken können. Wenn sich Eltern für ihren Teenager interessieren, signalisieren sie damit: „Deine Interessen sind mir wichtig."

Die richtige Umgebung

Eltern können lernen, eine Umgebung zu schaffen, in der sie ihrem Teenager Zweisamkeit schenken können. Planen Sie Aktivitäten außerhalb des normalen Wochenablaufs ein. Das kostet Sie Zeit, Mühe und manchmal auch Geld, aber es lohnt sich. Camping- oder Wanderausflüge, Rafting, Angeln, Sportveranstaltungen, Konzerte oder Theateraufführungen in einer anderen Stadt besuchen, ins Museum gehen oder Orte von historischem Interesse besichtigen – das alles sind nur einige Möglichkeiten, wie Sie eine Umgebung schaffen können, in der Sie Ihrem Teenager *Zeit nur für dich* schenken können.

Suchen Sie Veranstaltungen, die Ihren Teenager interessieren
Wichtig ist natürlich, dass Sie auf die Interessen Ihres Teenagers eingehen. Wenn Sie einen Ausflug planen und nur Ihre eigenen Interessen im Blick haben, statt auf die Interessen Ihres Teenagers Rücksicht zu nehmen, ist ein negativer Ausgang unausweichlich. Finden Sie heraus, was Ihren Teenager interessiert, und seien Sie kreativ. Planen Sie eine Umgebung, in der Ihr Teenager gern Zeit mit Ihnen verbringt.

Ich erinnere mich noch gut daran, als unser damals 17-jähriger Sohn Derek anfing, sich für Buddy Holly zu interessieren, den Sänger und Musiker aus den 1950er-Jahren, der sehr jung bei einem Flugzeugabsturz starb. Ich ging in die Bibliothek und studierte alles, was ich über Buddy Holly finden konnte. Ich las seine Liedtexte. Später sprach ich mit Derek über die Texte. Er war überrascht, dass ich sie überhaupt kannte. Einige Zeit später war ich zu einem Eheseminar in Fort Worth, Texas, eingeladen. Ich fragte Derek, ob er mich begleiten wollte.

Finden Sie heraus, was Ihren Teenager interessiert, und seien Sie kreativ.

„Nach dem Seminar“, schlug ich vor, „könnten wir nach Lubbock fahren und uns Buddy Hollys Geburtsort ansehen und etwas über seine Wurzeln erfahren.“

Ich werde nie Dereks Blick vergessen, als er sagte: „Papa, das wäre gigantisch.“ (Ich hatte vorher keine Ahnung, wie weit es von Fort Worth nach Lubbock ist. Wir hatten auf der Fahrt wirklich sehr viel Zeit für Gespräche mit Tiefgang.)

Auf dem Weg durch den Westen von Texas unterhielten wir uns darüber, was uns wohl in Lubbock erwarten würde. Wir sprachen über Dereks eigene Wurzeln und die Möglichkeiten, die er vor sich sah. Wir sahen Ölbohrtürme, Stacheldrahtzäune, Eisenbahnschienen und Steppenläufer. Aber vor allem unterhielten wir uns.

Als wir in Lubbock ankamen, gingen wir zur Touristeninformation und bekamen eine vierseitige Broschüre über Buddy Holly. Wir fuhren dorthin, wo Buddy Holly zur Welt gekommen war. (Das Haus stand nicht mehr, aber wir machten ein Foto von der Stelle, an der es früher gestanden hatte.) Wir fuhren zu dem Radiosender, der seine erste Schallplatte gespielt hatte. Wir wurden tatsächlich eingeladen, hineinzukommen und uns den Plattenspieler anzusehen, mit dem diese erste Schallplatte abgespielt worden war. Wir fuhren zu dem Haus, in dem Buddy Holly gewohnt hatte, als er seine erste Platte veröffentlicht hatte. Ich fotografierte Derek im Vorgarten. Die Bewohnerin des Hauses kam heraus und begrüßte uns. Wir erzählten ihr, was wir hier machten, und sie sagte: „Nur zu! Es kommen immer wieder Leute, die hier fotografieren.“

Wir fuhren zu dem Klub, in dem Buddy Holly zum ersten Mal aufgetreten war. (In dem Gebäude befindet sich jetzt ein Gebrauchtwagenhändler, aber das verrostete Schild mit der Aufschrift „Cotton Club“ hängt immer noch an der Wand.) Wir fuhren zu der Schule, die Buddy Holly besucht hatte, und ich fotografierte Derek vor dem beigefarbenen Haus. Wir fuhren zu der kleinen Baptistenkirche, in der Buddy Holly geheiratet hatte und in der später seine Trauerfeier stattgefunden hatte. Der Vater des Jugendreferenten hatte diese Gemeinde geleitet, als Buddy Holly gelebt hatte. Jetzt erzählte uns sein Sohn alles über die Hochzeit und die Beerdigung.

Dann fuhren wir zu Buddy Hollys Grab am Stadtrand. Wir sahen den Marmorstein und die bronzene Gitarre. Ich ließ Derek Zeit, allein vor dem Grab zu stehen, und ging ein Stück weiter. Dann schlenderten wir langsam zum Auto zurück und traten die Rückfahrt an. Während Lubbock im Rückspiegel immer kleiner wurde, sprachen wir über Buddy Holly: Was wäre passiert, wenn er nicht so jung bei einem Flugzeugabsturz gestorben wäre? Hatte er an Gott geglaubt? Manche Menschen sterben jung. Was im Leben ist also wirklich wichtig? Auf dem ganzen Rückweg nach Fort Worth redeten wir und redeten wir. Diesen Ausflug, bei dem wir wertvolle Zeit miteinander verbrachten, hat keiner von uns je vergessen.

Sie können sich unsere Überraschung vorstellen, als wir einige Jahre später nach London flogen und dort das Musical „Buddy" entdeckten. Die Schauspieler waren alle Briten, die mit einem texanischen Akzent sprachen. Es war unvergesslich. Einige Zeit später interessierte sich Derek für Bruce Springsteen. Ich will Sie nicht mit Details langweilen, aber wir fuhren nach Freehold, New Jersey, und erkundeten Bruce Springsteens Wurzeln.

Schaffen Sie eine Umgebung, in der Sie Ihrem Teenager Zweisamkeit schenken können

Da ich versuchte, an Dereks Interessen Anteil zu nehmen, plante ich in seinen Teenagerjahren jedes Jahr einen Ausflug mit ihm. Ich kann Ihnen das nur wärmstens empfehlen. Damit schaffen Sie eine Umgebung, in der Sie Ihrem Teenager Ihre Zeit und Aufmerksamkeit schenken können. Auch heute erinnert sich Derek noch gern an unsere gemeinsamen Ausflüge. Diese Erlebnisse, bei denen wir uns Zeit füreinander genommen haben, verbinden uns für immer.

Ich möchte Sie ermutigen, solche Erlebnisse mit Ihrem Teenager zu planen. Es muss nicht so teuer oder aufwendig sein wie ein Ausflug nach London, Lubbock oder Freehold. Es kann ein Ausflug in die nächste Stadt sein, in der Sie gemeinsam etwas unternehmen, das Ihren Teenager interessiert. Geplante Aktivitäten bieten Ihnen Gelegenheit, Ihrem Teenager Zeit zu schenken. Selbst wenn seine Liebessprache eine andere ist, lernen Sie durch solche Aktivitäten Ihren Teenager besser kennen, schaffen schöne und bleibende Erinnerungen und zeigen ihm, dass Sie ihn lieben.

„Mein Teenager will nicht reden"

Eltern beklagen sich oft, dass ihr Kind im Teenageralter nicht mehr mit ihnen spricht. „Mein Teenager redet nicht mit mir. Warum soll ich überhaupt versuchen, ein Gespräch mit Tiefgang zu führen?"

Es stimmt, dass Jugendliche mehr Privatsphäre brauchen als jüngere Kinder. Eigene Gedanken und Gefühle, die sich von denen der Eltern unterscheiden, sind ein wichtiger Meilenstein auf dem Weg zur Unabhängigkeit. Es gibt Zeiten, in denen Teenager über etwas nicht reden wollen, weil sie selbst damit klarkommen möchten. In solchen Momenten ist es keine gute Idee, wenn die Eltern versuchen, den Teenager unter Druck zu setzen. Stattdessen ist es wichtig, ihn wissen zu lassen, dass Sie als Eltern für ihn da sind, wenn er darüber sprechen will.

Manchmal wollen Teenager aber nicht mit ihren Eltern sprechen, weil das jedes Mal, wenn sie es versuchen, damit endet, dass sich der Teenager kritisiert oder abgelehnt fühlt. Es ist wichtig, dass wir als Eltern darauf achten, *was* wir sagen und *wie* wir es sagen. Wenn Ihr Teenager mit einer schlechten Note nach Hause kommt und ihnen davon erzählen möchte und Sie sagen: „Was hast du dieses Mal wieder falsch gemacht?", ist das Gespräch beendet, ehe es richtig begonnen hat. Der Teenager fühlt sich missverstanden.

Es ist wichtig, dass wir als Eltern darauf achten, was wir sagen und wie wir es sagen.

Manchmal wollen Eltern ihre Teenager mit leeren Worten trösten: „Spätestens nächste Woche hast du das längst vergessen." In anderen Situationen sind sie oft zu schnell mit Ratschlägen bei der Hand: „Herumzusitzen und den Kopf hängen zu lassen hilft jetzt auch nicht weiter. Geh doch joggen oder dreh eine Runde mit dem Rad."

Mit solchen Sprüchen sorgen Sie nur dafür, dass Ihr Teenager Ihnen in Zukunft nichts mehr erzählt. Mit solchen Aussagen vermitteln Sie ihm: „Ich weiß alles besser." Sie bringen kein Mitgefühl zum Ausdruck für das, was der Teenager im Moment fühlt. Einige Teenager sprechen nicht, weil sie immer wieder erlebt haben, dass sie solche Antworten bekommen. Warum sollen sie sich dann die Mühe machen?

Als Eltern können wir die Tür zu einem Gespräch öffnen, wenn wir sensibel auf die Stimmung des Teenagers reagieren. „Das klingt, als hättest du heute einen schweren Tag gehabt. Willst du darüber sprechen?" Dieser Satz ist eine Einladung, die sicherlich viele Teenager gerne annehmen. „Du siehst so begeistert aus. Ist heute etwas Schönes passiert?" Diese Worte machen es Ihrer Tochter leichter zu erzählen. Einfühlsames Zuhören (darüber haben wir schon gesprochen) und interessierte Fragen schaffen ein Klima, das es dem Teenager leichter macht zu sprechen. Denken Sie daran: Ihr Teenager hat das Recht, seine Gedanken und Gefühle für sich zu behalten. Manchmal will Ihre Tochter nicht reden. Wenn Sie in diesen Situationen versuchen, sie zum Reden zu bewegen, gestehen

Sie ihr nicht zu, ein eigenständiger Mensch zu sein, der von Ihnen unabhängig ist. Geben Sie ihr zu verstehen, dass Sie für sie da sind, wenn sie reden will.

Manchmal wollen Teenager reden, aber leider nicht dann, wenn es die Eltern wollen. Teenager wollen dann reden, wenn es ihnen selbst am besten passt. Das ist oft spät am Abend in der Privatsphäre ihres eigenen Zimmers oder in der Küche, wenn alle anderen schon ins Bett gegangen sind. Einfühlsame Eltern nutzen solche Gelegenheiten. Zwei Stunden mehr Schlaf sind für das Wohlbefinden der Mutter oder des Vaters nicht so wichtig, aber zwei Stunden Zweisamkeit bewirken bei Ihrem Teenager sehr viel. Er geht dann mit dem Gefühl ins Bett, geliebt zu sein, und fühlt sich nicht abgelehnt und einsam.

„Mein Teenager will mit mir keine Zeit verbringen"

Machen Sie sich bewusst, dass ein Teenager Freunde braucht

Eine andere Eltern-Klage lautet häufig: „Mein Teenager will mit mir keine Zeit verbringen." Natürlich entwickelt Ihr Sohn oder Ihre Tochter in den Teenagerjahren tiefe Freundschaften zu Personen außerhalb der Familie. In der Soziologie werden diese Gleichaltrigen als „Peergroup" bezeichnet. Dr. Eastwood Atwater definiert die Peergroup als „Menschen, die sich aufgrund ihres Alters, ihrer Klasse oder ihres besonderen Status als ebenbürtig betrachten"[43]. Laut Dr. Atwater übernimmt die Peergroup im Leben des Teenagers vier entscheidende Aufgaben:

1. Die Gruppe hilft dem Teenager beim Übergang zum Erwachsenendasein, indem sie ihm soziale und emotionale Unterstützung bietet.
2. Die Peergroup setzt Maßstäbe, anhand derer der Teenager

sein eigenes Verhalten und seine Erfahrungen bewerten kann.
3. Die Peergroup bietet Gelegenheiten, zwischenmenschliche Beziehungen und soziale Fähigkeiten zu entwickeln.
4. Die Peergroup ermöglicht einen Rahmen, in dem der Teenager seine eigene Identität entwickeln kann.[44]

Wenn ein Kind ins Teenageralter kommt, fängt es automatisch an, nach dem Gottesdienst, der Schule oder anderen Aktivitäten mit Freunden zusammen zu sein, mit ihnen ins Kino oder shoppen zu gehen, bei anderen zu übernachten, mit ihnen zu telefonieren oder zu chatten. „Die neu gefundenen Peergroups der Jugendlichen helfen, ihr Bedürfnis nach Gemeinschaft und Spaß sowie emotionale Unterstützung, Verständnis und Intimität zu stillen", erklärt der Therapeut Gary Smalley. „Die Jugendlichen brauchen das zwar alles auch weiterhin von ihrer Familie und anderen Erwachsenen, aber für ihre Entwicklung ist es wichtig, dass sie das auch bei ihren Freunden erleben."[45]

Eltern deuten das verstärkte Interesse des Jugendlichen an seinen Freunden oft fälschlicherweise als Desinteresse an der Familie. Sie nehmen an, 15-Jährige hätten kein Interesse, mit ihrem Vater Mountainbike zu fahren oder mit ihrer Mutter shoppen zu gehen oder einen Familienausflug zu machen. Untersuchungen zeigen jedoch, dass die meisten Teenager gern mehr und nicht weniger Zeit mit ihren Eltern verbringen würden, als dies bis jetzt der Fall ist.[46]

Beziehen Sie Ihren Teenager in die Planungen ein

Manchmal planen Eltern Aktivitäten, ohne den Teenager in die Planung einzubeziehen. Dann kann es leicht vorkommen, dass er schon mit seinen Freunden etwas Interessantes geplant hat und nicht mit den Eltern fahren will. Die Eltern deuten das als Ablehnung oder mangelndes Interesse, mit der Familie zusammen zu sein. Aber wenn die Eltern den Teenager als eigenständige Person erkennen (als jemanden, der unabhängig ist und eine eigene Identität hat) und ihn in der Planungsphase einbezogen hätten, hätte der Teenager die Familie vielleicht sehr gern begleitet. Nur wenn wir unsere Teenager wie Kinder behandeln und *für* sie planen, statt sie als selbständige Personen zu behandeln, die ihre Unabhängigkeit brauchen, bekommen wir den Eindruck, dass sie nichts mit der Familie unternehmen wollen.

Der 17-jährige Daniel sagt: „Meine Eltern sind verletzt, weil ich nicht mitkommen will, wenn sie Ausflüge planen. Das Problem ist, dass sie nie fragen, ob ich schon etwas anderes vorhabe. Sie schmieden Pläne und verkünden mir einen Tag vorher, was sie vorhaben. Ich habe dann aber schon etwas mit meinen Freunden ausgemacht und meine Eltern regen sich auf, weil ich das nicht absage."

Berücksichtigen Sie die Interessen Ihres Teenagers

Ein weiterer Grund, aus dem Teenager manchmal nicht an den geplanten Aktivitäten der Eltern teilnehmen wollen, ist, dass Eltern die Interessen des Teenagers nicht berücksichtigen. Fast alle Eltern kennen solche Situationen:

Die Mutter sagt: „Wir fahren am Samstag zu Onkel Tom und Tante Clara. Es wäre schön, wenn du mitkommst."

Der Teenager antwortet: „Ich will nicht."

Die Mutter: „Warum nicht?"

Teenager: „Es ist langweilig. Was soll ich dort den ganzen Tag machen?"

Mutter: „Du könntest doch etwas mit deinem Cousin unternehmen. Ihr versteht euch doch ganz gut."

Teenager: „Mama, er ist noch ein Kind! Ich bin 16! Worüber soll ich denn mit ihm reden?"

Wenn Eltern die Interessen ihrer Teenager kennen, können sie bei einem solchen Verwandtschaftsbesuch etwas einbauen, das den Teenager interessiert und das den Ausflug für ihn reizvoller macht. Ich will damit nicht sagen, dass Teenager ihre Familie zu Verwandtenbesuchen nur begleiten sollen, wenn sie selbst Lust dazu haben. Ich möchte Sie nur darauf hinweisen, dass Sie keine positive Erfahrung erwarten können, wenn Sie den Teenager zu etwas zwingen. Es ist viel besser, die Interessen und Termine des Teenagers einzubeziehen und Aktivitäten gemeinsam zu planen, damit sie für beide Seiten zu einem positiven Erlebnis werden.

Das sagen Teenager dazu ...

Ich möchte wiederholen, was ich am Anfang dieses Kapitels gesagt habe: Diese Sprache der Liebe, *Zweisamkeit – Zeit nur für dich*, ist viel schwerer zu erlernen als *Lob und Anerkennung* oder *Zärtlichkeit*. Aber *Zweisamkeit* gehört zu den fünf Sprachen der Liebe. Für einige Teenager ist es ihre Liebessprache. Ohne Zeit und Aufmerksamkeit von ihren Eltern fühlen sich diese Teenager nicht geliebt, selbst wenn die Eltern ihnen auf andere Weise ihre Liebe zeigen. Für diese Teenager ist es wichtig, dass sich ihre Eltern Zeit nehmen, um ihnen ihre konzentrierte Aufmerksamkeit zu schenken. Lesen Sie, was folgende Teenager sagen, deren Liebessprache *Zweisamkeit* ist.

Marissa, 14: „Ich liebe es, wenn mich mein Vater zum Angeln mitnimmt. Ehrlich gesagt, mag ich diese stinkenden Fische gar nicht. Aber ich bin gern mit meinem Vater zusammen. Wir unterhalten uns über alles Mögliche und dafür stehe ich gern früher auf. Das ist die beste Zeit, die ich mit ihm erlebe."

David, 16 und stolzer Führerscheinbesitzer: „Jetzt, da ich Auto fahren kann, bin ich oft ohne meine Eltern unterwegs. Aber ich mache auch gern etwas mit ihnen. Es gefällt mir sehr, wenn Papa und ich etwas gemeinsam unternehmen. Einige meiner Freunde haben keinen Vater. Ich habe wirklich Glück."

Monika, 14, lebt bei ihrer Mutter und hat wenig Kontakt zu ihrem Vater: „Was mir an meiner Mama gefällt? Wir können einfach über alles reden. Wir haben keine Geheimnisse voreinander. Ich fühle mich Mama wirklich nahe. Sie hilft mir bei vielen Problemen. Ich weiß, dass ich ihr immer sagen kann, was mich belastet, und dass sie mir hilft."

Jennifer, 18, plant, im Herbst ans College zu gehen: „Ich glaube, wenn ich ausziehe, werde ich am meisten die Gespräche mit meiner Mutter und meinem Vater vermissen. Manchmal unterhalten wir uns bis spät in die Nacht. Ich weiß, dass sie immer für mich da sind. Das werde ich am College nicht haben. Ich weiß, dass wir telefonieren können, aber das ist nicht das Gleiche."

Wenn die Sprache der Liebe Ihres Teenagers *Zweisamkeit* ist

Wenn Sie einem Teenager, der Zeit und Aufmerksamkeit braucht, Ihre Liebe zeigen wollen, müssen Sie bei Ihrer eigenen Zeitplanung flexibel sein. Manchmal genügt es, nach der Schule oder dem Training bei der Heimfahrt im Auto über das zu sprechen, was Ihr Teenager erlebt hat. Aber falls Sie noch weitere kreative Ideen für die Zeit mit Ihrem Teenager brauchen, habe ich hier einige Vorschläge:

- Stellen Sie konkrete Fragen über den Tag Ihres Teenagers, auf die er nicht nur mit „Ja" oder „Nein" antworten kann.

- Unterbrechen Sie das, was Sie gerade tun, um den Blickkontakt zu Ihrem Teenager herzustellen, wenn er Ihnen etwas erzählt.
- Bitten Sie Ihren Teenager, besondere Ereignisse mit dem Handy aufzunehmen. Schauen Sie dann das Video gemeinsam mit ihm an, um zu sehen, welche Erinnerungen er festgehalten hat.
- Lassen Sie sich von Ihrem Teenager erzählen, wohin er gern fahren würde und warum. Überraschen Sie ihn gelegentlich und lassen Sie ihn ein Ziel aussuchen.
- Verzichten Sie auf Ihre Lieblingssendung, um mit Ihrem Teenager seine Sendung anzusehen.
- Wenn Ihr Teenager schon den Führerschein hat, dann unternehmen Sie mit ihm einen Ausflug zu einem Ziel, das er aussucht.
- Backen oder kochen Sie etwas zusammen.
- Finden Sie alberne Sachen, über die Sie beide lachen können. Überhaupt: Lachen Sie viel miteinander!
- Machen Sie sich selbst auch einen Imbiss, wenn Sie Ihrem Teenager etwas zubereiten. Unterhalten Sie sich während des Essens über seinen Tag.
- Wenn Sie mehrere Kinder haben, dann organisieren Sie, dass sich jemand um die anderen kümmert, und gehen Sie hin und wieder mit Ihrem Teenager frühstücken oder essen.
- Fahren Sie ein paar Minuten früher los, um Ihren Teenager vom Fußballtraining oder der Jugendgruppe abzuholen. Lernen Sie andere aus der Gruppe kennen, z. B. Mannschaftskameraden, Trainer oder Betreuer. Loben Sie Trainer und Betreuer für ihr Engagement. Unterhalten Sie sich später mit Ihrem Teenager, wie er sich in der Gruppe sieht, mit wem er besonders gerne etwas unternimmt, was ihm nicht so gefällt.

- Wenn Ihre Familie musikalisch ist, dann musizieren oder singen Sie zu Hause, statt fernzusehen. Noch besser: Legen Sie gemeinsam jede Woche eine Zeit fest und führen Sie eine neue Familientradition ein.
- Tragen Sie Ihre Termine mit Ihrem Teenager in den Kalender ein und machen Sie sie zur obersten Priorität.
- Überraschen Sie Ihren Teenager mit Eintrittskarten oder einem Ausflug zu einem besonderen Ziel. Ein Campingausflug, ein Basketballspiel oder ein Shoppingausflug können besondere Erlebnisse sein, an die Sie sich beide lange erinnern werden. Machen Sie Fotos, um dieses Erlebnis noch zu vertiefen.
- Wenn es möglich ist, nehmen Sie Ihren Teenager einmal mit an Ihren Arbeitsplatz. Stellen Sie ihn Ihren Kollegen vor, beziehen Sie ihn in Ihre Besprechungen mit ein und sprechen Sie darüber, wie es ist, in Ihrer Firma zu arbeiten.
- Führen Sie „Rituale" mit Ihrem Teenager ein, z. B. immer in derselben Eisdiele Eis zu essen oder gemeinsam in einem bestimmten Park spazieren zu gehen.
- Suchen Sie ein bis zwei Gesellschaftsspiele aus, die Sie regelmäßig zusammen spielen.
- Gestalten Sie Ihre Familienurlaube so, dass Sie viel Zeit miteinander verbringen. Versuchen Sie, Ausflüge einzuplanen, bei denen ein Elternteil mit dem Teenager allein etwas unternimmt.
- Unternehmen Sie gelegentlich gemeinsame Familienwanderungen oder Fahrradtouren. Suchen Sie Gelegenheiten, um Zeit miteinander zu verbringen, bei denen Sie sich auch sportlich betätigen.
- Nehmen Sie als Familie möglichst viele Mahlzeiten zusammen ein. Machen Sie die Essenszeiten zu einer

besonderen Gelegenheit, bei der ungezwungene Gespräche über den Tag geführt werden können. Ein Familiengebet kann diese Praxis noch vertiefen.

- Hören Sie nicht auf, abends zu Ihrem Teenager ins Zimmer zu gehen. Sie lesen ihm zwar keine Gute-Nacht-Geschichten mehr vor, aber Sie können sich immer noch über den Tag unterhalten oder zusammen beten.
- Nehmen Sie sich die Zeit, Ihrem Teenager bei den Hausaufgaben zu helfen. Das verbessert einerseits seine Noten und schenkt Ihnen außerdem zusätzlich Zeit mit ihm (womöglich lernen Sie sogar etwas Neues).
- Pflanzen Sie etwas zusammen. Wenn Ihr Teenager naturverbunden ist, können Sie zusammen einen Blumengarten anlegen, Gemüse anpflanzen oder den Garten gestalten.
- Erstellen Sie gemeinsam ein Fotoalbum oder ein Erinnerungsbuch, egal ob in einem Buch oder am Computer. Tauschen Sie dabei Ihre Erinnerungen aus.

6

Sprache der Liebe Nummer 4:

Hilfsbereitschaft

„Meine Eltern haben so viel für mich getan. Damit haben sie mir das Gefühl gegeben, dass sie mich lieben." Mark hat gerade seine erste Arbeitsstelle angetreten und wird bald heiraten. Als er über seine Teenagerjahre spricht, erinnert er sich an viele konkrete Erlebnisse. „Ich erinnere mich an die vielen Mahlzeiten, die mir meine Mutter kochte, obwohl sie berufstätig war. Oder daran, wie Papa mir bei dem alten Auto half, das wir miteinander kauften, als ich 18 war. Es waren so viele kleine und große Dinge, die mir alle sehr geholfen haben."

Mark, der inzwischen 24 ist, erzählt weiter: „Das ist mir jetzt viel deutlicher bewusst als damals. Aber schon damals wusste ich, dass sie alles taten, um mir zu helfen, und ich habe das immer geschätzt. Ich hoffe, ich kann für meine Kinder eines Tages das Gleiche tun."

Mark beschreibt Eltern, die erfolgreich die Sprache der Liebe *Hilfsbereitschaft* sprachen.

Eltern zu sein heißt, seinen Kindern zu helfen. An dem Tag, an dem Sie sich entschieden haben, ein Kind zu bekommen, haben Sie diese Aufgabe langfristig übernommen. Wenn Ihr Kind ins Teenageralter kommt, sprechen Sie diese Sprache schon seit vielen Jahren. Wenn Sie möchten, können Sie sich die Zeit nehmen und ausrechnen, wie viele Windeln Sie gewechselt haben, wie viele Mahlzeiten Sie zubereitet haben, wie viele Kleidungsstücke Sie gewaschen, zusammengelegt und/oder gebügelt haben, wie viele Pflaster Sie aufgeklebt haben, wie viele Spielsachen Sie repariert haben, wie viele Betten Sie bezogen haben, wie oft Sie Haare gewaschen und gekämmt haben etc. Bitte zeigen Sie diese Liste aber auf keinen Fall Ihrem Teenager! Lesen Sie sie laut, wenn Sie allein in Ihrem Schlafzimmer sind, besonders an den Tagen, an denen Sie das Gefühl haben, als Vater oder Mutter versagt zu haben. Es gibt handfeste Beweise dafür, dass Sie dieses Kind lieben.

Eltern zu sein heißt, seinen Kindern zu helfen.

Aber Ihr Kind ist jetzt ein Teenager – und es ist Ihre Herausforderung als Eltern, dass Sie neue Dialekte lernen, wenn Sie die Liebessprache *Hilfsbereitschaft* effektiv sprechen wollen. Sie müssen keine Windeln mehr wechseln, aber jede Menge Knöpfe annähen, Hosen flicken, Mahlzeiten kochen, Fahrradreifen flicken, Autos reparieren, T-Shirts waschen und bügeln, mit „Taxi Mama“ im Einsatz sein und vieles mehr.

Die tiefere Bedeutung von Hilfsbereitschaft

Ihre ganze Arbeit bekommt mehr Wert, wenn Sie begreifen, dass Sie mit diesen „Dienstleistungen“ Ihrem Teenager Ihre

Liebe zeigen können. Einige Eltern haben es sich angewöhnt, diese Routinetätigkeiten aus einem elterlichen Pflichtgefühl heraus zu erledigen, ohne die tieferen Zusammenhänge zu sehen. Meine Hoffnung für diese Eltern ist es, dass ich mit den folgenden Seiten die Wolken des Alltäglichen wegschieben und ihnen einen klareren Blick auf Ihre Rolle als Teenagereltern ermöglichen kann.

In der Geschichte finden sich viele Beispiele von Männern und Frauen, die gelernt haben, durch Hilfsbereitschaft ihre Liebe auszudrücken. Wer hat nicht von Mutter Teresa gehört? Ihr Name ist ein Synonym für Hilfsbereitschaft. In Afrika war es Albert Schweitzer, in Indien Mahatma Gandhi. Wer sich mit dem Leben von Jesus von Nazareth befasst, liest, dass er seinen Jüngern die Füße gewaschen hat. Dieser Dienst für andere ist ein Sinnbild für sein Leben auf der Erde. Jesus hat selbst gesagt: „Der Menschensohn ist nicht gekommen, um sich bedienen zu lassen, sondern um anderen zu dienen und sein Leben als Lösegeld für viele hinzugeben."[47] Seine Nachfolger wies er an: „Wer groß sein will, der soll den anderen dienen."[48]

Wahre Größe zeigt sich darin, dass man dem anderen dient.

Wahre Größe zeigt sich darin, dass man dem anderen dient. Wenn Eltern ihrem Teenager großzügig helfen, drücken sie damit ihre Liebe aus.

Großzügige Hilfsbereitschaft

Da sie ihrem Kind über viele Jahre regelmäßig auf vielfältige Weise helfen und diese „Dienstleistungen" neben vielen anderen Verpflichtungen geschehen, vergessen Eltern leicht, dass die alltäglichen, selbstverständlichen Dinge, die sie tun, ein Ausdruck von Liebe mit langfristiger Wirkung sind.

Hilfsbereitschaft hat nichts mit Sklaverei zu tun. Sklaverei wird von außen aufgezwungen und geschieht mit Widerwillen. Hilfsbereitschaft ist ein Zeichen für den von Herzen kommenden Wunsch, sich für andere einzusetzen. Hilfsbereitschaft ist ein Geschenk, keine Notwendigkeit, und geschieht freiwillig, nicht unter Zwang. Wenn Eltern mit Abneigung und Bitterkeit etwas für ihre Teenager tun, werden die äußeren Bedürfnisse der Teenager zwar vielleicht gestillt, aber ihre emotionale Entwicklung leidet darunter.

Da diese Dienste täglich geleistet werden, müssen sich auch die besten Eltern von Zeit zu Zeit vergewissern, dass sie mit dem, was sie tun, ihren Kindern ihre Liebe zeigen. Ich erinnere mich an Adrian, der mir erzählte: „Wenn ich ihn mehrmals darum bitte, hilft mir mein Vater bei den Hausaufgaben. Aber ich habe dann Schuldgefühle und komme mir wertlos vor. Wenn ich es anders schaffe, bitte ich ihn nicht um Hilfe." Sein Vater hilft ihm zwar, aber er zeigt seinem Sohn dabei keine Liebe.

Das Gleiche berichtete Julia mir: „Es wäre schön, wenn mir Mama bei meinen Schulprojekten helfen würde, aber ich habe immer das Gefühl, dass sie dafür keine Zeit hat. Wenn ich sie um Hilfe bitte, habe ich jedes Mal den Eindruck, als tue sie es nur, um mich bald wieder los zu haben." Wenn die Hilfsbereitschaft der Eltern in der Seele ihrer Teenager als Liebe verstanden werden soll, muss sie freiwillig und großzügig geschehen.

Manipulation ist keine Liebe

Manche Eltern setzen Hilfsbereitschaft auch als Mittel ein, um ihren Teenager zu manipulieren. „Ich fahre dich zu deinen Freunden, wenn du dein Zimmer aufräumst." Das ist ein Versuch, mit dem Teenager ins Geschäft zu kommen, nach der Devise: „Wenn du dies machst, mache ich jenes." Damit will ich nicht sagen, dass wir nie versuchen sollten, mit unseren Teenagern Vereinbarungen zu treffen. Wir dürfen das aber nie als Ausdruck emotionaler Liebe betrachten. Wenn Sie Ihren Teenager zu seinen Freunden fahren, ist das die Bezahlung für Dienste, die er leisten soll, nämlich sein Zimmer aufzuräumen. Es ist der Versuch, Ihren Teenager dazu zu bewegen, etwas zu tun, das Sie als erstrebenswert ansehen, aber kein Ausdruck von Liebe.

Wenn das, was Sie für Ihren Teenager tun, *immer* daran gekoppelt ist, dass er Ihnen gehorcht, ist das Manipulation. Manipulation ist *niemals* ein Ausdruck von Liebe. Liebe kann man sich nicht verdienen. Sie ist ein Geschenk, das freiwillig gegeben wird. Wir wollen unseren Teenager bedingungslos lieben. Vielleicht gefällt uns nicht alles an seinem Verhalten. Wir können ihm aber trotzdem durch Hilfsbereitschaft unsere Liebe zeigen. Im Gegenteil: Ihr Teenager fühlt sich noch mehr geliebt, wenn er merkt, dass Ihre Liebe nicht an Bedingungen geknüpft ist.

> *Liebe kann man sich nicht verdienen. Sie ist ein Geschenk, das freiwillig gegeben wird.*

Wenn Sie versuchen, das Verhalten Ihres Teenagers zu beeinflussen, indem Sie versprechen, ihm einen Wunsch zu erfüllen bzw. ihm zu helfen, wird das als *Verhaltensmodifikation* bezeichnet. Der Teenager wird für etwas belohnt, das die Eltern als positives Verhalten ansehen: Sie tun etwas, das sich der Teenager wünscht, oder sie verweigern es, wenn der Teenager die Wünsche der Eltern nicht erfüllt. Diese Erziehungsmethode war in den 1970er-Jahren weit verbreitet. Doch meiner Meinung nach ist das nicht die beste Art, Kinder zu erziehen, und ganz bestimmt ist es nicht die beste Art, mit Teenagern umzugehen.

Damit will ich nicht sagen, dass Verhaltensmodifikation nie als Erziehungsmittel eingesetzt werden sollte. Diese Methode kann hilfreich sein, besonders um eingefahrene Verhaltensweisen zu durchbrechen, die die Eltern als unverantwortlich ansehen. Manchmal reicht die angebotene Belohnung aus, um einen Teenager zu motivieren, ein Verhalten zu ändern, das er sonst nicht ändern würde. Leider ist diese Verhaltensänderung nicht immer von Dauer, es sei denn, Sie belohnen das gewünschte Verhalten jedes Mal. (Im Kapitel 12 über Liebe und Verantwortung gehen wir darauf genauer ein.)

Auf der anderen Seite sollte es Eltern bewusst sein, dass auch Teenager manchmal versuchen, sie durch Hilfsbereitschaft zu manipulieren. Wenn sie etwas von ihren Eltern wollen, kann es sein, dass Teenager anbieten, etwas zu tun, um das sie in der Vergangenheit gebeten wurden.

Der 16-jährige Christian weiß: „Wenn ich von meiner Mutter etwas will, muss ich nur mein Zimmer aufräumen. Dann tut sie alles für mich." Christian hat gelernt, seine Mutter zu manipulieren. Wenn die Mutter den Eindruck hat, dass das, was Christian von ihr will, gut für ihn ist, lässt sie sich vielleicht darauf ein. Aber Eltern sollten nie einwilligen, etwas zu tun, das sie für falsch halten, nur weil der Teenager bereit ist, dafür etwas zu tun, das sie sich wünschen.

Einige Teenager sind Meister darin: „Wenn du mich liebst, dann ..." ist der Gipfel der Manipulation. Der Teenager benutzt die Sehnsucht der Eltern, ein guter Vater oder eine gute Mutter zu sein, um sie dazu zu bringen, seine Wünsche zu erfüllen. Die beste Antwort der Eltern ist in einem solchen Fall: „Ich liebe dich zu sehr, um etwas zu tun, von dem ich glaube, dass es dir schadet, auch wenn du es dir noch so sehr wünschst." Manipulation hat nichts mit Liebe zu tun. Es geht dabei um Kontrolle. Das ist keine gute Grundlage für die Beziehung zwischen Eltern und Teenagern.

Manipulation hat nichts mit Liebe zu tun. Es geht dabei um Kontrolle.

Gegenseitige Liebe

Vorbildfunktion und Anleitung

Eltern von Teenagern haben normalerweise zwei große Wünsche: Sie möchten ihren Teenager lieben und auch selbst geliebt werden. Sie wünschen sich, dass die Teenager ihre Liebe fühlen, damit ihr Liebestank voll ist; aber als Eltern möchten sie auch, dass die Teenager lernen, andere zu lieben. Eltern haben manchmal die Befürchtung: „Wenn ich ständig alles für meinen Teenager tue, lernt er vielleicht nicht, die Dinge selbst zu machen und anderen zu helfen." Die Antwort darauf liegt in der *Vorbildfunktion und Anleitung*. Wir leben bedingungslose Liebe vor, wenn wir für den Teenager etwas tun, das er sich wünscht – solange wir davon ausgehen, dass das für den Teenager gut ist. Aber es ist wichtig, dass wir sorgfältig überlegen, was wir für ihn tun, denn sonst bekommen wir einen unselbständigen Teenager, der nur nimmt, aber nie lernt zu geben. Zum Beispiel ist es ein Zeichen von Hilfsbereitschaft, eine Mahlzeit zu kochen. Aber dem Teenager beizubringen, selbst zu kochen, ist eine noch größere Unterstützung. Es ist natürlich leichter, selbst das Essen zuzubereiten, als einen Teenager dazu anzuleiten. Aber womit zeigen Sie ihm mehr Liebe?

Als Faustregel kann man sagen, dass Sie Ihrem Teenager bei Dingen helfen sollten, die er selbst nicht kann. Solange Ihr Kind noch klein ist, waschen Sie die Kleidung, aber wenn Ihr Sohn bzw. Ihre Tochter ins Teenageralter kommt, zeigen Sie, wie die Waschmaschine zu bedienen ist. Eltern, die diese Unterscheidung nicht lernen, schränken im Namen der Liebe womöglich sogar die Entwicklungsmöglichkeiten des Teenagers ein. Das bedeutet nicht, dass Sie nie für ihn die Wäsche waschen. Es bedeutet aber, dass Sie *nicht immer* seine Wäsche waschen. Sie gehen über die Vorbildfunktion hinaus und leiten Ihren Teenager an, selbständig zu handeln und sich dadurch zu einem reifen jungen Erwachsenen zu entwickeln.

Zeigen Sie den richtigen Weg

Ich denke, es ist hilfreich, wenn Eltern ihrem Teenager erklären, was sie tun. Die Mutter könnte zum Beispiel zu dem 13-jährigen Patrick sagen: „Du bist jetzt in einem Alter, in dem ich dir ein paar Dinge weitergeben will, die mir wichtig sind. Als du klein warst, habe ich vieles für dich getan, weil ich dich sehr liebe. Ich habe dein Essen gekocht, deine Wäsche gewaschen, dein Zimmer aufgeräumt usw. Ich könnte das alles weiterhin machen, aber damit würde ich dir keinen Gefallen tun. Weil ich dich immer noch sehr liebe, will ich dir zeigen, wie du das alles selbst machen kannst. Ich will, dass du gelernt hast, allein zurechtzukommen, wenn du irgendwann von zu Hause ausziehst.

Ich habe hier eine Liste mit den Dingen, die ich dir zeigen will, Patrick. Es wäre gut, wenn du andere Fähigkeiten, die du sonst noch lernen willst, auch auf diese Liste schreibst. Du kannst aussuchen, in welcher Reihenfolge du diese Dinge lernen willst. Ich werde dich nicht überfordern, aber wenn du bereit bist, will ich dir nach und nach beibringen, im Haushalt auch ohne fremde Hilfe zurechtzukommen."

Patricks Mutter hat ihm erklärt, wie sie ihm durch Hilfsbereitschaft ihre Liebe zeigen will. Patrick wird wahrscheinlich positiv auf diesen Plan reagieren, weil seine Mutter ihn daran beteiligt und er aussuchen darf, welche Dinge er lernen will und in welcher Reihenfolge. Patrick und sein Vater könnten eine ähnliche Liste mit den Dingen erstellen, die er von seinem Vater lernen möchte.

Patrick – und jeder andere Teenager, dessen Eltern so mit ihm umgehen – kann sich glücklich schätzen. Er fühlt sich nicht nur von den Eltern geliebt, sondern er wächst auch zu einem verantwortungsbewussten Erwachsenen heran, der im Leben gut zurechtkommt und anderen Menschen durch seine Hilfsbereitschaft seine Liebe zeigen kann.

Eltern, die so vorgehen, zeigen ihrem Teenager nicht nur

durch Hilfsbereitschaft, dass sie ihn lieben. Sie leiten ihn auch an, die notwendigen Fertigkeiten zu lernen, um anderen Menschen effektiv helfen zu können. Diese Anleitung erfordert sowohl *Theorie* (Erklärung und Beschreibung) als auch *Praxis* (Ausprobieren und Üben). Diese Eltern erklären ihrem Sohn bzw. ihrer Tochter, wie man etwas macht. Dann führen sie es vor und lassen es den Teenager schließlich selbst ausprobieren.

Nehmen wir ein Beispiel: Der Vater möchte seinem Sohn zeigen, wie er am besten das Auto wäscht. Er beginnt mit einigen Erklärungen. „Etwas solltest du dir merken: Du musst das Auto immer zuerst mit dem Schlauch abspritzen, um Sandpartikel zu entfernen, denn sonst zerkratzt du mit dem Schwamm den Lack. Wenn du das gemacht hast, fängst du am besten oben an und arbeitest dich zur Motorhaube, dem Kofferraum und den Kotflügeln vor. Und du wäschst immer nur einen Teil und spülst schnell nach, damit der Schaum nicht trocknet und Putzstreifen auf dem Lack hinterlässt." Dann führt der Vater vor, was er gerade erklärt hat, und lässt seinen Sohn helfen. Vielleicht waschen sie ein paarmal das Auto gemeinsam. Danach können sie eine Vereinbarung treffen, ob sie weiterhin gemeinsam das Auto waschen oder abwechselnd jeweils allein. Wenn der Sohn das Auto allein wäscht, äußert der Vater Lob und Anerkennung. Der Teenager hat nicht nur gelernt, das Auto zu waschen, sondern spürt auch die Liebe seines Vaters. Und er hat gelernt, selbst durch Hilfsbereitschaft seine Liebe zu seinem Vater auszudrücken.

Helfen Sie Ihrem Teenager, seine Identität und Unabhängigkeit zu entwickeln

In unserer hektischen Zeit versäumen es manche Eltern, ihren Teenagern die grundlegenden Fertigkeiten beizubringen, die sie brauchen, um im Leben zurechtzukommen. Als Folge davon stellen viele Menschen erst dann fest, wenn sie schon verheiratet sind, dass weder sie selbst noch ihr Ehepartner eine Badewanne schrubben, Staub saugen, kochen oder Wäsche waschen kann. Ihnen fehlen die grundlegenden Fertigkeiten, um einander zu helfen. Ihre Eltern haben ihnen nicht gezeigt, wie sie die Liebessprache *Hilfsbereitschaft* sprechen können.

Es liegt auf der Hand, dass es viel Zeit und Energie kostet, bis der Teenager gelernt hat, die Dinge selbst zu erledigen, die seine Eltern bisher für ihn gemacht haben. Aber das ist für die emotionale und soziale Entwicklung des Teenagers sehr wichtig. Wenn der Teenager Menschen außerhalb seiner Familie etwas Gutes tut, bekommt er ein positives Feedback. Wer anderen hilft, wird von anderen gemocht. Das steigert sein Selbstwertgefühl, wodurch wiederum seine Identität gefestigt wird.

Außerdem kommt jeder, der solche Fertigkeiten erwirbt, selbst im Leben besser zurecht. Dadurch wächst die Selbständigkeit und Unabhängigkeit. Ansonsten ist zu befürchten, dass die Teenager, die vom Leben gelangweilt sind, nicht viele Erfolgserlebnisse vorweisen können, ein geringes Selbstwertgefühl und Probleme in sozialen Beziehungen haben. Ich kann nicht genug betonen, wie wichtig es ist, dass Eltern ihre Teenager so sehr lieben, dass sie ihnen solche Fähigkeiten beibringen, um anderen dienen zu können. Wenn Eltern das nicht tun, fühlen sich ihre Teenager irgendwann betrogen. Die Liebe füttert Kinder, wenn sie klein sind – aber wenn sie Teenager sind, lehrt sie sie, selbst für ihr Essen zu sorgen.

Die Liebe füttert Kinder, wenn sie klein sind – aber wenn sie Teenager sind, lehrt sie sie, selbst für ihr Essen zu sorgen.

Konzentration auf Hilfsbereitschaft

Hilfsbereitschaft ist für einige Teenager ihre Liebessprache Nummer eins. Wenn Eltern ihre Liebe durch Hilfsbereitschaft ausdrücken, füllen sie damit den Liebestank des Teenagers.

Dirk war ein solcher Teenager. An seinem 18. Geburtstag hatten ihm seine Eltern ein Auto gekauft, was laut ihren eigenen Worten „das Schlimmste war, was wir je machen konnten". Ein halbes Jahr später saß Dirk in meinem Büro, weil seine Eltern gedroht hatten, ihm das Auto wegzunehmen, wenn er nicht zu mir käme (ein perfektes Beispiel für Manipulation, aber wahrscheinlich die einzige Möglichkeit, um Dirk dazu zu bewegen, zu mir zu kommen). Dirks Eltern waren eine Woche vor ihrem Sohn bei mir gewesen und hatten mir ihre Sorgen geschildert. Seit er das Auto hatte, benahm sich Dirk völlig verantwortungslos. Er hatte schon zweimal eine Strafe wegen zu schnellen Fahrens bekommen und war an einem Unfall – glücklicherweise nur mit Blechschaden – beteiligt gewesen.

Seine Eltern erklärten mir, dass sich Dirk ihnen gegenüber „sehr aggressiv" benehme. „Seit er ein Auto hat, ist er fast überhaupt nicht mehr zu Hause", sagte sein Vater. „Er arbeitet jeden Nachmittag zwei Stunden in einem Fastfood-Restaurant, um das Benzin zahlen zu können. Dann will er den Rest des Nachmittags und Abends mit seinen Freunden verbringen. Er isst im Restaurant – sieht also keine Notwendigkeit, zum Essen nach Hause zu kommen. Wir haben gedroht, ihm das Auto wegzunehmen, aber wir wissen nicht, ob wir das wirklich tun sollen.

Ehrlich gesagt, wissen wir überhaupt nicht mehr, was wir tun sollen. Deshalb kommen wir zu Ihnen."

Dirks Eltern waren beide beruflich erfolgreich und Dirk war ihr einziges Kind. Sie waren sehr besorgt über die Situation und wollten wirklich etwas daran ändern.

In meinen Gesprächen mit Dirk in den darauffolgenden

Wochen stellte ich fest, dass er wenig Achtung vor seinen Eltern hatte. „Sie denken beide nur an ihren Beruf", sagte er. „Ich bin ihnen völlig egal."

Ich erfuhr, dass seine Eltern normalerweise nicht vor 18 oder 18.30 Uhr von der Arbeit nach Hause kamen. Bevor Dirk sein Auto und seinen Teilzeitjob hatte, war er meistens gegen 15.30 Uhr von der Schule nach Hause gekommen, hatte seine Hausaufgaben erledigt, mit seinen Freunden telefoniert und den Rest des Tages am Computer verbracht. Wenn seine Eltern kamen, hatten sie zusammen zu Abend gegessen.

„Meistens gab es etwas, das sie auf dem Heimweg gekauft hatten. Mama kocht nicht gern und Papa kann es nicht. Nach dem Essen kontrollierten sie, ob ich meine Hausaufgaben gemacht hatte. Dann beschäftigte sich mein Vater mit seinem beruflichen Zeug und sah fern. Mama hat gelesen und telefoniert. Ich ging meistens in mein Zimmer und telefonierte mit meinen Freunden", erzählte Dirk weiter. „Es war langweilig. Es gab nichts, das ich hätte tun können."

In weiteren Gesprächen mit Dirk erfuhr ich, dass er seine Eltern mehrmals gebeten hatte, ihm bei verschiedenen Dingen zu helfen, aber seiner Meinung nach hatten sie nie Zeit.

„Als ich 13 war", sagte er, „bat ich meinen Vater, mir Wasserskilaufen beizubringen, aber er meinte nur, das sei zu gefährlich und ich viel zu jung dafür. Als ich Gitarre lernen wollte, sagte er, dass ich kein musikalisches Talent hätte und dass deshalb Gitarrenunterricht reine Geldverschwendung wäre. Ich bat meine Mutter sogar, mir das Kochen beizubringen. Sie hat es mir versprochen, aber sie hat es nie gemacht."

Ich hörte deutlich heraus, dass sich Dirk von seinen Eltern nicht geliebt fühlte. Sie versorgten ihn mit Essen, mit einem Dach über dem Kopf und mit Kleidung, sogar mit einem Auto – aber sie sprachen sein inneres Bedürfnis nach emotionaler Liebe nicht an. Ich hatte den Eindruck, dass *Hilfsbereitschaft* seine Liebessprache war, aber dass seine Eltern nie gelernt hatten, seinen Dialekt zu sprechen. Sie sorgten dafür, dass seine Grundbedürfnisse gestillt wurden. Doch auf seine Interessen reagierten sie nicht sensibel und unternahmen auch keine Anstrengung, um Dirk zu fördern, damit er diese Interessen weiterentwickeln konnte. Deshalb fühlte sich Dirk abgelehnt und nicht geliebt. Sein Verhalten spiegelte diese Gefühle deutlich wider.

Ich wünschte, ich könnte sagen, dass sich die Situation für Dirk und seine Eltern schnell gebessert hätte. Aber es wurde erst einmal schlimmer, bevor es besser wurde. Ich sprach mit Dirks Eltern über meine Beobachtungen. Ich denke auch, dass sie verstanden, wo das Problem lag, denn sie unternahmen ernsthafte Anstrengungen, um zu Dirk eine wirkliche Beziehung aufzubauen. Aber er reagierte nicht sehr positiv. Die meisten ihrer Anstrengungen stießen auf Widerstand. Er schien der Meinung zu sein, dass das, was seine Eltern machten, zu wenig sei und zu spät komme.

Ein ganzes Jahr verging, bis wirklich eine Veränderung eintrat. Dirk hatte gerade sein letztes Schuljahr begonnen. Ich besuchte ihn nach einem Autounfall, bei dem er sich eine Hüfte und ein Bein gebrochen und den Knöchel gequetscht hatte. In den Wochen, bis er wieder laufen konnte, baute er endlich wieder eine Beziehung zu seinen Eltern auf. Sie entschuldigten sich dafür, dass sie in den zurückliegenden Jahren seine Bedürfnisse nicht gestillt hatten, und Dirk gab zu, dass er sie aus seinem Leben ausgeschlossen hatte, weil er sich so sehr von ihnen abgelehnt gefühlt hatte.

Dank dieser erneuerten emotionalen Beziehung wurde im Laufe des nächsten Jahres vieles besser. Solange Dirk einen Gips trug, hatten seine Eltern reichlich Gelegenheit, ihm durch Hilfsbereitschaft ihre Liebe zu zeigen. Aber noch wichtiger war, dass sie herausfanden, was Dirk jetzt interessierte, und ihn darin unterstützten. Dirks letztes Schuljahr war, wie er es ausdrückte, „das schlimmste und das beste Jahr meines

Lebens". Er hatte starke körperliche Schmerzen, aber er entwickelte eine echte emotionale Nähe zu seinen Eltern. Er entschied sich für ein Studium in seiner Heimatstadt und wohnte die nächsten zwei Jahre noch zu Hause. Dadurch hatten seine Eltern genügend Gelegenheiten, um ihm Gutes zu tun. Sie halfen ihm bei seinen Studienprojekten. Er und sein Vater verbrachten viele Wochenenden am See. Dirk interessierte sich nicht mehr für Wasserski, aber er lernte, das Boot seines Vaters zu fahren, und er lernte Jet-Ski. Durch das Studium entdeckte Dirk neue Dinge, die ihn interessierten. Seine Eltern fragten ihn nach seinen Interessen und nutzten jede Gelegenheit, um ihm zu helfen, seine Fertigkeiten zu verbessern. Mittlerweile ist Dirk Mitte 30, verheiratet und Vater eines kleinen Sohnes. Er tut viel für seinen eigenen Sohn, um ihm seine Liebe zu zeigen.

Dirks Eltern nahmen ihre Aufgabe sehr ernst – wie die meisten Eltern. Sie liebten ihren Sohn sehr, aber sie hatten seine Liebessprache nicht erkannt und nicht gesprochen. Als sie das endlich begriffen und taten, reagierte Dirk nicht sofort positiv darauf. Das ist typisch, wenn sich ein Teenager über längere Zeit alleingelassen und abgelehnt fühlt. Aber Eltern dürfen nicht aufgeben. Wenn sie immer wieder versuchen, die Liebessprache ihres Teenagers zu sprechen, heilt der emotionale Schmerz des Teenagers irgendwann, sodass sie eine neue emotionale Beziehung zu ihm aufbauen können.

Das sagen Teenager dazu ...

Diese neu entdeckte Beziehung wird zum Wendepunkt in der Beziehung zwischen Eltern und ihrem Teenager, wenn die Eltern nicht aufhören, seine Liebessprache zu sprechen. Lesen Sie, was diese Teenager sagen, deren Sprache der Liebe *Hilfsbereitschaft* ist:

Felix, 13, lebt mit seiner jüngeren Schwester bei seiner Mutter. Sein Vater verließ die Familie, als Felix sieben war. „Ich weiß, dass meine Mutter mich liebt, weil sie meine schmutzigen Sachen wäscht, mir jeden Abend etwas zu essen kocht und mir bei meinen Hausaufgaben hilft, selbst wenn ich sie nicht darum bitte. Sie arbeitet als Krankenschwester, damit wir etwas zum Anziehen und Essen haben. Ich glaube, mein Vater liebt mich auch, aber er hilft uns nicht."

Kristin, 14, ist die älteste von vier Geschwistern. „Ich weiß, dass meine Eltern mich lieben, weil sie so viel für mich tun. Mama fährt mich zum Cheerleadertraining und zu allen Spielen. Papa hilft mir bei den Hausaufgaben, besonders in Mathe, das ich überhaupt nicht mag."

Tom, 18, verdient sich im Sommer mit Gartenarbeit Geld und hat sich sein erstes Auto gekauft. „Ich habe den besten Vater der Welt", schwärmt er. „Er hat mir gezeigt, wie man Rasen mäht und wie man sich selbständig macht und Geld verdient. Mit dem Geld konnte ich mir jetzt ein Auto kaufen. Letzte Woche hat er mir gezeigt, wie man die Zündkerzen wechselt."

Karin ist 13. „Ich weiß, dass mich meine Mutter liebt, weil sie sich Zeit nimmt, mir alles beizubringen. Letzte Woche hat sie mir gezeigt, wie man strickt. Dieses Jahr kann ich meine Weihnachtsgeschenke selbst machen."

Wenn die Sprache der Liebe Ihres Teenagers *Hilfsbereitschaft* ist

Dieses Kapitel befasst sich zwar größtenteils damit, wie Sie Ihrem Teenager helfen können, erwachsen und selbständig zu werden und anderen zu helfen. Aber es gibt auch viele Möglichkeiten, wie Sie durch einfache Unterstützung sehr viel bei Ihrem Teenager bewirken können. Hier sind einige Beispiele, wie Sie Ihrem Teenager Ihre Liebe zeigen können, ohne zu ignorieren, dass er selbst Verantwortung übernehmen muss.

- Zeigen Sie Ihrem Teenager, dass Sie ihn lieben, indem Sie mit ihm neue Farbe für sein Zimmer kaufen und ihm helfen, es zu streichen.
- Helfen Sie Ihrem Teenager und trainieren Sie mit ihm, damit er in seiner Sportart besser wird, z. B. beim Basketball oder Fußball.
- Helfen Sie Ihrem Teenager bei schweren Hausaufgaben.
- Kochen Sie sein Lieblingsessen, wenn er einen schweren Tag hatte.
- Erledigen Sie eine Arbeit, für die normalerweise Ihr Teenager zuständig wäre, wenn er besonders viele Hausaufgaben aufhat oder für Prüfungen lernen muss.
- Stehen Sie hin und wieder eine halbe Stunde früher auf, um Ihren Teenager mit einem besonderen Frühstück zu überraschen. (Aber vergewissern Sie sich vorher, ob er auch Zeit zum Frühstücken hat!)
- Zeigen Sie Ihrem Teenager, wie wichtig es ist, anderen zu helfen, indem Sie sich regelmäßig in Ihrer

Stadt oder Kirchengemeinde engagieren. Lassen Sie Ihren Teenager, der nach Unabhängigkeit strebt, verschiedene Bereiche ausprobieren. Ermutigen Sie ihn, irgendwo mitzuarbeiten.

- Wenn Ihr Teenager unter Zeitdruck steht, um noch rechtzeitig zur Schule oder zu einem anderen Termin zu kommen, dann helfen Sie ihm, damit er es noch pünktlich schafft.
- Wenn Ihr Teenager krank ist, dann legen Sie seinen Lieblingsfilm ein oder kochen Sie ihm sein Lieblingsessen.
- Bringen Sie Ihren Teenager mit jemandem aus Ihrem Freundeskreis oder Ihrer Familie zusammen, der ihm auf einem Gebiet helfen kann, das ihn interessiert, z. B. Tanzen, Fußball spielen oder Klavier spielen.
- Suchen Sie sich einen Bereich aus, in dem Sie Ihrem Teenager über die normalen Erwartungen hinaus etwas Gutes tun wollen. Zum Beispiel könnten Sie ihm regelmäßig eine Nachspeise machen oder einen Kuchen backen, den er besonders mag.
- Führen Sie neue Rituale ein – vielleicht dass sich Ihr Teenager zu seinem Geburtstag sein Lieblingsessen wünschen darf.
- Helfen Sie Ihrem Teenager, Lernzettel für anstehende Prüfungen zu erstellen. Unterstützen Sie ihn, bis er den Stoff beherrscht.
- Nehmen Sie sich Zeit, um Ihrem Teenager zuzuhören, wenn er wegen eines Problems bei Ihnen im Büro anruft.

7

Sprache der Liebe Nummer 5:

Geschenke, die von Herzen kommen

Ich war bei einem Eheseminar auf dem Fliegerstützpunkt der NATO in Geilenkirchen (Nordrhein-Westfalen) und hatte den Nachmittag frei. Die meisten Truppen waren für mindestens zwei Jahre in Deutschland stationiert, deshalb lebten die Ehepartner und die Familien mit auf dem Stützpunkt. An diesem Nachmittag entdeckte ich den 13-jährigen Alex, der an einem Picknicktisch saß und seine Hausaufgaben machte. Er sah wie ein typischer Teenager aus: blaue Jeans und ausgewaschenes grünes Sweatshirt. Ich hatte das Gefühl, dass er nichts dagegen hätte, wenn ich ihn störe, deshalb stellte ich mich vor und begann ein Gespräch mit ihm.

Nach einer Weile machte ich eine Bemerkung zu dem Christophorus-Medaillon, das an einer Kette um Alex' Hals hing.

„Das hat mir mein Vater im März zu meinem 13. Geburtstag

geschenkt", erzählte er. „Er sagte, wenn er beruflich unterwegs ist, soll es mich an ihn erinnern. Ich trage es die ganze Zeit."

„Wer war Christophorus?", fragte ich.

„Weiß ich nicht genau", kam seine Antwort. „Irgendein Heiliger, der viel Gutes getan hat."

Ich merkte, dass das Medaillon für Alex keine große religiöse Bedeutung hatte. Aber auf emotionaler Ebene war es für ihn sehr wertvoll. Es war eine ständige Erinnerung an die Liebe seines Vaters. Ich hatte den Eindruck, dass Alex auch in 30 Jahren noch das Christophorus-Medaillon um den Hals tragen würde.

Was macht ein Geschenk aus?

Geschenke, die von Herzen kommen, sind sichtbare und greifbare Beweise für emotionale Liebe. Es ist wichtig, das Wesentliche an einem Geschenk zu verstehen. Das griechische Wort für Geschenk lautet *charis* und bedeutet „Gnade" oder „unverdientes Geschenk". Es liegt in der Natur der Sache, dass ein Geschenk nicht etwas ist, das der Teenager verdient. Er bekommt es, weil die Eltern ihm ihre bedingungslose Liebe zeigen wollen. Einigen Eltern ist das nicht bewusst. Sie denken, sie würden ihrem Teenager etwas schenken, wenn sie ihn in Wirklichkeit für einen geleisteten Dienst bezahlen. Wenn das geschieht, sprechen sie nicht wirklich die Sprache der Liebe *Geschenke.*

Geschenke, die von Herzen kommen, sind sichtbare und greifbare Beweise für emotionale Liebe.

Zum Beispiel sagte Birgit zu ihrer 15-jährigen Tochter Amanda: „Wenn du nach dem Essen dein Zimmer aufräumst, fahren wir in die Stadt und ich kaufe dir das Kleid, das du dir schon seit Wochen wünschst."

Entweder versuchte Birgit, Amanda zu manipulieren, damit sie das machte, was ihre Mutter wollte, oder sie schlug ihr einen Deal vor: „Wenn du das machst, kaufe ich dir ein Kleid." Vielleicht hatte sie es auch satt, dass ihr Amanda wegen dieses Kleides ständig in den Ohren lag, sodass sie versuchte, Amanda zu ein wenig Arbeit zu bewegen und gleichzeitig endlich ihre Ruhe zu haben. Auf jeden Fall ist in diesem Beispiel das Kleid *kein* Geschenk. Es ist die Bezahlung für ein aufgeräumtes Zimmer. Birgit hat es dazu gemacht. Sie glaubt vielleicht, sie würde Amanda ihre Liebe zeigen, indem sie ihr das Kleid kauft, aber Amanda betrachtet das Kleid als etwas, das sie sich verdient hat. Nicht als Geschenk.

Bei einigen Eltern ist fast alles, das sie als „Geschenk" bezeichnen, in Wirklichkeit ein Versuch, ihre Teenager zu manipulieren. Es ist vielmehr eine Gegenleistung für etwas, das sie gern hätten, oder eine Bezahlung für die Arbeit des Teenagers. Die Teenager bekommen nur an Weihnachten und zum Geburtstag wirklich Geschenke. In der übrigen Zeit sind die Geschenke der Eltern genau genommen gar keine Geschenke.

Bitte verstehen Sie mich nicht falsch: Ich will damit auf keinen Fall sagen, dass Eltern ihren Teenagern nie für geleistete Dienste etwas geben sollten. Ich will damit nur sagen, dass diese Bezahlungen nicht als Geschenke betrachtet werden können. Der Teenager könnte wahrscheinlich mit einem Nachbarn einen ähnlichen Deal aushandeln. Selbst wenn er von den Eltern wahrscheinlich mehr bekommt, als er von einem Nachbarn bekommen würde, ist es trotzdem ein Geschäft und kein Geschenk.

Stellen Sie sich ehrlich die Frage: „Wann habe ich meinem Teenager das letzte Mal wirklich etwas geschenkt?" Wenn Ihnen ein Geschenk einfällt, fragen Sie sich: „Habe ich von meinem Teenager etwas verlangt, bevor ich ihm das Geschenk gab?" Wenn das der Fall war, zählt es nicht als echtes Geschenk. Überlegen Sie weiter und versuchen Sie das letzte echte Geschenk zu finden, das Sie Ihrem Teenager gaben. Einige Eltern werden feststellen, dass das beim letzten Weihnachtsfest oder Geburtstag war.

Teenager haben nichts gegen solche Geschäfte mit ihren Eltern. Im Gegenteil, viele machen gern Geschäfte. Sie sind es gewohnt, dass sie auf diese Weise das, was sie wollen, bekommen. Entweder sie liegen ihren Eltern damit ständig in den Ohren oder sie bieten ihnen einen Deal an. Das ist in vielen Familien gängige Praxis, aber es hat nichts mit Schenken oder der Liebessprache ihres Teenagers zu tun.

Das Geschenk und die Zeremonie

Schenken sollte mit einer gewissen Zeremonie verbunden sein. Denken Sie an ein Geschenk, das Sie bekommen haben und das Ihnen wichtig war. Was war das Geschenk? Wer hat es Ihnen geschenkt? Wie war es eingepackt? Wie wurde es Ihnen überreicht? War das Überreichen des Geschenks von Worten, Berührungen oder anderen Ausdrucksformen der Liebe begleitet? Je mehr Mühe sich der Schenkende mit der Verpackung und dem Überreichen machte, umso mehr haben Sie sich wahrscheinlich geliebt gefühlt. Der Zweck des Schenkens ist nicht nur, dass ein Gegenstand den Besitzer wechselt. Durch Schenken wollen wir emotionale Liebe ausdrücken. Wir wünschen es uns, dass der Beschenkte zutiefst fühlt: *Der andere mag mich. Ich bin ihm sehr wichtig. Er liebt mich.* Diese emotionalen Botschaften kommen besser an, wenn Sie sich Gedanken um die Art und Weise machen, mit der Sie das Geschenk überreichen.

Durch Schenken wollen wir emotionale Liebe ausdrücken.

Eltern von Teenagern tun gut daran, das nicht zu vergessen. Wenn wir an der Zeremonie sparen, verliert das Geschenk an emotionaler Kraft. Ein Beispiel gefällig? Florian wünscht sich ein Paar Basketballschuhe. Seine Mutter fährt mit ihm zum Geschäft und kauft ihm die Schuhe. Florian lässt sie gleich an und verlässt in den neuen Schuhen den Laden. Das war alles.

Viele Teenager haben sich daran gewöhnt, dass es so abläuft. Doch solche Geschenke kommunizieren nicht viel emotionale Liebe. Wenn alle Geschenke auf diese Weise übergeben werden, erzeugen sie im Denken des Teenagers eine Anspruchsmentalität: *Ich bin ein Teenager. Meine Eltern sind es mir schuldig, mir zu kaufen, was ich will.* Vonseiten des Teenagers kommt wenig Dank und das Geschenk hat kaum eine emotionale Bedeutung.

Aber wenn Sie die Schuhe mit nach Hause nehmen, sie kreativ einpacken und im Beisein der anderen Familienmitglieder als Ausdruck der Liebe überreichen, begleitet von Lob und Anerkennung und einer zärtlichen Berührung, wird das Geschenk plötzlich zu einem starken Boten Ihrer Liebe. Wenn Sie bis jetzt Ihre Geschenke ohne Zeremonie überreicht haben, schlage ich Ihnen vor: Erklären Sie Ihrem Teenager, dass Sie beschlossen haben, in Ihrer Familie mehr zu feiern. In Zukunft möchten Sie Ihre Geschenke anders überreichen. Vielleicht lacht Ihr Teenager oder es ärgert ihn sogar, dass Sie plötzlich versuchen, gewohnte Muster zu ändern. Aber ich kann Ihnen versprechen, dass er Ihre Geschenke bald in einem anderen Licht sehen wird. Und er wird lernen, die Sprache der Liebe *Geschenke, die von Herzen kommen* zu sprechen. Davon wird er als Erwachsener profitieren.

Geschenke und Gier

Eltern, die ihre Aufgabe ernst nehmen, fragen oft: „Fördere ich nicht die Gier und den Materialismus in unserer Gesellschaft, wenn ich meinen Teenagern zu viele Geschenke mache?“ Es stimmt, dass wir in einer sehr materialistischen Gesellschaft leben. Um das zu erkennen, braucht man nicht weit zu schauen.

Jeder Mensch sammelt irgendetwas. Wenn wir das Neueste, das Beste und die modernste Technik haben, betrachten wir das als Zeichen für Erfolg. Erwachsene sammeln größere Häuser, teurere Autos, raffiniertere Geräte und die neuesten Computer. Teenager sammeln PlayStations und WII, Markenkleidung, leistungsstärkere Smartphones und folgen den neuesten Trends, um zu beweisen, dass sie nicht so sind wie ihre Eltern. Wir alle marschieren zur selben Musik. Wir sammeln nur andere „Spielsachen“.

Als Eltern sollten wir uns kritisch hinterfragen: „Will ich meinem Teenager dieses Konsumdenken vorleben?“ Wir sollten uns auch die ehrliche Frage stellen: „Will ich das wirklich? Gibt es im Leben mehr, als Dinge anzuhäufen und damit zu spielen?“ Die meisten Erwachsenen glauben, dass es noch mehr gibt, aber viele können weder für sich selbst noch für andere definieren, worum es sich dabei handelt.

Ich glaube, die Antwort hat zwei Aspekte. Erstens: Wir müssen wieder lernen, das Gewöhnliche zu genießen. Und zweitens: Wir müssen lernen, mit anderen zu teilen.

Jahrtausendelang lebten Männer und Frauen ohne die „Spielsachen“, die durch die industrielle und technische Revolution des 19. und 20. Jahrhunderts möglich wurden. Ohne diese Spielsachen genossen die Menschen die gewöhnlichen Dinge des Lebens: Essen, Schlafen, Arbeiten, Musik, Kunst und das Leben in der Natur. Außerdem teilten sie dieses gewöhnliche Leben mit anderen. Es bestand nicht nur eine Beziehung zu den Verwandten, sondern auch ein Gemeinschaftsgefühl

Erstens: Wir müssen wieder lernen, das Gewöhnliche zu genießen. Und zweitens: Wir müssen lernen, mit anderen zu teilen.

mit den Nachbarn. Bei vielen bezog dieses Gefühl der Verbundenheit auch Gott ein. Gott wurde als Schöpfer und Bewahrer von allem, das existiert, betrachtet und als Ursprung der moralischen Gesetze, die die Beziehungen der Menschen untereinander regeln.

Das Streben nach Materialismus in der westlichen Welt setzte ein, als die Menschen anfingen zu glauben, dass sie durch ihre eigenen Bemühungen Utopia schaffen könnten. Der industrielle und technische Fortschritt redete den Menschen ein, dass sie kein Gesetz mehr bräuchten und dass moralische Gesetze nicht von Gott kämen, sondern manipuliert werden könnten. Der menschliche Verstand verdrängte Gott und die Produkte, die die Menschen mit ihren Händen schufen, wurden ihre Götzen. Materialismus ist die Verehrung dieser Götzen. Die grundsätzliche Schwäche, wenn solche Götzen angebetet werden, besteht darin, dass sie nicht da sind, wenn man sie am meisten braucht. Wenn menschliche Beziehungen durch unmenschliches Verhalten zerrüttet werden, wenn Drogen und falsch gelebte Sexualität unsere Teenager zerstören, wenn Scheidungen das Ende unserer Ehen bedeuten, wenn schreckliche Krankheiten unsere Körper auffressen – dann sprechen die „Spielzeuge", die wir angehäuft haben, kein tröstendes Wort und geben unserem Leben keinen Sinn. Unsere Götzen lassen uns dann im Stich, wenn wir sie am meisten brauchen.

Unsere Gesellschaft erlebt eine herausfordernde wirtschaftliche Zeit. Plötzlich stellen viele Erwachsene fest, dass Materialismus nur ein armseliger Ersatz dafür ist, die gewöhnlichen Dinge des täglichen Lebens zu genießen und diese Freuden mit anderen zu teilen. Viele erwarten wieder vom Geistlichen und nicht vom Materiellen Antworten auf die tiefen Sehnsüchte des menschlichen Herzens nach einem letzten Sinn im Leben.

Wenn auch Sie zu diesen Schlussfolgerungen kommen,

machen Sie sich natürlich Sorgen, ob Sie bei Ihrem Teenager den Geist des Materialismus zu sehr fördern, wenn Sie es mit dem Schenken übertreiben oder dabei Fehler machen. Ein kritischer Umgang mit Materialismus bedeutet nicht, dass wir vor der Welt der Geräte und Technik „fliehen" sollten oder könnten. Es bedeutet jedoch, dass die Geschenke, die wir weitergeben, und die Art, wie wir diese Geschenke geben, davon beeinflusst werden, dass uns diese tieferen Werte wichtig und bewusst sind.

Ich möchte zwei konkrete Bereiche nennen, in denen Eltern es sich genau überlegen sollten, wie sie die Liebessprache *Geschenke* sprechen.

Geldgeschenke

Der Wert von Geld
In der westlichen Gesellschaft sind Teenager eifrige Konsumenten. Sie sind eine wichtige Zielgruppe für die Wirtschaft, die durch sie Milliardenumsätze macht. Es werden riesige Summen für Werbung ausgegeben, die ausdrücklich auf Teenager abzielt. Woher haben Teenager dieses viele Geld? Im Großen und Ganzen kommt das Geld von ihren Eltern. Wenn *Geschenke* eine Sprache der Liebe sind und wenn Eltern ihren Teenagern so viel Geld geben, könnte man doch meinen, dass der Liebestank dieser Teenager voll sein sollte. Offenbar ist dies jedoch nicht der Fall.

Bei dieser Argumentation gibt es nämlich zwei Probleme: Erstens ist der größte Teil dieses Geldes kein Geschenk – es ist Teil des Funktionssystems in der Familie und wird vom Teenager einfach erwartet. Zweitens hat der Teenager nicht gearbeitet, um dieses Geld zu bekommen; deshalb hat es für ihn keinen großen Wert. Das ist der Grund, warum er keine Liebe auf tiefer emotionaler Ebene empfindet, wenn er von seinen

Eltern Geld bekommt. Wie sollen Eltern also in richtiger Art und Weise ihrem Teenager Geld geben?

Zwei Möglichkeiten, Geld zu geben

Ich denke, wir sollten das Problem von zwei Seiten angehen: Erstens sollten wir den Teenager ermutigen, für Geld zu arbeiten. Das ist die einzige Möglichkeit, wie er ein Gefühl dafür bekommt, was Geld wert ist. Wenn der Teenager für die 75 Euro gearbeitet hat, die er für ein Markenkleidungsstück ausgibt, hat er eine gewisse Ahnung davon, wie viel Anstrengung es kostet, das Geld zu verdienen. Dadurch ist er gezwungen, sich zu fragen: „Ist dieser Gegenstand diese Anstrengung wert?" So wird Ihr Teenager zu einem verantwortungsvollen Verbraucher, der mitdenkt. Wenn Ihr Teenager für sein Geld arbeiten muss, ist er auch gezwungen, sich zwischen verschiedenen materiellen Dingen zu entscheiden. Wenn er nicht alles haben kann, muss er überlegen und entscheiden, was er sich am meisten wünscht. Das bereitet Ihren Teenager ebenfalls auf das Erwachsensein vor.

Wenn sich Eltern Sorgen machen, dass Nebenjobs ihren Teenager davon abhalten könnten, Sport, Theaterspielen, Musikunterricht, Tanz oder andere Dinge wahrzunehmen, können sie sich vielleicht überlegen, dem Teenager für seinen Einsatz darin so viel zu bezahlen, wie er in einem Minijob verdienen würde. Diese ganzen Bereiche erfordern genauso viel Anstrengung und Arbeit wie ein Teilzeitjob nach der Schule. Wenn Sie den Teenager dafür bezahlen, erreichen Sie eine ähnliche Wirkung, wie wenn er einem Job nachginge.

Wie auch immer Sie in Ihrer Familie entscheiden: Wichtig ist, dass Sie als Eltern Ihrem Teenager nicht grenzenlos Geld zur Verfügung stellen sollten und dass der Teenager das auch nicht erwarten sollte. Dadurch verhindern wir, dass unser Teenager den Gefahren des Materialismus erliegt.

Eine zweite Möglichkeit ist es, dass die Eltern dem Teenager das Geld für einen konkreten Zweck geben – zum Beispiel für ein Trainingslager oder eine Gemeindefreizeit, für einen Konzertbesuch oder einen Foto- oder Kunstkurs. Dann können die Eltern ihrem Teenager das Geld als Geschenk überreichen, wie wir es oben beschrieben haben: Sie knüpfen es an keine Bedingungen und sie überreichen das Geld in einer gewissen Zeremonie, begleitet von Lob und Anerkennung, einer zärtlichen Berührung und so oft wie möglich im Beisein anderer Familienangehöriger.

Wenn der Teenager gearbeitet hat und dadurch eine Ahnung davon bekommt, was das Geld wirklich wert ist, kann Geld auf emotionaler Ebene als echtes Geschenk geschätzt werden. Der Teenager weißt jetzt, wie lang es dauert, so viel Geld zu verdienen, wie seine Eltern ihm jetzt schenken. Damit kann auf emotionaler Ebene eine echte Wertschätzung erfolgen.

Wenn Eltern das Geld großzügig verteilen – 20 Euro hier, 40 Euro da, 100 Euro dort –, ohne diese Richtlinien für effektives Schenken zu beachten, werden ihre Geldgeschenke vermutlich nicht geschätzt und sie stillen höchstwahrscheinlich auch nicht das emotionale Bedürfnis nach Liebe. Ich bin davon überzeugt, dass die meisten Eltern von Teenagern nie gelernt haben, Geldgeschenke als Ausdruck von Liebe einzusetzen. Ich glaube, die aufgezählten Vorschläge werden dabei helfen, das in Zukunft weitaus besser zu schaffen.

Geschenke, die von Herzen kommen

Behalten Sie das Wohl Ihres Teenagers im Auge

Wenn Eltern ihren Teenagern etwas anderes als Geld schenken wollen, sollten sie sich dabei einige Fragen stellen. Vergessen Sie nicht, dass es das Ziel eines Geschenks ist, dem Teenager auf emotionaler Ebene zu vermitteln: *Ich liebe dich.*

Deshalb sollten Eltern fragen: „Bin ich sicher, dass dieses Geschenk dem Wohl meines Teenagers dient?“ Wenn die Antwort „Nein“ lautet, können die Eltern es nicht mit gutem Gewissen schenken. Damit scheiden zum Beispiel Drogen als Geschenk an unsere Teenager aus, aber es kann auch sein, dass konventionellere Geschenke nicht infrage kommen.

Deshalb sollten Eltern fragen: „Bin ich sicher, dass dieses Geschenk dem Wohl meines Teenagers dient?“

Betrachten wir eine konkrete und regelmäßig wiederkehrende Szene: In den USA ist es bei vielen Eltern, die es sich leisten können, üblich, ihrem 16-jährigen Sohn oder ihrer 16-jährigen Tochter ein Auto zu schenken, da man hier mit 16 Jahren den Führerschein machen kann. Ich will nicht sagen, dass das grundsätzlich falsch wäre. Aber die Eltern sollten sich die Frage stellen: „Ist es gut für meinen Teenager, wenn wir ihm ein Auto schenken?“

Bei der Beantwortung dieser Frage spielen viele Faktoren eine Rolle. Ein Faktor ist die Reife und das Verantwortungsbewusstsein des Teenagers. Einige sind für ein Auto mit 16 Jahren emotional noch nicht reif genug. Sie haben auf anderen Gebieten noch nicht genügend Verantwortungsgefühl bewiesen. Deshalb wäre es nicht gerechtfertigt, ihnen ein Auto zu kaufen.

Nehmen wir an, die Eltern kommen zu dem Schluss, dass das Auto an sich für den Teenager gut wäre. Dann sollten sie sich vielleicht trotzdem fragen: „Ist es das Beste, meinem Teenager das Auto zu schenken? Wäre es vielleicht besser, wenn ich verlange, dass er für das Auto oder wenigstens für einen Teil des Kaufpreises oder für die laufenden Kosten arbeitet? Erreiche ich damit, dass mein Teenager verantwortungsvoller mit dem Auto umgeht, als wenn ich es ihm einfach schenke?“

Es gibt kein allgemeingültiges Schema, das für alle Eltern

und für alle Teenager das Beste wäre. Aber Eltern, die über diese Fragen nicht nachdenken, könnten übereilte oder leichtfertige Entscheidungen treffen, wenn es darum geht, ob und wie sie ihrem Teenager ein Auto zur Verfügung stellen sollen.

Ähnliche Fragen stellen sich, wenn es um das Studium geht. Kann man erwarten, dass die Eltern, wenn sie es sich leisten können, das Studium ihrer Kinder zahlen? Auch hier sollte man sich die Frage stellen: „Was ist für den Teenager am besten?"

Eltern lieben ihren Teenager und wollen deshalb nur sein Bestes. Ist es Liebe, wenn sie ihn einen Teil der Kosten für sein Studium zahlen lassen? Wenn sich die Eltern entscheiden, ihrem Sohn oder ihrer Tochter das Studium vollständig zu zahlen, was können oder sollten sie dann dafür von ihm erwarten? Sollte die Bezahlung des Studiums als Geschenk betrachtet werden, das an keine Bedingungen geknüpft ist? Oder sollten wir unseren Teenager Verantwortungsgefühl lehren? Es könnte bei manchen Teenagern keine kluge Entscheidung sein, die Bezahlung des Studiums als Geschenk zu sehen, das an keine Bedingungen geknüpft ist und das die Eltern viele Jahre lang monatlich viel Geld kostet. Vielleicht geht es in diesem Fall auch nicht darum, die Liebessprache *Geschenke* zu sprechen. Vielleicht geht es jetzt darum, dass der Teenager lernt, hilfsbereit zu sein. Vielleicht ist auch eine Kombination aus zwei Sprachen der Liebe angebracht. Wie auch immer – wichtig ist, dass wir unsere Entscheidungen reflektieren und wissen, was wir tun und warum wir es tun.

Wichtig ist, dass wir unsere Entscheidungen reflektieren und wissen, was wir tun und warum wir es tun.

Wenn ich mich entscheide, dem Teenager ein Geschenk zu geben, das an keine Bedingungen geknüpft ist (z. B. bezahle ich im ersten Studienjahr alle Ausgaben für sein Studium, unabhängig davon, wie ernst er sein Studium nimmt), ist das meine Entscheidung. Aber vielleicht sollte ich dieses Geschenk auf ein Jahr beschränken und beobachten, wie er das Studium angeht, statt ihm vier Jahre lang einfach viel Geld zu schenken.

Wenn ich als Vater oder Mutter überdenke, was ich tue und warum ich es tue, laufe ich langfristig weniger Gefahr, enttäuscht zu werden. Wenn wir diese beiden Bereiche – Auto und Studium – gedankenlos handhaben, müssen wir uns auf Enttäuschungen einstellen.

Viele Eltern klagen später: „Ich habe ihm vier Jahre sein Studium bezahlt, ohne irgendwelche Bedingungen zu stellen, und er zeigt dafür nicht die geringste Dankbarkeit." Es kann gut sein, dass die Eltern gegen das Prinzip verstoßen haben, sich gründlich Gedanken zu machen, bevor sie so große Geschenke verteilen.

Der junge Erwachsene argumentiert vielleicht: „Ich hätte nicht studieren müssen. Meine Eltern haben gesagt, dass ich studieren soll. Ich fand es langweilig und habe lieber Partys gefeiert. Aber meine Eltern wollten ja, dass ich studiere. Warum regen sie sich jetzt auf?"

Wenn der junge Erwachsene nicht schätzt, wie viel es seine Eltern kostet, sein Studium zu bezahlen, ist er am Ende nicht nur undankbar, sondern fühlt sich auch noch von seinen Eltern abgelehnt. Sein Liebestank ist leer und das Geschenk der Eltern erreicht nicht die gewünschte Wirkung.

Behalten Sie die Interessen Ihres Teenagers im Blick

Ein weiterer kritischer Faktor beim Schenken ist der Teenager selbst: Welche Interessen hat er?

Denken Sie an ein Geschenk, das Sie bekommen haben, mit dem Sie nichts anfangen konnten und das Sie überhaupt nicht wollten. Ihnen ist bewusst, dass der Schenkende vielleicht ziemlich viel Geld für das Geschenk ausgegeben hat. Sie haben seine Mühe geschätzt, aber das Geschenk selbst war für Sie bedeutungslos.

Es kann passieren, dass wir unseren Teenagern ähnliche Geschenke machen. Wenn unsere Geschenke unsere Liebe zeigen sollen, ist es wichtig, dass wir uns Gedanken über die Interessen des Beschenkten machen. Statt etwas zu kaufen, das Ihrem eigenen Geschmack entspricht, sollten Sie etwas kaufen, das Ihren Teenager anspricht.

Dabei können Sie auch ganz offen vorgehen. Sagen Sie einfach zu Ihrem Teenager: „Würdest du mir für den Fall, dass ich dir in diesem Monat vielleicht ein Geschenk kaufen will, zwei oder drei Sachen aufschreiben, die du gern hättest? Sei so konkret wie möglich: Sag mir den Markennamen, die Farbe etc." Die meisten Teenager kommen dieser Aufforderung bestimmt gern nach. (Die meisten Ehefrauen würden sich wünschen, dass ihr Mann diese Frage auch hin und wieder stellt.) Es kann natürlich sein, dass die Informationen, die Ihnen Ihr Teenager gibt, nicht eindeutig sind. Dann ist es nicht falsch, wenn Sie ihn bitten, Sie ins Geschäft zu begleiten und Ihnen zu zeigen, welches Geschenk er sich genau wünschen würde, falls Sie ihm etwas schenken wollen. Gehen Sie später noch einmal hin und kaufen Sie das Geschenk und verpacken und überreichen Sie es so, wie wir es schon beschrieben haben. Warum wollen Sie ein Buch kaufen, das Ihr Teenager nie lesen wird, ein Hemd, das Ihr Sohn nie anzieht, oder ein Kleid, das Ihre Tochter schrecklich findet?

Privat überreichte und einmalige Geschenke

Nicht alle Geschenke sollten vor der ganzen Familie überreicht werden. Der Wert einiger Geschenke wird erhöht, wenn sie unter vier Augen überreicht werden. Als meine Tochter Shelley 13 war, lud ich sie zu einem Spaziergang durch Old

Salem ein (ein Freilichtmuseum mit historischen Gebäuden in unserer Stadt). Der Spaziergang war nichts Ungewöhnliches. Wir gingen dort öfter miteinander spazieren. Aber dieses Mal setzten wir uns an den kleinen Fischteich und ich schenkte ihr einen goldenen Schlüssel an einer Goldkette. Ich erzählte ihr, wie sehr ich sie liebe und wie stolz ich auf sie bin. Ich sagte ihr, dass der Schlüssel ein Schlüssel zu ihrem Herzen und ihrem Körper sei und dass ich mir wünsche, dass sie ihr Herz und ihren Körper für den Richtigen aufhebt und diesen Schlüssel eines Tages ihrem Mann schenken kann.

Es war für uns beide ein sehr emotionaler Moment. Zu ihrem Kummer hat Shelley den goldenen Schlüssel einige Jahre später verloren, aber die Erinnerung daran, wie ich ihn ihr geschenkt habe, wird sie nie vergessen. Das Geschenk war nicht mehr da, aber die Symbolik hinter dem Geschenk nahm in ihrem Herzen und in ihrem Denken einen festen Platz ein. Inzwischen hat sie eine eigene Tochter, Davy Grace. Es würde mich nicht wundern, wenn Davy eines Tages einen goldenen Schlüssel von ihrem Vater geschenkt bekäme.

Neben Geschenken, die privat überreicht werden sollten, gibt es auch besondere, einmalige Geschenke. Solche Geschenke gibt es in jeder Familie. Diese Geschenke sind nicht unbedingt von großem finanziellen Wert, aber sie sind kostbar, weil sie der Familie viel bedeuten. Der Schatz kann ein Ring, eine Kette, ein Messer, Buch, Füller, eine Bibel oder irgendetwas anderes sein, das für den Vater oder die Mutter eine besondere Bedeutung hat. Es kann sich dabei um Gegenstände handeln, die von früheren Generationen weitergegeben wurden, oder es sind Gegenstände, die ausdrücklich zu dem Zweck gekauft wurden, um sie dem Teenager zu schenken. Es sind Geschenke, die einen emotionalen Wert haben.

Solche Geschenke können privat oder im Beisein anderer Familienangehöriger überreicht werden. Aber auch das sollte unbedingt mit einer gewissen Zeremonie verbunden sein.

Dazu gehören einige Worte über die Bedeutung und die Symbolkraft des Geschenks. Es kann von einem herzlichen Ausdruck der Zuneigung in Form von Worten oder Körperkontakt begleitet sein.

Diese kostbaren Geschenke werden im Herzen des Teenagers über Jahre hinweg zu Symbolen der Liebe. Wenn der Teenager Zeiten emotionaler Krisen durchmacht, stehen diese Geschenke als Erinnerung an die Liebe der Eltern in seinem Zimmer. Wenn der Teenager den Schatz betrachtet, fallen ihm oft die Worte der Eltern wieder ein. Jeder Teenager braucht solche kostbaren Geschenke.

Falsche Geschenke

Es gibt aber auch Geschenke, die kein Teenager braucht. Ich bezeichne sie als „falsche Geschenke“. Damit sind Geschenke gemeint, die den Platz echter Liebe einnehmen sollen. Sie kommen in der Regel von Eltern, die keine Zeit haben; von Eltern, die nicht für die Kinder da sind; oder von Eltern, die sich nicht für ihre Kinder interessieren. Es sind Eltern, die so in ihrem eigenen Leben aufgehen, dass sie sich nicht die Mühe machen, die Sprachen der Liebe *Zweisamkeit*, *Hilfsbereitschaft*, *Lob und Anerkennung* oder *Zärtlichkeit* zu sprechen. Deshalb versuchen sie, dieses Defizit durch Geschenke – manchmal sehr teure Geschenke – auszugleichen.

Eine alleinerziehende Mutter sagte mir: „Jedes Mal, wenn meine 16-jährige Tochter ihren Vater besucht, kommt sie mit einer Tüte voller Geschenke zurück. Er ist nicht bereit, mich finanziell bei ihren Arzt- und Zahnarztrechnungen zu unterstützen, aber für Geschenke hat er immer Geld. Er ruft sie selten an und verbringt nur zwei Wochen im Sommer mit ihr. Aber die Geschenke sollen das irgendwie ausgleichen.“ Diese Form des Schenkens von Vätern oder Müttern, die nicht bei ihren Teenagern wohnen, ist weit verbreitet. Der Teenager bekommt die Geschenke, bedankt sich dafür und geht meistens mit einem leeren Liebestank nach Hause. Wenn Geschenke ein Ersatz für echte Liebe sein sollen, erkennt der Teenager, dass sie eine oberflächliche Fälschung sind und nichts mit echten Geschenken zu tun haben.

Dieses Phänomen kommt nicht nur vor, wenn die Eltern getrennt leben; es ist auch oft zu beobachten, wenn beide Eltern mit dem Teenager unter einem Dach wohnen. Häufig tritt dieses Phänomen auf, wenn beide Eltern einen anspruchsvollen Beruf haben. Sie schwimmen in Geld, haben aber keine Zeit. Der Teenager macht sich sein Frühstück selbst, geht zur Schule, kommt heim, sperrt selbst die Haustür auf, betritt ein leeres Haus und tut, was er will, bis seine Eltern erschöpft von der Arbeit nach Hause kommen. Die Familie nimmt ein schnelles gemeinsames Abendessen ein, dann setzt sich jeder wieder an seinen Computer oder vor den Fernseher – und am nächsten Tag beginnt der gleiche Ablauf von vorne. In solchen Familiensituationen kommen falsche Geschenke häufig vor. Geld wird großzügig ausgegeben, Geschenke sind schnell gekauft und der Teenager hat alles, was er sich wünscht – bis auf die Liebe seiner Eltern. Solche falschen Geschenke werden den Liebestank eines einsamen Teenagers nie füllen noch werden sie letztendlich die Schuldgefühle der Eltern zum Schweigen bringen.

Wenn Geschenke ein Ersatz für echte Liebe sein sollen, erkennt der Teenager, dass sie eine oberflächliche Fälschung sind und nichts mit echten Geschenken zu tun haben.

Das ist ein guter Moment, um noch einmal zu wiederholen, was ich am Anfang unserer Betrachtung der fünf Sprachen der Liebe gesagt habe: Teenager brauchen von ihren Eltern in allen fünf Sprachen die Bestätigung, dass ihre Eltern sie lieben. Es wäre falsch, wenn Sie nur die Liebessprache Ihres Teenagers sprechen und die anderen vier ignorieren. Die bevorzugte Sprache der Liebe füllt den emotionalen Liebestank Ihres Teenagers tiefer und schneller als die anderen Sprachen. Aber sie muss durch die anderen vier Sprachen ergänzt werden. Wenn der Teenager in seiner Liebessprache genügend Liebe bekommt, werden die anderen Sprachen der Liebe sogar noch wichtiger. Andererseits werden die anderen vier Sprachen seinen Liebestank wahrscheinlich nicht füllen, wenn die Eltern seine erste Liebessprache ignorieren.

Teenager brauchen von ihren Eltern in allen fünf Sprachen die Bestätigung, dass ihre Eltern sie lieben.

In vielerlei Hinsicht sind *Geschenke, die von Herzen kommen* die Liebessprache, die für Eltern von Teenagern am schwersten ist. Nur wenige Eltern beherrschen diese Sprache wirklich. Viele haben vielmehr Probleme bei ihren Bemühungen, ihrem Teenager ihre Liebe durch Geschenke zu zeigen. Falls Sie auch nur vermuten, dass die Liebessprache Ihres Teenagers *Geschenke* sein könnten, schlage ich vor, dass Sie dieses Kapitel noch einmal lesen. Sie sollten mit Ihrem Ehepartner ausführlich darüber sprechen und gemeinsam bewerten, wie Sie das Schenken bis jetzt gehandhabt haben.

Das sagen Teenager dazu ...

Wenn Sie die Schwachstellen bei Ihrer bisherigen Art zu schenken herausfinden und einige Prinzipien aus diesem Kapitel in Zukunft berücksichtigen, lernen Sie, die Sprache der Liebe *Geschenke, die von Herzen kommen* wirkungsvoll zu sprechen. Im nächsten Kapitel will ich Ihnen zeigen, wie Sie herausfinden können, welche Liebessprache Ihr Teenager spricht. Aber zuerst möchte ich einige Teenager zu Wort kommen lassen, deren Sprache der Liebe Geschenke sind.

Michelle, 15, wurde gefragt, woher sie wisse, dass ihre Eltern sie lieben. Ohne zu zögern deutete sie auf ihre Bluse, ihren Rock und ihre Schuhe. „Alles, was ich habe, habe ich von meinen Eltern. In meinen Augen ist das Liebe. Sie geben mir nicht nur die Dinge, die ich brauche, sondern viel mehr."

Sophia ist 17. Als wir über ihre Eltern sprachen, sagte sie: „Ich sehe mich in meinem Zimmer um und werde überall an die Liebe meiner Eltern erinnert. Meine Bücher, mein Computer, die Möbel und meine Kleider ... das alles habe ich in den letzten Jahren von meinen Eltern bekommen. Ich erinnere mich immer noch an den Abend, als sie mir meinen Computer schenkten. Mein Vater hatte bereits alles installiert und meine Mutter hatte ihn in goldenes Geschenkpapier gepackt. Als ich die Schleife löste, stand auf dem Bildschirm: ‚Alles Gute zum Geburtstag, Sophia. Wir lieben dich.'"

Robert, 14: „Warum ich weiß, dass mich meine Eltern lieben? Sie geben mir so viel. Sie überraschen mich oft mit Dingen, von denen sie wissen, dass ich sie gern hätte. Es geht nicht nur darum, was sie mir geben, sondern auch darum, wie sie es mir geben. Meine Familie macht immer eine große Sache daraus, wenn sie mir etwas schenkt. Und ich muss dazu nicht einmal Geburtstag haben."

Jonathan ist 18 und stolzer Autobesitzer. Er erklärt: „Dieses Auto ist ein Geschenk von meiner ganzen Familie. Mein Vater und ich haben das Auto jeweils zur Hälfte gezahlt, aber alles andere habe ich geschenkt bekommen. Die Fußmatten hat mir meine Schwester geschenkt, um den Autokauf zu feiern. Mama und Papa haben mir zum Geburtstag das Autoradio geschenkt. Die Radkappen habe ich von meiner Mutter bekommen. Jede Woche eine, immer an einem anderen Wochentag, um mich zu überraschen."

Lukas ist 15. Er hatte viele gesundheitliche Probleme und

hat deshalb oft den Unterricht verpasst. „Ich weiß, dass ich viele Probleme habe. Die meisten Jungen in meinem Alter spielen Fußball und solche Sachen, was ich wegen meiner Krankheit nicht kann. In der Schule bin ich ein Jahr hinter den meisten Jungen in meinem Alter zurück. Aber ich finde, dass ich ein Glückspilz bin. Meine Eltern lieben sich, sie lieben mich und meine Schwester. Sie überraschen mich immer mit irgendetwas. Ich kenne mich mit Computern gut aus, aber irgendwie findet mein Vater immer vor mir heraus, wenn etwas Neues herauskommt. Wenn auf dem Tisch eine Kerze brennt, weiß ich, dass es nach dem Essen etwas zu feiern gibt. Meistens hat mein Vater dann eine neue App für mich gefunden. Dann freuen wir uns und feiern."

Wenn die Sprache der Liebe Ihres Teenagers *Geschenke* ist

Machen Sie es sich bewusst, dass es beim Schenken genauso sehr um die Liebe wie um das Geschenk selbst geht. Kreativität ist wichtiger als Geld.

- Suchen Sie Geschenke, die den Interessen Ihres Teenagers entsprechen – wählen Sie Geschenke, die Ihr Teenager als passend empfindet.
- Wenn Sie mit Ihrem Teenager einkaufen gehen, dann sagen Sie ihm, mit welchem Betrag Sie sich an einem Gegenstand beteiligen, den er sich aussucht.
- Legen Sie sich ein kleines Sortiment an nicht zu teuren, schön eingepackten Geschenken für Ihren Teenager an. Schenken Sie ihm hin und wieder etwas davon, wenn Sie das Gefühl haben, dass es ihm gerade guttut.

- Haben Sie immer Bonbons oder Kaugummi als kleines Geschenk dabei, wenn Sie gemeinsam wegfahren.
- Kochen Sie ein besonderes Essen, von dem Sie wissen, dass es Ihr Teenager mag; gehen Sie in ein besonderes Restaurant; überraschen Sie ihn mit seiner Lieblingsnachspeise.
- Fangen Sie an, schöne Geschenkeboxen und Geschenkpapier zu sammeln, mit denen Sie jederzeit ein Geschenk einpacken können.
- Schicken Sie Ihrem Teenager ein kleines Päckchen, auf das mit großen Buchstaben sein Name geschrieben steht, wenn Sie verreisen.
- Legen Sie sich eine „Geschenkekiste" mit kleinen, günstigen Geschenken an, aus denen sich Ihr Teenager als Belohnung etwas aussuchen kann, wenn er etwas Positives getan hat. Zu diesen Geschenken können auch Gutscheine für besondere Privilegien gehören, z. B. die Erlaubnis, drei Freunde am Wochenende zum Übernachten einzuladen oder das nächste Mal, wenn die Familie essen geht, das Restaurant auszusuchen.
- Widmen Sie Ihrem Teenager ein „Lied" – entweder ein Lied, das Sie selbst erfinden, oder ein besonderes Lied, bei dem Sie immer an ihn denken.
- Machen Sie mit Landkarte und Hinweisen, die zur großen Überraschung führen, eine Schnitzeljagd zu einem Geschenk.
- Verstecken Sie in der Jackentasche Ihres Teenagers ein kleines Geschenk mit einer Karte mit ermutigenden, liebevollen Worten.
- Wenn Sie mehrere Tage fort sind, dann hinterlassen Sie für jeden Tag ein kleines Päckchen mit einem besonderen Geschenk und einer Karte, auf der Sie Ihrem Teenager schreiben, wie sehr Sie ihn lieben.

- Statt Geld für ein größeres Geburtstagsgeschenk auszugeben, könnten Sie eine große Geburtstagsparty mit seinen Freunden veranstalten und alle bitten, ein Geschenk oder eine Karte mitzubringen.
- Überlegen Sie sich ein Geschenk, das länger Bestand hat: z. B. ein Baum, den Sie gemeinsam pflanzen können; ein Brettspiel, das Sie in Zukunft miteinander spielen können; ein Bild, das er in seinem Zimmer aufhängen kann.
- Kaufen Sie Ihrem Teenager einen Ring oder eine Kette als Geschenk, das nur von Ihnen kommt.
- Gehen Sie vor seinem Geburtstag oder vor Weihnachten zusammen mit dem Teenager ein besonderes Geschenk kaufen, das Ihr Teenager mit Ihnen aussucht. Dadurch, dass Sie es mit ihm gemeinsam kaufen, kann dieses Geschenk für ihn etwas ganz Besonderes sein.
- Kaufen Sie vor Weihnachten gemeinsam ein Geschenk für jemanden in Not. „Weihnachten im Schuhkarton", die Heilsarmee und andere Organisationen bieten entsprechende Möglichkeiten an.
- Lassen Sie Bemerkungen fallen, die auf ein bevorstehendes, besonderes Geschenk hindeuten. Ein Countdown in der Art: „Noch vier Tage, dann gibt es ein Geschenk" steigert die Vorfreude. Der Teenager, der es besonders genießt, Geschenke zu bekommen, empfindet viel Liebe.
- Lassen Sie Blumen oder Süßigkeiten an Ihren Teenager mit einer Karte schicken, auf der Sie ihn für besondere Leistungen loben.

8

Welche Liebessprache spricht Ihr Teenager?

„Ich habe keine Ahnung, wie ich je herausfinden soll, was ihre Liebessprache ist", sagte Kristina über ihre 14-jährige Tochter Vanessa. „Ich habe den Eindruck, dass sich das jeden Tag ändert. Was sie gestern mochte, lehnt sie heute vehement ab. Sie ist so launisch, dass ich nie weiß, womit ich rechnen muss."

Die Liebessprache eines Teenagers herauszufinden ist nicht so leicht wie bei jüngeren Kindern. Unsere Teenager sind ähnlich wie Vanessa. Sie machen radikale Veränderungen durch. Wenn sich ein Mensch in einem Übergangsstadium befindet – in seiner äußeren Welt finden Veränderungen statt und seine innere Welt aus Gedanken, Gefühlen und Wünschen befindet sich im Ungleichgewicht –, kann es sein, dass er in verschiedenen Situationen ganz unterschiedlich reagiert.

Die Herausforderung

Launische Teenager

Die meisten Teenager befinden sich über mehrere Jahre in einem Zustand des inneren Ungleichgewichts. Diese emotionale Instabilität kann in gewissen Phasen stärker ausgeprägt sein als zu anderen Zeiten. Teenager sind oft unberechenbar und man kann nicht vorhersagen, wie sie auf bestimmte Situationen reagieren werden. Bei Erwachsenen gehen wir davon aus, dass die Reaktion relativ voraussehbar ist. Ein Kollege, der im letzten Monat auf mein Schulterklopfen positiv reagiert hat, wird vermutlich auch in diesem Monat ähnlich reagieren. Das gilt zwar häufig bei Erwachsenen, aber bei Teenagern trifft das absolut nicht zu. Die Reaktion des Teenagers wird stark von seinen Stimmungen beeinflusst und diese Stimmungen schwanken, oft sogar mehrmals am Tag. Die Liebessprache, die er nach dem Frühstück positiv aufgenommen hat, wird nach dem Abendessen vielleicht empört abgelehnt.

Da sich der Teenager in einer Übergangsphase befindet, kann sich seine Haltung schnell ändern, was oft durch ständig wechselnde Gefühle ausgelöst wird. Doch auch seine Wünsche schwanken sehr. Gestern war es für ihn das Wichtigste auf der Welt, ganz bestimmte Sportschuhe einer ganz bestimmten Marke zu bekommen. Er war so hartnäckig, dass Sie Ihre eigenen Pläne absagten und mit ihm einkaufen fuhren. Zwei Tage später geht Ihr Teenager in alten, ausgetretenen Sportschuhen zum Training und Sie schütteln den Kopf und denken sich: *Ich verstehe dieses Kind*

> *Die Reaktion des Teenagers wird stark von seinen Stimmungen beeinflusst und diese Stimmungen schwanken, oft sogar mehrmals am Tag. Die Liebessprache, die er nach dem Frühstück positiv aufgenommen hat, wird nach dem Abendessen vielleicht empört abgelehnt.*

nicht. Kristins Erfahrungen mit Vanessa spiegeln die typische Frustration wider, die man im Umgang mit einem ganz normalen Teenager erlebt, der einem manchmal überhaupt nicht normal vorkommt.

Unabhängige Teenager

Teenager sind nicht nur in Bezug auf ihre Stimmung, ihre Wünsche und ihr Verhalten unberechenbar; sie entwickeln auch einen starken Wunsch nach Unabhängigkeit. Dieses Unabhängigkeitsstreben ist ein weiterer Grund, der es Eltern schwermacht, die Liebessprache ihres Teenagers herauszufinden. Diese neue Unabhängigkeit wurde in den vorangegangen Kapiteln schon mehrfach angesprochen. Das Loslösen von den Eltern und die Entwicklung einer eigenen Identität ist im Teenageralter ein ganz normaler Prozess. Vanessa will nicht mehr nur als Kristinas Tochter wahrgenommen werden. Sie versucht, eine eigene Identität zu entwickeln, losgelöst von ihrer Mutter, was ein längerer Prozess ist. Unabhängig zu werden, ist ein Schritt hin zur Entwicklung dieser eigenen Identität. Deshalb versucht Vanessa zu entscheiden, ob sie als „Vanessa, die Fußballspielerin", als „Vanessa, die hervorragende Schülerin", als „Vanessa, die beste Freundin", als „Vanessa, das Mädchen mit den kurzen blonden Haaren" oder als „Vanessa, die Balletttänzerin" wahrgenommen werden will. Da Vanessa noch nicht entschieden hat, welche oder wie viele dieser Identitäten sie haben will, schwankt sie oft zwischen ihnen und den dazugehörigen Eigenschaften. Wenn sie sich gerade als „Vanessa, die Fußballspielerin" sieht, will sie von ihrer Mutter vielleicht nicht Zeit und Aufmerksamkeit. Aber wenn sie sich als „Vanessa, die beste Freundin" sieht, reagiert sie auf die Liebessprache *Zweisamkeit* vielleicht sehr offen. Das Streben nach Unabhängigkeit und die Suche nach der eigenen Identität machen es oft sehr schwer, die Liebessprache eines Teenagers herauszufinden.

Teenager, die sich zurückziehen oder wütend reagieren

Manchmal hat man das Gefühl, der Teenager wehre jeden Versuch, ihm Liebe zu zeigen, ab.

Sie loben ihn und er sagt: „Werde jetzt bloß nicht schmalzig!“ oder: „Du benimmst dich total peinlich!“

Sie versuchen, ihn zu umarmen, und er sträubt sich wie ein stacheliger Kaktus und schiebt Sie mit spitzen Fingern von sich weg.

Sie geben ihm ein Geschenk und ernten nichts als ein gefühlloses „Danke“.

Sie fragen, ob er mit Ihnen essen gehen möchte, und er antwortet kurz angebunden: „Ich esse mit meinen Freunden.“

Sie fragen, ob Sie die Knöpfe an seiner Jacke annähen sollen, und er antwortet: „Ich brauche keine Knöpfe.“

Sie versuchen es mit allen fünf Sprachen der Liebe und alle Ihre Bemühungen werden abgewiesen.

Manchmal weist der Teenager die Liebe der Eltern ab, weil zwischen ihnen und dem Teenager eine Mauer aus Frust und Ärger steht (darauf gehen wir in den Kapiteln 9 und 10 ein). Aber in den meisten Fällen lässt es sich mit den Stimmungsschwankungen, den ständig neuen Gedanken und Wünschen, der sich entwickelnden Unabhängigkeit und der Suche nach eigener Identität erklären, warum der Teenager alle Ausdrucksformen der Liebe von seinen Eltern ablehnt. Kurz gesagt – der Teenager ist einfach ein Teenager.

Zum Glück haben die meisten Teenager auch immer wieder lichte Momente, in denen sie positiv reagieren, wenn die Eltern ihnen ihre Liebe zeigen.

„Hat sich seine Liebessprache geändert?"

Ich gehe davon aus, dass viele Eltern, die dieses Buch lesen, auch mein Buch *Die fünf Sprachen der Liebe für Kinder* gelesen haben. Vielleicht haben Sie die Liebessprache Ihres Kindes erkannt und sie jahrelang fließend gesprochen. Aber jetzt ist Ihr Kind ein Teenager und Sie fragen sich: „Hat sich seine Liebessprache geändert?"

Ich kann Sie beruhigen: Die Liebessprache Ihres Sohnes oder Ihrer Tochter hat sich nicht geändert, als er oder sie ins Teenageralter kam. Ich weiß, dass einige Leser jetzt sagen: „Aber ich mache das Gleiche wie früher und jetzt reagiert mein Teenager ganz anders darauf." Das kann ich gut verstehen und ich werde gleich noch ausführlicher darauf eingehen. Aber vorher möchte ich noch einmal betonen, dass sich die Sprache der Liebe nicht ändert, wenn das Kind zum Teenager wird.

Warum Teenager ihre Liebessprache scheinbar ändern

Es gibt mehrere Gründe, aus denen Eltern manchmal meinen, die Liebessprache ihres Teenagers hätte sich geändert. *Erstens: Der Teenager wehrt sich vielleicht gegen die Sprache der Liebe, die früher seinen Liebestank gefüllt hat.* Dieser Widerstand kann mit den Gründen erklärt werden, die wir gerade besprochen haben: Stimmungsschwankungen, die ständig neuen Gedanken und Wünsche, die sich entwickelnde Unabhängigkeit und die Suche nach eigener Identität. Es kann sein, dass der Teenager eine Zeit lang nicht nur seine Liebessprache abweist, sondern alle Ausdrucksformen von Liebe.

Es gibt noch einen zweiten Grund, warum sich die Sprache der Liebe Ihres Teenagers im Vergleich zu der Sprache, die er als Kind sprach, scheinbar geändert hat: *Wenn ein Mensch von seiner bevorzugten Liebessprache genügend bekommt, wird die zweite Liebessprache wichtiger.*

Die Eltern eines 15-Jährigen lernten, als er zehn war, dass seine Liebessprache *Zärtlichkeit* ist. Beiden Eltern fiel es leicht, diese Sprache zu sprechen. Deshalb kommunizierten sie sehr viel mit ihrem Sohn in dieser Sprache. Doch in letzter Zeit beklagt sich der Teenager: „Ich rackere so viel, aber niemand weiß das zu schätzen." Er würde gern *Lob und Anerkennung* erfahren. Seine Eltern haben diese Klage schon öfter gehört und fragen sich, ob sich seine Liebessprache geändert hat. Aber in Wirklichkeit sind für ihn *Lob und Anerkennung* auch sehr wichtig. Wenn seine Eltern sein Bedürfnis nach Liebe effektiv stillen wollen, müssen sie ihm mehr *Lob und Anerkennung* geben und trotzdem weiterhin seine Sprache der Liebe, *Zärtlichkeit*, sprechen.

Eine dritte Möglichkeit ist, dass die Eltern die Liebessprache ihres Kindes falsch gedeutet haben. Das ist nichts Ungewöhnliches, denn Eltern sehen ihre Kinder oft durch ihre eigene Brille und nicht mit den Augen ihres Kindes. Es passiert leicht, dass Eltern glauben, da ihre eigene Liebessprache *Zärtlichkeit* ist, träfe das auch auf ihr Kind zu. Wir gehen oft von dem aus, was wir glauben wollen, und nicht von dem, was aus der Sicht des Teenagers richtig ist. Solange die Eltern ihre Liebe zu dem Kind in allen fünf Sprachen der Liebe ausgedrückt haben, hat das Kind vielleicht genug von seiner Liebessprache bekommen, sodass sein Liebestank immer gefüllt war. Aber in den Teenagerjahren fühlen sich die Eltern abgelehnt und hören möglicherweise auf, eine oder mehrere Sprachen der Liebe zu sprechen. Sie konzentrieren sich nur auf die Sprache, die sie für seine bevorzugte Liebessprache halten. In diesem Fall hat sich die Sprache des Teenagers nicht geändert. Das Problem war eine falsche Diagnose.

Wir gehen oft von dem aus, was wir glauben wollen, und nicht von dem, was aus der Sicht des Teenagers richtig ist.

Es wird Zeit, einen neuen Dialekt zu lernen

Was ist jetzt mit den Eltern, die sagen: „Ich tue das Gleiche wie früher, als mein Teenager noch ein Kind war, aber jetzt reagiert er darauf eher abwehrend!"?

Diese Erfahrung machte Margit. „Ich weiß schon lange, dass Tommys Liebessprache *Lob und Anerkennung* ist. Ich habe ihn immer mit Worten gelobt, aber seit er 14 ist, sagt er zu mir: ‚Mama, sag das nicht! Hör auf, das zu sagen! Mama, ich will das nicht hören!' Das ist für mich sehr verwirrend."

„Was genau sagen Sie denn zu Tommy?", fragte ich Margit.

„Ich sage zum Beispiel: ‚Du bist der Größte. Ich bin so stolz auf dich. Du bist so klug. Du siehst so gut aus.' Das Gleiche, was ich immer gesagt habe."

Darin lag das Problem: Margit sagte die gleichen Sätze, die sie schon immer zu ihrem Sohn gesagt hatte. Doch Teenager wollen nur selten dieselben Dialekte hören, die sie als Kinder gehört haben. Da sie diese Sätze als Kinder gehört haben, bringen sie diese Worte mit ihrer Kindheit in Verbindung. Sie versuchen, unabhängig zu werden, und wollen nicht wie Kinder behandelt werden.

Eltern, die erreichen möchten, dass sich ihre Teenager geliebt fühlen, müssen neue Dialekte lernen. Deshalb schlug ich Margit vor, den Dialekt, den sie in den letzten Jahren gesprochen hat, aus ihrem Wortschatz zu streichen und neue Worte zu suchen, um ihre Liebe auszudrücken. Sie sollte mit ihrem Sohn wie mit einem Erwachsenen sprechen, indem sie etwa sagte: „Ich bewundere, wie du dich für den Jungen eingesetzt hast, der in der Schule gemobbt wurde. Danke, dass du den Rasen gemäht hast. Ich vertraue dir, weil ich weiß, dass du andere respektierst."

Solche Aussagen bringen dem Teenager eine starke Wertschätzung entgegen, ohne das Gefühl zu vermitteln, man würde ihn wie ein Kind behandeln. Ich riet Margit ebenfalls, damit anzufangen, ihren Sohn Thomas und nicht mehr Tommy zu nennen. Sie schaute mich überrascht an. „Das hat Tommy auch gesagt. Es ist nicht leicht, mir das abzugewöhnen, denn ich habe sein Leben lang Tommy zu ihm gesagt." Ich wusste, dass auf Margit einige Arbeit wartete, aber ich war zuversichtlich, dass sie die nötigen Veränderungen vornehmen würde.

Ich erkannte, dass auch Roger neue Dialekte lernen muss, als er mir erzählte, wie sein Sohn als Teenager reagiert. „Ich weiß schon lange, dass Pauls Sprache der Liebe *Hilfsbereitschaft* ist", erklärte Roger. „Als er kleiner war, brachte er mir seine Spielsachen zum Reparieren. Er glaubte irgendwie, ich könnte alles reparieren. Wenn er mit einem reparierten Spielzeug wegging oder die schwierige Matheaufgabe verstand, die ich ihm erklärt hatte, verriet mir das Leuchten in seinen Augen, dass er sich geliebt fühlte. Aber seit Paul ein Teenager ist, fällt mir auf, dass er mich nicht mehr oft um Hilfe bittet. Neulich reparierte er sein Fahrrad. Als ich anbot, ihm zu helfen, sagte er: ‚Danke, Papa, aber das kann ich selber.' Bei seinen Hausaufgaben bittet er mich auch nur noch sehr selten um Hilfe. Ich fühle mich ihm nicht mehr so nah und ich frage mich, ob er sich mir noch nah fühlt."

Es ist offensichtlich, dass Paul von Roger nicht mehr das will, was er als Kind wollte. Er hat gelernt, vieles selbst zu machen. Das fördert seine Unabhängigkeit und seine eigene Identität.

Roger muss jetzt lernen, neue Dialekte der Sprache *Hilfsbereitschaft* zu sprechen. Mein Vorschlag lautete, Dinge zu suchen, die Paul noch nicht kann, und ihm anzubieten, ihm diese Dinge beizubringen. Ich hatte den Eindruck, dass Paul offensichtlich vieles selbst machen will. Das fördert sein Gefühl von Reife. Wenn Roger anbietet, ihm zu zeigen, wie man Zündkerzen wechselt, den Ölwechsel macht, ein Regal baut oder irgendetwas anderes, für das sich Paul interessiert, wird er wahrscheinlich feststellen, dass Paul seine Dienste gern annimmt. Seine emotionale Nähe zu Paul wird dadurch besser. Und Paul fühlt, dass ihn sein Vater liebt.

Neue Dialekte zu lernen kann schwer sein. Jeder Mensch ist ein Gewohnheitstier. Es ist ganz natürlich, dass wir unseren Teenagern unsere Liebe weiterhin so zeigen wollen, wie wir es gemacht haben, als sie Kinder waren. Das ist bequem. Neue Dialekte zu lernen, kostet Zeit und Anstrengung, aber wenn sich unsere Teenager geliebt fühlen sollen, müssen wir bereit sein, die Energie aufzuwenden, um neue Dialekte ihrer Liebessprache zu lernen.

Neue Dialekte zu lernen, kostet Zeit und Anstrengung, aber wenn sich unsere Teenager geliebt fühlen sollen, müssen wir bereit sein, die Energie aufzuwenden, um neue Dialekte ihrer Liebessprache zu lernen.

Wie erkennen Sie die Liebessprache Ihres Teenagers?

Falls Sie in diesem Buch zum ersten Mal von den Sprachen der Liebe hören und nicht nach der Liebessprache Ihres Kindes gefragt haben, als es kleiner war, haben Sie womöglich keine Ahnung, wie Sie das bei Ihrem Teenager nun herausfinden sollen. Ich möchte Ihnen drei Schritte vorschlagen: Erstens – stellen Sie Fragen. Zweitens – seien Sie ein aufmerksamer Beobachter. Und drittens – probieren Sie aus.

1. Fragen stellen

Wenn Sie wissen wollen, was im Kopf Ihres Teenagers vorgeht, dann stellen Sie Fragen. „Das können Sie vergessen!", sagte ein Vater prompt, als ich ihm diesen Vorschlag machte. „Egal, was ich ihn frage, ich bekomme immer eine dieser drei Antworten: ‚Keine Ahnung', ‚okay' oder ‚egal'. Das sagt alles und nichts." Ich verstehe den Frust dieses Vaters und es stimmt, dass ein Teenager manchmal mehr mit Knurren als mit Worten spricht. Aber Sie können nur mit Gewissheit herausfinden, was er denkt und fühlt, wenn er Ihnen seine Gedanken und Gefühle verrät. Geben Sie also nicht auf!

Man muss Teenagern Fragen stellen, wenn man wissen will, was mit ihnen los ist. Nicht viele Teenager beginnen von sich aus ein Gespräch und sagen: „Ich setze mich jetzt zu dir und erzähle dir, was ich denke und was ich fühle." Wahrscheinlich bekommen Sie eher zu hören: „Willst du wissen, was ich gern hätte?" Teenager erzählen viel eher, was sie sich wünschen, als was sie denken und fühlen. Ihre Gedanken und Gefühle behalten sie meistens für sich, solange die Eltern nicht die richtigen Fragen stellen.

Fragen können Ihr größter Verbündeter sein, wenn Sie die Liebessprache Ihres Teenagers herausfinden wollen. Anja sagte zu ihrer 15-jährigen Tochter Julia: „Ich habe ein Erziehungsbuch gelesen. Dabei ist mir bewusst geworden, dass ich keine perfekte Mutter bin. Ich hatte gute Absichten, aber manchmal habe ich Dinge gesagt und getan, die dich verletzt haben. Andererseits bin ich mir nicht immer sicher, ob du weißt, dass ich immer für dich da bin, wenn du mich brauchst. Ich will dir eine Frage stellen, die mir sehr ernst ist: *Was würde aus deiner Sicht unsere Beziehung verbessern?"*

Julias Antwort wird Anja wahrscheinlich nie vergessen: „Mama, wenn du das wirklich wissen willst, kann ich es dir gern sagen. Aber sei mir bitte nicht böse. Wenn ich versuche, mit dir zu sprechen, habe ich nie das Gefühl, dass du mir deine ganze Aufmerksamkeit schenkst. Immer strickst du, liest ein Buch, tätigst Überweisungen, schaust fern, bügelst oder machst irgendetwas anderes.

Du bist ständig beschäftigt. Ich habe das Gefühl, dass ich dich störe, wenn ich versuche, mit dir zu sprechen. Ich würde mir wünschen, dass du dich manchmal einfach hinsetzt und mit mir sprichst, ohne nebenbei noch etwas anderes zu machen."

Anja hatte gefragt und bekam eine Antwort. Diese Antwort

verriet, was Julias Liebesprache ist: Sie sehnte sich nach Zeit und der ungeteilten Aufmerksamkeit ihrer Mutter – *Zweisamkeit – Zeit nur für dich.*

Anjas Mann Mark stellte seinem 16-jährigen Sohn Lukas eine andere Frage und stieß auf die gleiche Offenheit. Als er eines Abends mit seinem Sohn zu einer Sportveranstaltung fuhr, begann Mark: „Ich habe in letzter Zeit erkannt, dass ich einiges in meinem Leben ändern muss. Genauer gesagt, habe ich mir überlegt, wie ich deiner Mutter ein besserer Ehemann und dir und Julia ein besserer Vater sein könnte. Ich würde gern hören, was du davon hältst. Deshalb möchte ich dir eine Frage stellen: *Was würdest du ändern, wenn du an mir etwas ändern könntest?"*

Lukas überlegte sehr lange und sagte schließlich: „Du bist in vielem ein guter Vater. Ich bin dir dankbar, dass du so viel arbeitest und mir vieles kaufst. Aber manchmal habe ich das Gefühl, dass ich dir nichts recht machen kann. Auch wenn ich mich noch so sehr anstrenge, kritisierst du mich immer nur. Ich weiß, dass du willst, dass ich mein Bestes gebe, aber wenn du mich ständig nur kritisierst, gebe ich irgendwann auf."

Zum Glück hatte Mark seine Frage ernst gemeint und war bereit, seinem Sohn zuzuhören. Er antwortete: „Wenn ich dich richtig verstehe, kritisiere ich dich zu oft und bringe nicht oft genug zum Ausdruck, dass ich das schätze, was du tust."

Darauf erwiderte Lukas: „Ja. Das heißt nicht, dass du mich nie kritisieren solltest, Papa. Aber hin und wieder wäre es nett zu wissen, dass ich etwas getan habe, mit dem du zufrieden bist."

Lukas' Aussagen wühlten Mark innerlich auf, deshalb sagte er nur: „Danke, dass du mir das gesagt hast. Ich muss darüber nachdenken und daran arbeiten." Dann klopfte er Lukas auf die Schulter.

Das Wort *Kritisieren* ging Mark den ganzen Abend nicht aus dem Kopf. Ihm war nicht bewusst gewesen, dass er Lukas so sehr kritisierte. Eigentlich meinte er seine Worte gar nicht als Kritik. *Ja, ich korrigiere Lukas*, sagte er sich. *Ich habe Lukas auf die Stellen hingewiesen, die er übersehen hat, als er das Auto wusch. Und ich habe ihn daran erinnert, dass die Papiertonne noch auf die Straße gestellt werden muss. Aber Kritisieren?* Mark führte ein inneres Zwiegespräch, während er und Lukas das Spiel anschauten. *Ja, ich kritisiere ihn ständig. Das kommt bei Lukas an. Immer nur Kritik. Dass er mir nichts recht machen kann. Dass das, was er macht, nie gut genug ist.* Mark hatte fast vergessen, dass er diese Frage ursprünglich in der Hoffnung gestellt hatte, Lukas' Liebessprache herauszufinden.

Plötzlich dämmerte ihm, dass Lukas ihm mit seiner Antwort seine Sprache der Liebe verraten hatte: *Lob und Anerkennung.* Er brauchte die Anerkennung für das, was er tat.

Und ich habe ihn nur kritisiert und negative Äußerungen gemacht, erkannte Mark, *statt positive, anerkennende Worte zu sagen. Kein Wunder, dass ich manchmal das Gefühl habe, dass Lukas nicht mit mir zusammen sein möchte.* Mark nahm sich vor, mit Anja zu sprechen. Er wollte seine Frau bitten, ihn darauf aufmerksam zu machen, wenn er Lukas kritisierte, und ihm zu helfen, seinen Sohn mit Worten zu bestätigen. Eine Träne trat in sein Auge. Er wischte sie weg. Während die anderen Zuschauer um ihn herum ihre Mannschaft anfeuerten, schaute er Lukas an und sagte: „Ich liebe dich, mein Sohn. Ich bin wirklich sehr gern mit dir zusammen."

Lukas schlug seinem Vater auf die Schulter und lächelte ihn an. „Danke, Papa."

Mit einer einzigen Frage hatte Mark die Liebessprache seines Teenagers herausgefunden.

Es gibt zahlreiche andere Fragen, durch die Eltern die Sprache der Liebe ihres Teenagers herausfinden können. „Wen würdest du als deinen besten Freund bezeichnen?" Wenn der Teenager „Paul" sagt, fragen Sie: „Was macht Paul, das dir das Gefühl gibt, dass er dein bester Freund ist?" Ihr Teenager antwortet: „Er hört mir zu und versucht, mich zu verstehen." Ihr Teenager hat gerade verraten, dass seine Liebessprache *Zweisamkeit* ist.

Oder Sie fragen Ihre Tochter: „Was würdest du tun, wenn du deiner Großmutter zeigen möchtest, dass du sie wirklich gern hast?" Durch solche Fragen können Sie die Sprache der Liebe Ihres Teenagers erfahren. Außerdem schaffen Sie damit eine Atmosphäre für weitere Gespräche zwischen Eltern und dem Teenager.

Ich rate Ihnen nicht, Ihrem Teenager die fünf Sprachen der Liebe zu erklären und ihn zu fragen: „Was ist deine Liebessprache?" Erstens kann es sein, dass er eine solche Frage als Spiel versteht. Vergessen Sie nicht, dass der Teenager Authentizität und Ehrlichkeit sucht. Zweitens könnte es sein – wenn der Teenager das Konzept der Sprachen der Liebe wirklich versteht –, dass er beschließt, sie als Mittel einzusetzen, um Ihr Verhalten zu manipulieren.

Vergessen Sie nicht, dass der Teenager Authentizität und Ehrlichkeit sucht.

Welche Eltern haben von ihrem Teenager noch nicht den Satz gehört: „Wenn du mich lieben würdest, dann würdest du ..."? Das, was der Teenager in solchen Situationen verlangt, verrät nur sehr selten, was seine Sprache der Liebe ist. Es ist viel wahrscheinlicher, dass er Sie nur dazu bringen will, ihm einen Wunsch zu erfüllen. Wenn die Eltern in einem solchen Fall nachgeben, fühlt sich der Teenager nicht wirklich geliebt. Fast jede andere Frage ist besser als die Frage: „Was ist deine Liebessprache?"

2. Beobachten

Beobachten Sie aufmerksam das Verhalten Ihres Teenagers. Achten Sie darauf, wie er anderen seine Liebe oder Wertschätzung zeigt. Schreiben Sie Ihre Beobachtungen auf. Wenn Sie feststellen, dass Ihr Teenager im letzten Monat fünfmal jemandem etwas geschenkt hat, kann es gut sein, dass seine Liebessprache *Geschenke* ist. Die meisten Menschen neigen dazu, ihre eigene Sprache der Liebe zu sprechen. Sie tun für andere, was sie sich selbst wünschen. Allerdings trifft das nicht immer zu. Zum Beispiel macht ein Teenager vielleicht Geschenke, um seine Liebe auszudrücken, weil sein Vater immer betont, dass Schenken wichtig wäre. Er erinnert sich an seine Worte: „Mein Junge, wenn du eine Frau glücklich machen willst, dann schenk ihr Blumen." Er macht also nicht Geschenke, weil es seine eigene Liebessprache wäre, sondern weil er von seinem Vater gelernt hat, diese Sprache zu sprechen.

Die meisten Menschen neigen dazu, ihre eigene Sprache der Liebe zu sprechen. Sie tun für andere, was sie sich selbst wünschen.

Achten Sie auch auf die Beschwerden Ihres Teenagers. Das, worüber sich jemand beklagt, ist ein Hinweis auf seine Sprache der Liebe. Das wurde an Lukas' Antwort deutlich, als er zu seinem Vater sagte: „Manchmal habe ich das Gefühl, dass ich dir nichts recht machen kann. Ich kann mich noch so sehr anstrengen, aber du kritisierst mich immer nur. Ich weiß, dass du willst, dass ich mein Bestes gebe, aber wenn du mich ständig nur kritisierst, gebe ich irgendwann auf." Lukas' Worte verraten, dass seine Sprache der Liebe *Lob und Anerkennung* ist. Er beklagt sich nicht nur darüber, dass sein Vater ihn kritisiert, sondern auch darüber, dass er ihn selten lobt.

Wenn sich Teenager beschweren, gehen Eltern meistens in die Defensive.

Der Teenager sagt: „Du hast kein Recht, in mein Zimmer zu gehen und meine Sachen umzuräumen. Jetzt finde ich nichts mehr. Du respektierst meine persönlichen Sachen nicht. Das ist nicht richtig."

Viele Eltern antworten darauf: „Wenn du dein Zimmer aufräumen würdest, müsste ich nicht hineingehen. Aber wenn du es nicht aufräumst, muss ich das machen."

Entweder eskaliert das Gespräch jetzt zu einem offenen Streit oder das Thema wird fallen gelassen und jeder geht schweigend in sein Zimmer.

Aber wenn die Eltern beobachten, worüber sich ihr Teenager beschwert, stellen sie fest, dass diese Beschwerden einem bestimmten Muster folgen. Es ist nicht das erste Mal, dass der Teenager darüber schimpft, weil jemand „an seine persönlichen Sachen geht". Vielleicht sind *Geschenke* seine Liebessprache. Fast alles im Zimmer eines Teenagers war einmal ein Geschenk. Für diesen Teenager hat jedes Geschenk einen bestimmten Platz, und wenn jemand seine Sachen umräumt, empfindet er das so, als würde man seine Liebesbeweise verändern. (Er könnte es aber auch als Angriff auf seine sich entwickelnde eigene Identität und Unabhängigkeit verstehen.)

Es ist wichtig, darauf zu achten, ob Beschwerden nach einem bestimmten Muster ablaufen. Wenn mehrere Klagen in die gleiche Kategorie fallen, verraten sie wahrscheinlich die Liebessprache Ihres Teenagers. Betrachten Sie folgende Aussagen: „Du hilfst mir überhaupt nicht mehr bei meinen Hausaufgaben. Deshalb habe ich schlechte Noten ... Wenn du mich zum Stadion fahren würdest, könnte ich mit meinen Freunden zusammen sein und würde nicht die ganze Zeit zu Hause herumsitzen ... Ich konnte hinter dem Schreibtisch nicht sauber machen, weil du nicht da warst, um mir zu helfen, ihn zu verschieben ... Wenn du mir zeigen würdest, wie man ein Fahrrad repariert, könnte ich mit dem Rad zur Schule fahren." Die Liebessprache dieses Teenagers ist mit großer Wahrscheinlichkeit *Hilfsbereitschaft*. Jede dieser Beschwerden ist eine Bitte an die Eltern, etwas für ihn zu tun.

Achten Sie auch auf die Forderungen Ihres Teenagers. Was ein Mensch am meisten verlangt, ist oft ein Hinweis auf seine Sprache der Liebe. Teresa sagt zu ihrer Mutter: „Mama, kannst du heute Nachmittag mit mir zum See fahren? Ich möchte dir die Blumen zeigen, die ich dort entdeckt habe." Teresa bittet um Zeit und Aufmerksamkeit. Wenn sie öfter Aktivitäten vorschlägt, bei denen sie und ihre Mutter allein sind, ist ihre Sprache der Liebe *Zweisamkeit*. Ähnlich verrät der 13-jährige Peter, dass seine Liebessprache *Zweisamkeit* ist, wenn er sagt: „Papa, fahren wir wieder zelten?" oder: „Wann können wir wieder angeln gehen?" oder: „Können wir jetzt Fußball spielen?"

Wenn Eltern beobachten, wie der Teenager Liebe und Anerkennung zum Ausdruck bringt und worum er am häufigsten bittet, stehen die Chancen gut, dass sie seine Sprache der Liebe herausfinden.

3. Ausprobieren

Eine dritte Möglichkeit, die Liebessprache eines Teenagers herauszufinden, ist Ausprobieren. Konzentrieren Sie sich jede Woche auf eine der fünf Sprachen der Liebe und beobachten Sie, wie Ihr Teenager reagiert. Konzentrieren Sie sich eine Woche darauf, Ihrem Teenager mehr *Zärtlichkeit* als normal zu geben. Versuchen Sie, ihn mehrmals am Tag zu berühren.

Hören Sie dann in der nächsten Woche auf, ihn öfter als normal zu berühren, und konzentrieren Sie sich auf *Lob und Anerkennung*. Nehmen Sie sich jeden Tag ein wenig Zeit, um sich neue Worte des Lobes und der Anerkennung zu überlegen, die Sie Ihrem Teenager am Abend sagen.

Eine Woche später versuchen Sie, Ihren Teenager, so oft Sie können, zu unterstützen, besonders in Dingen, von denen Sie wissen, dass Ihr Teenager sie sich von Ihnen wünscht. Kochen Sie ihm ein besonderes Essen. Bügeln Sie ein Hemd, das schwer zu bügeln ist. Helfen Sie ihm mehr als sonst bei seinen Mathematikaufgaben. Baden Sie für Ihren Teenager den Hund (mit einer positiven Einstellung). Tun Sie für Ihren Sohn oder Ihre Tochter so viel wie möglich.

In der nächsten Woche bemühen Sie sich, Ihrem Teenager *Zweisamkeit – Zeit nur für dich* zu schenken. Gehen Sie mit ihm spazieren, spielen Sie miteinander Basketball. Wenn er Sie um etwas bittet, dann tun Sie es, auch wenn es Zeit kostet. Machen Sie, so oft Sie können, etwas *gemeinsam*. Führen Sie so viele tiefe Gespräche mit Ihrem Teenager, wie er zulässt. Schenken Sie ihm Ihre ungeteilte Aufmerksamkeit.

Danach konzentrieren Sie sich eine Woche lang auf *Geschenke*. Kaufen Sie aus einer Liste, die Sie zusammengestellt haben, einige Dinge, um die Ihr Teenager Sie gebeten hat. Packen Sie sie in buntes Papier und überreichen Sie sie dem Teenager vor anderen Familienangehörigen. Machen Sie eine große Sache daraus. Machen Sie aus jedem Abend ein kleines Fest.

In der Woche, in der Sie die bevorzugte Sprache der Liebe Ihres Teenagers sprechen, werden Sie an seiner Haltung und Einstellung Ihnen gegenüber einen Unterschied beobachten. Sein Liebestank wird gefüllt und der Teenager reagiert viel herzlicher auf Sie als sonst. Der Teenager fragt sich wahrscheinlich auch, was plötzlich mit Ihnen los ist. Warum Sie sich so seltsam benehmen. Sie müssen es ihm nicht ausführlich erklären. Sagen Sie ihm einfach, dass Sie sich bemühen, ihm ein besserer Vater oder eine bessere Mutter zu sein.

In der Woche, in der Sie die bevorzugte Sprache der Liebe Ihres Teenagers sprechen, werden Sie an seiner Haltung und Einstellung Ihnen gegenüber einen Unterschied beobachten.

Eine andere Möglichkeit wäre es, den Teenager zwischen zwei Möglichkeiten entscheiden zu lassen und dann zu beobachten, wofür er sich entscheidet.

Zum Beispiel sagt ein Vater zu seinem 13-jährigen Sohn: „Ich habe heute Nachmittag zwei Stunden Zeit. Möchtest du mit mir deinen neuen Drachen steigen lassen oder in die

Stadt fahren und Akkus für deine neue Kamera kaufen?" Der Teenager darf sich zwischen *Geschenk* und *Zweisamkeit* entscheiden. Der Vater tut das, was sich der Sohn aussucht, und schreibt auf, ob er sich für das Geschenk oder die ungeteilte Aufmerksamkeit entschieden hat.

Drei oder vier Tage später stellt der Vater den Sohn wieder vor die Wahl: „Heute Abend sind wir zwei allein zu Hause. Willst du lieber mit mir essen gehen (*Zweisamkeit*) oder soll ich dir deine Lieblingspizza machen (*Hilfsbereitschaft*)?"

Eine Woche später fragt der Vater: „Wenn du niedergeschlagen wärst und ich dir Mut machen wollte, was wäre dir dann lieber: dass ich dir aufschreibe, was du alles kannst und gut gemacht hast, oder dass ich dich kräftig umarme?" Der Sohn kann sich zwischen *Lob und Anerkennung* und *Zärtlichkeit* entscheiden.

Wenn Sie aufschreiben, wofür sich Ihr Teenager jedes Mal entscheidet, werden Sie ein Muster erkennen, das Ihnen seine Liebessprache verrät. Ich weiß, dass einige dieser Vorschläge mühsam klingen und höchstwahrscheinlich ein wenig anders sind als das, was Sie normalerweise tun, aber es lohnt sich. Gestalten Sie diese Versuche so, dass Sie sich selbst dabei wohlfühlen, und probieren Sie aus.

Wenn Sie die Liebessprache Ihres Teenagers erkannt haben, wollen Sie vielleicht so viele Dialekte wie möglich lernen (verschiedene Arten, diese Sprache zu sprechen). Und Sie werden diese Sprache der Liebe regelmäßig sprechen wollen, aber berücksichtigen Sie, dass Ihr Teenager manchmal vielleicht nicht einmal seine Sprache der Liebe hören will. Respektieren Sie seine Wünsche. Zwingen Sie Ihrem Teenager nie Ihre Liebe auf, wenn er das nicht will. Wenn Sie zum Beispiel wissen, dass seine Liebessprache *Zärtlichkeit* ist, er sich aber von Ihnen losreißt, wenn Sie den Arm auf seine Schultern legen, wissen Sie, dass jetzt nicht der richtige Moment für eine herzliche Umarmung ist. In diesem

Fall sollten Sie ihn in Ruhe lassen und respektieren, dass Ihr Teenager jetzt nicht berührt werden will. Versuchen Sie, so etwas nicht persönlich zu nehmen.

Probieren Sie es am nächsten Tag mit einer anderen Taktik. Wenn der Teenager in der Stimmung für eine körperliche Berührung ist, dann geben Sie sie ihm großzügig. Wenn Sie die Liebessprache Ihres Teenagers so oft sprechen, wie er Sie lässt, ist sein Liebestank voll. Aber wenn Sie es aufgeben, ihn berühren zu wollen, weil es für Sie unangenehm ist, abgewiesen zu werden, wird der Liebestank Ihres Teenagers mit der Zeit leer werden und er wird Sie ablehnen. Um einen Teenager effektiv zu lieben, müssen Eltern seine Sprache der Liebe regelmäßig sprechen und ihm in allen möglichen Dialekten zeigen, dass sie ihn lieben.

Benutzen Sie alle fünf Sprachen der Liebe!

Der Vorteil für Ihren Teenager
Ich möchte noch einmal betonen, was ich schon gesagt habe: Ich rate Ihnen, nicht *nur* die bevorzugte Liebessprache Ihres Teenagers zu sprechen. Ihr Teenager sollte in allen fünf Sprachen der Liebe erfahren, dass Sie ihn lieben. Und der Teenager muss selbst lernen, alle fünf Sprachen der Liebe zu sprechen. Das lernt er am besten, wenn seine Eltern es ihm vormachen. Ich rate Ihnen zu einer kräftigen Dosis Liebe in der Liebessprache Ihres Teenagers. Sprechen Sie zusätzlich die anderen vier Sprachen so oft wie möglich. Wenn der Teenager eine eindeutige zweite Sprache der Liebe hat, sollten seine Eltern ihm auch in dieser Sprache eine große Dosis Liebe verabreichen. Wenn die Eltern mit dem Teenager in allen fünf

Ich rate Ihnen zu einer kräftigen Dosis Liebe in der Liebessprache Ihres Teenagers.

Sprachen der Liebe sprechen, lernt er, diese Sprachen gegenüber anderen anzuwenden.

Das ist für die künftigen Beziehungen des Teenagers sehr wichtig. Er wird später Nachbarn, Kollegen, Freunde, einen Freund oder eine Freundin und vielleicht auch einen Ehepartner und Kinder haben, mit denen er jeweils verschiedene Sprachen der Liebe sprechen muss. Wenn Teenager alle fünf Sprachen der Liebe beherrschen, verbessert das spürbar ihre Beziehung zu anderen Menschen. Wenn sie andererseits darauf beschränkt sind, nur eine oder zwei Sprachen zu beherrschen, leidet ihre Beziehungsfähigkeit. Es wird Menschen geben, zu denen er emotional keinen Bezug herstellen kann. Diese Menschen können für Ihren Teenager wichtig sein, vielleicht sind es sogar Menschen, zu denen er gern eine tiefe und dauerhafte Beziehung hätte. Der Teenager, der die Sprachen der Liebe beherrscht, hat in seinen künftigen Beziehungen einen entscheidenden Vorteil.

Das kann für Eltern, die nicht gelernt haben, alle fünf Sprachen der Liebe zu sprechen, eine große Herausforderung darstellen. Ich schlage vor, dass Sie die Kapitel über jede der fünf Sprachen der Liebe noch einmal lesen, besonders die, mit denen Sie sich schwertun. Denken Sie über die Vorschläge nach, wie Sie die jeweilige Sprache sprechen können, und kommunizieren Sie in dieser Sprache nicht nur mit Ihrem Teenager, sondern auch mit anderen Familienangehörigen. Mit der Zeit werden Sie jede Sprache der Liebe beherrschen. Es lohnt sich, anderen in einer Sprache, die ihr Bedürfnis nach emotionaler Liebe stillt, Ihre Liebe zu zeigen.

Der Vorteil für Ihre Ehe

Bei ihren Bemühungen, ihre Teenager effektiver zu lieben, erleben einige Ehepaare eine Neubelebung ihrer Ehe. Es ist nie zu spät, um zu lernen (oder wieder zu lernen), die Liebessprache Ihres Ehepartners zu sprechen. Ehepaare, die die Sprache der Liebe des anderen sprechen lernen, können erleben, wie sich das emotionale Klima in ihrer Ehe innerhalb kürzester Zeit radikal verändert.

Ein Ehemann erzählte mir: „Wir sind seit 33 Jahren verheiratet. Die letzten 25 Jahre davon waren schrecklich. Ein Freund schenkte mir *Die fünf Sprachen der Liebe*. Als ich das Buch las, ging mir ein Licht auf. Ich erkannte, dass ich in den ganzen Jahren nicht die Sprache der Liebe meiner Frau gesprochen hatte. Auch meine Frau hatte nicht mit mir in meiner Sprache kommuniziert. Ich gab ihr das Buch, wir haben darüber gesprochen und vereinbart, dass wir anfangen wollen, die Liebessprache des anderen zu sprechen. Wenn mir vorher jemand gesagt hätte, dass sich unsere Ehe in nur zwei Monaten völlig verändern würde, hätte ich das nie geglaubt. Aber nach zwei Monaten hatte ich tiefe Gefühle für sie und sie empfand genauso für mich. Unsere Ehe hat sich total verändert. Wir können es nicht erwarten, das unseren verheirateten Kindern zu erzählen."

Da Liebe unser tiefstes emotionales Bedürfnis ist, empfinden wir tiefe emotionale Gefühle für einen Menschen, der dieses Bedürfnis stillt. Das emotionale Klima kann in einer Ehe und Familie deutlich verbessert werden, wenn Familienangehörige lernen, die Sprache der Liebe ihres Ehepartners oder ihrer Kinder zu sprechen.

9

Teenager und der Ärger …

Teenager ärgern sich über ihre Eltern und Eltern ärgern sich über ihre Teenager. Das ist nichts Neues. Ein Vater erzählte mir: „Bis ich heiratete, habe ich mich nie richtig geärgert. Und so richtig großen Ärger kenne ich erst, seit ich Teenager habe."

Was dieser Vater beschreibt, können viele Eltern nachempfinden. Wie können wir mit Liebe auf unseren zornigen Teenager reagieren? Wie können wir ihm helfen, seinen Ärger positiv zu verarbeiten? Und, was genauso wichtig ist: Wie können wir mit unserem eigenen Ärger gut umgehen?

Mein Teenager, der Ärger und ich

Wir können unseren Teenagern nichts beibringen, was wir selbst nicht gelernt haben. Obwohl es durchaus in allen Lebensbereichen zu Spannungen kommen kann, erleben wir gegenüber Familienangehörigen und besonders gegenüber Teenagern häufiger großen Ärger.

Warum uns Teenager ärgern

Warum erleben wir in der Beziehung zu unseren Teenagern oft viel mehr Spannungen als in der Beziehung zu unseren jüngeren Kindern? Das liegt vor allem an den Veränderungen, die im Inneren des Teenagers ablaufen. Über diese Veränderungen haben wir schon gesprochen. Die zunehmenden intellektuellen Fähigkeiten des Teenagers, zu argumentieren und sich mit Themen kritisch auseinanderzusetzen, erlauben es ihm, unser Urteil auf eine Weise infrage zu stellen, wie er es als Kind nicht gemacht hat. Dieses intellektuelle Wachstum ist vom Drang nach Unabhängigkeit und eigener Identität begleitet, der den Teenager nicht nur veranlasst, unser Urteil infrage zu stellen, sondern sich auch dafür zu entscheiden, die Dinge anders zu sehen als wir. Er denkt nicht nur selbst. Jetzt entscheidet er auch noch selbst. Das bringt den Teenager oft in Konflikt mit den Eltern – was diese wiederum ärgert. Als er noch ein Kind war, gab es das nicht.

Wir können unseren Teenagern nichts beibringen, was wir selbst nicht gelernt haben.

Die Eltern empfinden das Verhalten des Teenagers als trotzig, rebellisch oder verantwortungslos. Die Eltern argumentieren: *Das ist nicht gut für meinen Sohn/meine Tochter. Er/sie macht sich sein Leben kaputt. Ich kann nicht zulassen, dass das geschieht.* Ärger motiviert einen Vater oder eine Mutter, etwas zu unternehmen. Leider kann sich die Situation durch das Eingreifen der Eltern noch verschlimmern, wenn sie sich nicht bewusst machen, dass sie es mit einem Teenager und nicht mehr mit einem Kind zu tun haben.

Warum müssen wir Eltern uns zuerst ändern?
Wenn der Teenager nicht bereitwillig das ändert, was die Eltern kritisieren, greifen diese oft auf kalte, strenge Befehle zurück. „Du machst das oder aber …", bestimmen sie lautstark. Da der Teenager nicht wie ein Kind behandelt werden will, entscheidet er sich für das „oder aber", sodass die Auseinandersetzung zwischen Eltern und Teenager das nächste Level erreicht. Ehe sie sich versehen, werfen sich Eltern und Teenager harte, verletzende Worte an den Kopf – wie verfeindete Soldaten, die sich mit Handgranaten bekämpfen. Beide Seiten tragen Wunden davon, fühlen sich abgelehnt und nicht geliebt. Aufgrund von fehlgeleitetem Ärger wird die Situation immer noch schlimmer. Verbale Explosionen und/oder körperliche Misshandlung vonseiten der Eltern führen nie zu positiven Ergebnissen.

In meinen Jahren als Ehe- und Familientherapeut habe ich oft geweint, wenn mir Teenager die verletzenden Worte und das zerstörerische Verhalten ihrer Eltern geschildert haben, die ihren Ärger nicht unter Kontrolle hatten. Noch tragischer sind die vielen jungen Erwachsenen, die als Teenager misshandelt wurden und jetzt ihre eigenen Kinder genauso behandeln, wie ihre Eltern sie behandelt haben.

Ich werde den 17-jährigen Erik nie vergessen, der mir erzählte: „Ich habe immer geglaubt, mein Vater würde mich lieben, aber jetzt weiß ich, dass er mich nicht liebt. Er denkt nur an sich selbst. Wenn ich alles mache, was er will, und zwar ganz genau so, wie er es will, ist alles in Ordnung. Aber wie soll ich je erwachsen werden, wenn mir das Recht verweigert wird, selbst zu denken und meine Entscheidungen selbst zu treffen? Manchmal wünsche ich, er würde sterben oder ich würde sterben. Dann würde der Schmerz endlich aufhören."

Verhaltensmuster von fehlgeleitetem Ärger werden oft von einer Generation an die andere weitergegeben. Diese Verhaltensmuster müssen durchbrochen werden. Ich kann Ihnen gar nicht oft genug sagen, wie wichtig das ist. Es ist so wichtig, dass wir als Eltern unseren Ärger in den Griff bekommen und lernen, verantwortungsvoll und positiv damit umzugehen. Wenn wir das nicht tun, gefährden wir unweigerlich alle unsere guten Erziehungsbemühungen. Der Teenager, der von wütenden Eltern verbal oder körperlich misshandelt wird, erinnert sich nicht mehr an *Hilfsbereitschaft*, *Lob und Anerkennung*, *Zweisamkeit*, *Geschenke* und *Zärtlichkeit*, die er als Kind bekommen hat. Er erinnert sich nur an die verletzenden Worte, an die Kritik und die Verurteilung und die schreiende, keifende Stimme der Eltern. Er fühlt keine Liebe, sondern nur schmerzhafte Ablehnung.

> *Es ist so wichtig, dass wir als Eltern unseren Ärger in den Griff bekommen und lernen, verantwortungsvoll und positiv damit umzugehen.*

Wenn Sie einen solchen ungesunden Ärger in Ihrem eigenen Leben beobachten, bitte ich Sie dringend, dieses Kapitel sorgfältig zu lesen und die schweren Schritte zu gehen, die nötig sind, damit die Beziehung zu Ihrem Teenager wieder heilen kann.

Die gute Nachricht ist: Negative Verhaltensweisen aus der Vergangenheit können durchbrochen werden. Wir müssen nicht für immer Sklaven von fehlgeleitetem Ärger sein. Wenn wir dazu bereit sind, können wir zerstörerische Verhaltensmuster ablegen und uns so verhalten, dass wir Liebe vermitteln.

Durchbrechen Sie Ihr zerstörerisches Verhalten!

Ich möchte Ihnen die folgenden Schritte vorschlagen, mit denen Sie zerstörerische Muster durchbrechen und neue Muster, um mit Ärger umzugehen, entwickeln können, die Liebe vermitteln.

1. Gestehen Sie die Wahrheit
Zuallererst müssen wir die Wahrheit zugeben. Wir können unseren Kurs erst ändern, wenn wir zugeben, dass wir in die falsche Richtung unterwegs sind. Geben Sie es vor sich selbst, vor Gott und vor Ihrer Familie zu: „Ich gehe mit meinem Ärger falsch um. Ich verliere oft die Beherrschung. Ich sage und tue Dinge, die falsch sind. Meine Worte waren nicht freundlich und ganz gewiss nicht liebevoll. Sie waren zerstörerisch und verletzend. Mit Gottes Hilfe will ich mich ändern." Zögern Sie nicht, Gott in den Prozess einzubeziehen. Sie sollten jede Hilfe in Anspruch nehmen, die Sie bekommen können.

Schreiben Sie diese Worte auf ein Blatt Papier. Ändern Sie sie ab, wenn Sie es lieber mit Ihren eigenen Worten ausdrücken wollen. Lesen Sie sich die Worte selbst laut vor und erkennen Sie die schmerzliche Wahrheit an: „Ich gehe mit meinem Ärger falsch um." Sagen Sie es Gott und bekennen Sie Ihr falsches Verhalten. Bitten Sie ihn um Vergebung.

Der nächste Schritt ist, dass Sie Ihre Familie zusammenrufen, weil Sie ihnen etwas mitzuteilen haben. Holen Sie das Papier heraus und lesen Sie Ihre Worte vor. Sagen Sie Ihrer Familie, dass Sie sich Ihr falsches Verhalten selbst eingestanden haben, dass Sie es vor Gott bekannt haben und dass Sie es jetzt vor Ihrer Familie aussprechen wollen. Sagen Sie Ihrer Familie, dass Sie den ehrlichen Wunsch haben, sich zu ändern. Vielleicht fügen Sie ungefähr folgende Sätze hinzu: „In den nächsten Wochen werde ich daran arbeiten. Aber falls ich bei einem von euch die Beherrschung verliere und zu schreien anfange, müsst ihr mir helfen. Haltet euch die Ohren zu, geht aus dem Zimmer und macht, wenn ihr wollt, einen kleinen Spaziergang. Ich versichere euch, dass ich mich wieder unter Kontrolle habe, wenn ihr zurückkommt, und euch dann nicht mehr anschreie. Ich werde euch bitten, mir zu vergeben, und wir werden es erneut versuchen. Es kann sein, dass ich eine Weile brauche, aber mit Gottes Hilfe werde ich mich ändern."

Wenn Sie diese demütigen Worte gesagt haben, sind Sie auf einem guten Weg zu einer positiven Veränderung.

2. Entwickeln Sie eine Strategie

Jetzt sind Sie für den nächsten Schritt bereit: Entwickeln Sie eine effektive Strategie, um zerstörerisches Verhalten zu durchbrechen. Sie haben sich eingestanden, dass das, was Sie in der Vergangenheit getan haben, nicht akzeptabel war. Doch wie wollen Sie diese negativen Verhaltensmuster durchbrechen?

Sie haben bereits erste Schritte in die Wege geleitet, als Sie Ihren Ehepartner oder Ihre Kinder baten, aus dem Zimmer zu gehen, wenn Sie die Beherrschung verlieren. Jedes Mal, wenn das in Zukunft vorkommt, werden Sie daran erinnert, dass Sie bekennen müssen, versagt zu haben. Es ist beschämend, wenn man sein Versagen bekennen muss. Allein schon diese Tatsache wird Sie motivieren, Ihr Verhalten in Zukunft zu ändern.

Aber was können Sie tun, um Ihren Ärger abzubauen, bevor Sie explodieren? Manchmal brauchen Sie nur eine Pause. Ein Mann, den ich bei einer Ehekonferenz kennenlernte, bekannte mir, dass er oft gegenüber seiner Frau und seinen Kindern „explodiert und verletzende Dinge sagt". Ich habe ihm praktische Vorschläge gemacht, wie er den Schwall wütender Worte abstellen und positiver mit seinem Ärger umgehen kann. Zwei Jahre später traf ich ihn bei einem Eheseminar in einer anderen Stadt. Was er mir erzählte, war sehr ermutigend.

„Sie kennen bestimmt den Vorschlag, dass man bis 100 zählen soll, bevor man etwas sagt. Genau das mache ich jetzt", erzählte er mir. „Wenn ich mich ärgere, fange ich an zu zählen und gehe spazieren, wie Sie vorgeschlagen haben. Egal ob es regnet, schneit oder die Sonne scheint, ich gehe spazieren und zähle laut. Wenn mich andere dabei hören, halten sie mich wahrscheinlich für verrückt. Aber wirklich verrückt war, wie ich mich vorher benommen habe. Ich habe meine Frau und meine Kinder verletzt. Das Spazierengehen und Zählen gibt mir Zeit, mich abzureagieren und mit meinem Ärger positiver umzugehen." Dieser Mann hat eine Strategie gefunden, wie er sein zerstörerisches Verhalten und seine Schimpftiraden ablegen kann.

Betty hatte auch eine Strategie gelernt. Sie erzählte mir: „Mein Mann und ich haben vereinbart, dass wir ‚Time out' sagen, wenn wir uns übereinander ärgern, und dass einer von uns das Zimmer verlässt. Innerhalb der nächsten fünf Stunden kommen wir zurück und bitten um die Gelegenheit, noch einmal über die Sache zu sprechen. Wenn wir wieder zu hitzig werden, heißt es erneut ‚Time out'. Wir haben erkannt, dass diese Methode besser ist, als uns mit Worten gegenseitig fertigzumachen."

Anna hat sich angewöhnt, ihre Blumen zu gießen, wenn sie sich über jemanden aus ihrer Familie ärgert. „Im ersten Sommer, in dem ich das probierte, hätte ich meine Petunien beinahe ertränkt. Aber mir ist es lieber, dass meine Blumen kaputtgehen, als dass ich meine Familie mit wütenden Worten zerstöre."

3. Analysieren Sie Ihren Ärger und überlegen Sie, welche Möglichkeiten Sie haben

Der dritte Schritt besteht darin, Ihren Ärger zu analysieren und zu überlegen, welche Möglichkeiten Sie haben. Wenn Sie bis 100 gezählt haben oder vielleicht auch bis 500, ärgern Sie sich womöglich immer noch. Aber Sie haben sich so weit beruhigt, dass Sie sich Fragen über Ihren Ärger stellen können:[49] *Warum ärgere ich mich? Was hat der andere Schlimmes gemacht? Bilde ich mir ein Urteil über sein Verhalten, ohne alle Fakten zu kennen? Kenne ich wirklich sein Motiv? Hat sich mein Teenager falsch verhalten oder reagiere ich zu empfindlich? Stelle ich zu hohe Erwartungen an meinen Teenager?* (Manchmal ärgern sich Eltern über Teenager, die einfach nur Teenager sind.)

Nehmen Sie sich etwas Zeit, um über die Situation nachzudenken, und entscheiden Sie dann, wie Sie konstruktiv reagieren können. Von den vielen Möglichkeiten sind nur zwei eine positive Reaktion auf Ärger: Die eine besteht darin, den Ärger loszulassen und sich bewusst zu machen, dass Ihre Wut Ihr persönliches Problem ist und nicht das Problem Ihres Teenagers. Ihr Problem kann mit einer falschen Einstellung, mit Stress, Schlafmangel, einem cholerischen Temperament oder einer Vielzahl anderer Gründe zusammenhängen.

Egal, was der Grund ist – erkennen Sie, dass der Ärger *Ihr* Problem ist, und lassen Sie ihn los. Sie könnten sich laut sagen: „Mein Ärger zeigt nur, wie egoistisch ich bin. Deshalb beschließe ich, ihn loszulassen, weil ich weiß, dass ich die Situation durch eine falsche Brille sehe. Mein Sohn/meine Tochter hat mir nichts getan. Mich hat sein/ihr Verhalten einfach gereizt." Manchmal ist es hilfreich, mit Gott im Gebet über Ihre Schlussfolgerungen zu sprechen. „Guter Gott, mir ist bewusst, dass mein Ärger nicht gerechtfertigt ist. Ich schaue zu sehr auf mich und verlange von meiner Familie zu viel. Vergib mir meine falsche Einstellung. Ich übergebe meinen Ärger dir. Hilf mir, meiner Familie mit Liebe zu begegnen. Amen." Sie haben sich bewusst entschieden, Ihren Ärger loszulassen, und Sie haben bekannt, was Sie selbst falsch gemacht haben.

> *Egal, was der Grund ist – erkennen Sie, dass der Ärger Ihr Problem ist, und lassen Sie ihn los.*

Andererseits kann Ihr Ärger natürlich auch gerechtfertigt sein. Vielleicht hat Ihr Sohn/Ihre Tochter sich wirklich falsch verhalten. Sie haben also das „Recht", sich zu ärgern. Sie haben bis 500 gezählt, sind spazieren gegangen, Sie haben Ihren Ärger analysiert und Sie wissen jetzt, dass Sie diese Sache ansprechen müssen. Sie können sie nicht einfach übergehen. Es wurde etwas falsch gemacht, Sie wurden verletzt und die

Sache muss geklärt werden. Die zweite positive Reaktion ist es also, die Angelegenheit mit Ihrem Teenager anzusprechen. Allerdings ist es hilfreich, sich vorher zu überlegen, wie Sie vorgehen wollen, bevor Sie das Gespräch suchen.

Achten Sie darauf, dass Sie ehrlich ansprechen, was los ist. Erklären Sie Ihrem Teenager, dass Sie sich ärgern; versichern Sie ihm, dass Sie nicht explodieren werden; betonen Sie, dass es nötig ist, über diese Angelegenheit zu sprechen. Wenn der Zeitpunkt ungünstig ist, dann vereinbaren Sie eine andere Zeit, um die Sache mit ihm zu klären.

4. Sprechen Sie mit Ihrem Teenager

Der vierte Schritt besteht darin, mit Ihrem Teenager tatsächlich zu sprechen. Es ist wichtig, dem anderen das Problem zu schildern, damit man die Sache klären kann. Versuchen Sie, einen Zeitpunkt zu finden, zu dem Sie zu zweit allein sein können, und sprechen Sie das Thema nicht im Beisein von anderen Familienangehörigen an. Das kann bedeuten, dass Sie ein paar Stunden auf die passende Zeit und den passenden Ort warten müssen. Wenn Sie darauf bestehen und sagen: „Wir sprechen jetzt sofort darüber", ist das Gespräch von vornherein zum Scheitern verurteilt.

Wenn Sie den richtigen Moment und Ort gefunden haben, könnten Sie am Anfang etwas in dieser Art sagen: „Ich will dir erklären, wie ich mich fühle, weil mir unsere Beziehung sehr wichtig ist. Ich weiß, dass ich die Situation vielleicht falsch verstanden oder falsch gedeutet habe. Aber ich will dir sagen, was bei mir angekommen ist und wie ich mich dabei gefühlt habe. Danach würde ich gern hören, wie du die Situation gesehen hast. Vielleicht habe ich etwas übersehen und du musst mir helfen, es zu verstehen."

Wenn Sie anschließend Ihre Bedenken ansprechen, sollten Sie so konkret wie möglich sein. Schildern Sie, was Sie gehört haben, was Sie gesehen haben, wie Sie es gedeutet haben, was Sie fühlen und warum Sie sich aufregen. Beschränken Sie sich auf diesen einen Vorfall. Kramen Sie nicht ähnliche Vorfälle aus der Vergangenheit hervor. Wenn Sie das machen, erdrücken Sie den anderen mit verurteilenden Worten. Dann schlägt er aus reinem Selbsterhaltungstrieb zurück. Das Gespräch eskaliert und es kommt zum Streit. Fast jeder kann einen einzelnen Vorfall verkraften, aber wenn alles aufgezählt wird, was in der Vergangenheit falsch gemacht wurde, fühlt der andere sich erschlagen.

Wenn Sie Ihre Bedenken in Bezug auf eine konkrete Situation geschildert haben, sagen Sie zu Ihrem Teenager: „Ich denke, du verstehst meine Bedenken. Mir ist bewusst, dass ich vielleicht etwas nicht sehe oder falsch verstanden habe. Schildere mir also bitte deine Sicht." Eine solche Aussage macht es dem anderen leichter, offen und ehrlich zu Ihnen zu sein. Bitte beherrschen Sie sich und fallen Sie Ihrem Teenager nicht ins Wort, wenn er anfängt, seine Sicht der Dinge zu erklären. Wenn er einen Satz sagt und Sie sofort einwerfen: „Das stimmt nicht", führt das zum Streit und nicht zu einer friedlichen Lösung.

Wenn Sie Ihren Teenager als Lügner bezeichnen, lösen Sie bei ihm starke negative Gefühle aus. Hören Sie stattdessen aufmerksam zu, was er sagt. Stellen Sie reflektierende Fragen, die ein tieferes Verständnis fördern, z. B.: „Wenn ich dich richtig verstehe, sagst du ..." Damit fordern Sie ihn zum Weiterreden auf und zeigen, dass Sie sich bemühen, seine Gedanken und Gefühle in Bezug auf diese Situation zu verstehen.

Falls Sie seine Sicht trotzdem nicht teilen, reicht es zu sagen: „Es sieht so aus, als würden wir das sehr unterschiedlich sehen. Das liegt wahrscheinlich daran, dass wir zwei verschiedene Menschen sind. Was können wir daraus lernen, damit wir uns beide in Zukunft leichter tun?" Wenn Sie so an die Sache herangehen, haben Sie gute Chancen, zu einer positiven Lösung zu gelangen. Wenn Sie jedoch darauf bestehen, dass Ihre Sicht die Richtige ist und dass der andere falsch liegt, haben Sie gewonnen und er verloren, aber Sie haben keine Lösung erreicht. Der Abstand zwischen Ihnen ist so groß wie eh und je.

Wenn Sie andererseits versuchen, eine Lösung zu finden und etwas Positives aus dieser Erfahrung zu lernen, profitieren Sie beide davon. Ihr Ärger ist verarbeitet und die Ergebnisse sind positiv. Wenn Sie mit Ihrem Ärger positiv umgehen, geben Sie Ihrem Teenager damit ein Beispiel, wie er selbst mit seinem Ärger umgehen kann.

Zwei Schlüsselkompetenzen für Beziehungen: Liebe und Ärger

Wir können mit der Erziehung unserer Teenager nicht warten, bis wir perfekt gelernt haben, mit unserem Ärger richtig umzugehen. Wenn es so wäre, müssten die meisten Eltern sehr, sehr lange warten. Einigen Eltern ist gar nicht bewusst, dass Sie ein Problem mit Ärger haben, bis sie ihr eigenes Verhalten bei ihren Teenagern beobachten. Wenn Ihr Teenager Sie wütend anschreit und tobt, sollten Sie sich fragen: „Wo hat er das gelernt?“ Wahrscheinlich folgt er dem Vorbild seiner Eltern. Der beängstigende Gedanke: *Mein Teenager könnte so werden wie ich!*, motiviert viele Eltern, etwas an ihrem eigenen Umgang mit Ärger und Wut zu ändern – genauso, wie es ihre Teenager lernen müssen.

Wir können mit der Erziehung unserer Teenager nicht warten, bis wir perfekt gelernt haben, mit unserem Ärger richtig umzugehen. Wenn es so wäre, müssten die meisten Eltern sehr, sehr lange warten.

Zu den wichtigsten Beziehungskompetenzen, die ein Teenager lernen sollte, gehört es, Liebe auszudrücken und richtig mit Ärger umzugehen. Diese beiden Eigenschaften hängen eng zusammen. Wenn sich der Teenager geliebt fühlt, hat er viel bessere Chancen zu lernen, positiv mit Ärger umzugehen. Aber wenn der Liebestank des Teenagers leer ist, wird er fast immer schlecht mit seinem Ärger umgehen. Daher ist es so wichtig, dass Eltern die Liebessprache ihres Teenagers lernen und sie regelmäßig sprechen.

Wenn sich der Teenager geliebt fühlt, hat er viel bessere Chancen zu lernen, positiv mit Ärger umzugehen.

Leider bedeutet ein voller Liebestank nicht, dass der Teenager automatisch richtig mit seinem Ärger umgehen kann. Einen positiven Umgang mit Ärger muss man lernen. Eltern, die ihre Teenager lieben, haben normalerweise gute Erfolgschancen, wenn sie ihrem Teenager das richtige Verhalten zeigen. Was ist also wichtig zu wissen, um auf diesem Gebiet Erfolg zu haben?

1. Beginnen Sie dort, wo Ihr Teenager ist

Die erste Grundvoraussetzung lautet: *Die Eltern müssen dort anfangen, wo der Teenager im Moment steht.* Wenn ein Kind ins Teenageralter kommt, hat es schon gewisse Methoden entwickelt, um mit seinem Ärger umzugehen.

Eine Mutter sagte kürzlich zu mir: „Wie bringt man einen Teenager dazu, über seinen Ärger zu sprechen? Wenn sich meine 15-jährige Tochter ärgert, macht sie dicht. Wenn ich sie frage, was los ist, weigert sie sich, darüber zu sprechen. Ich weiß nicht, wie ich ihr helfen soll, wenn sie nicht darüber spricht."

Eine andere Mutter ergänzte: „Ich habe das gegenteilige Problem: Wenn sich meine Tochter ärgert, weiß das jeder! Sie wird richtig aggressiv. Sie schreit und tobt und manchmal stampft sie wie eine Zweijährige auf den Boden." Diese Mütter erleben die beiden Extreme. Die meisten Teenager neigen zu einer der beiden zerstörerischen Reaktionen auf Ärger: Implosion oder Explosion.

Ich benutze für den schweigenden Teenager das Wort *Implosion*, denn wenn ein Teenager seinen Ärger in sich hineinfrisst und ihn nicht verarbeitet, zerfrisst ihn der Ärger innerlich. Vergessen Sie nicht: Wenn der Teenager das Gefühl hat, dass ihm ein Elternteil oder jemand anders Unrecht getan hat, ist Ärger eine ganz normale Reaktion.

Wenn jedoch dieses Gefühl, falsch behandelt zu werden, nicht angesprochen und geklärt wird, führt das oft zu Gefühlen von Abneigung, Einsamkeit, Isolation und letztendlich bis hin zu Depressionen. Implosion kann auch zu passiv-aggressivem Verhalten führen. Der Teenager ist äußerlich passiv und weigert sich, den Ärger zu verarbeiten. Doch seine wachsende Abneigung drückt er aus, indem er sich ein Verhalten angewöhnt, das den Menschen, über den er sich ärgert, sicher verletzen wird: Oft sind das die Eltern oder er selbst. Passivaggressives Verhalten kann bedeuten, dass der Teenager das Interesse an Dingen verliert, die ihm vorher wichtig waren (vielleicht die Schule oder Sport). Oder es zeigt sich möglicherweise durch Drogenkonsum oder dadurch, dass er seine Sexualität auf zerstörerische Weise auslebt. Das alles ist ein aggressiver Ausdruck von Ärger gegenüber den Eltern. Manchmal platzt bei diesen Teenagern, die ihren Ärger monatelang in sich hineingefressen haben, irgendwann der Kragen und ihre Wut äußert sich in gewalttätigem Verhalten.

Andererseits gehen viele Teenager *explosiv* mit ihrem Ärger um. Wenn Eltern etwas tun oder sagen, das der Teenager als falsch empfindet, reagiert er mit lauten, harten, manchmal fluchenden Worten, die seinen Ärger unmissverständlich zum Ausdruck bringen. Einige Teenager werfen mit Flaschen, zerbrechen Stifte, fahren mit halsbrecherischer Geschwindigkeit

Motorrad oder Auto, lassen „versehentlich" Geschirr fallen, überfahren mit dem Rasenmäher den Gartenschlauch oder zeigen ihren Ärger auf andere zerstörerische Arten. Wenn sich dieses zerstörerische Verhalten nicht ändert, besteht die Gefahr, dass diese Teenager in wenigen Jahren ihre eigenen Ehepartner und Kinder verbal und körperlich misshandeln.

Nicht alle Teenager reagieren so extrem, wie ich es in den letzten zwei Absätzen beschrieben habe, aber praktisch alle Teenager tendieren zu der einen oder anderen Richtung: Implosion oder Explosion. Nur wenige Teenager haben gelernt, reifer und produktiver mit ihrem Ärger umzugehen. Einige Eltern empfinden die Aufgabe, ihrem Teenager einen verantwortungsvollen Umgang mit seinem Ärger beizubringen, als beängstigend groß. Doch wenn Sie nach und nach die Schritte befolgen, die ich Ihnen gleich aufzeige, wird diese Herausforderung zu einer Aufgabe, die Sie gut bewältigen können. Ich sage nicht, dass es einfach ist; es ist aber für die Entwicklung Ihres Teenagers entscheidend, dass er lernt, mit seinem Ärger vernünftig umzugehen.

Der erste Schritt ist es, die Verhaltensmuster zu erkennen, die Ihr Teenager im Moment anwendet. Sie werden ihm nur zu einem reifen Umgang mit Ärger verhelfen können, wenn Sie erkannt haben, wo er steht. Deshalb schlage ich vor, dass Sie Ihren Teenager beobachten, wenn er sich ärgert, und schriftlich festhalten, wie er seinen Ärger Ihnen und anderen gegenüber verarbeitet. Wenn Sie ihn zwei Monate lang beobachten, werden Sie wissen, ob Ihr Teenager mit seinem Ärger positiv umgehen kann.

Das ist der erste Schritt, um ihm zu helfen, sich positiv zu entwickeln. Wir möchten jetzt noch drei andere Schritte betrachten, durch die Eltern ihren Teenagern helfen können, mit ihrem Ärger gut umzugehen.

2. Die schwere Arbeit des Zuhörens

Tim sprach mich an, nachdem ich einen Vortrag über Ärger gehalten hatte. Ich sah die Tränen in seinen Augen, als er sagte: „Ich habe versagt. Mir ist heute Abend zum ersten Mal bewusst geworden, dass ich meine Tochter dazu getrieben habe, sich schweigend zurückzuziehen. Wenn sie sich früher geärgert hat, habe ich ihr immer gesagt, wie dumm sie wäre. Ich sagte immer, dass sie nicht so kindisch sein und nicht so empfindlich reagieren solle. Jetzt ist mir klar, dass ich sie mit diesen Worten von mir weggeschoben habe. Im letzten halben Jahr hat sie mir fast gar nichts mehr erzählt."

Wie helfen wir unserem Teenager, wenn er seinen Ärger in sich hineinfrisst, wenn er sich völlig zurückzieht und keine Kommunikation mit uns will? Der erste Schritt ist zu erkennen, wie unser Kind mit seinem Ärger umgeht – das habe ich oben dargestellt.

Der nächste Schritt, wie wir ihm helfen können, auf gesunde Weise mit seinem Ärger umzugehen, besteht in der *schweren Arbeit des Zuhörens*. Ich versichere Ihnen, dass das nicht leicht sein wird.

Auf den schweigenden Teenager kommen wir gleich zu sprechen; in gewisser Weise ist sein Verhalten die größere Herausforderung. Aber vorher möchten wir darauf eingehen, wie Eltern dem explosiven Teenager zuhören können. Mit ihm habe ich persönlich viel Erfahrung gesammelt. Unser Sohn war explosiv.

Halten Sie wütende Wort-Explosionen aus

Ich bin Ehe- und Familientherapeut. Ich habe es gelernt, wütenden Menschen zuzuhören – aber mir die wütenden Worte anzuhören, die aus dem Mund meines Sohnes kamen, war nicht leicht. Aber ich war fest überzeugt, dass ich nur einen positiven Einfluss auf meinen wütenden Teenager haben könnte, wenn ich mir anhöre, was ihn ärgert; auch wenn er das mit harten Worten zum Ausdruck brachte. Das Gedicht am Ende dieses Kapitels, das unser Sohn viele Jahre später geschrieben hat, versichert mir, dass es nicht vergeblich gewesen war, ihm zuzuhören.

Warum ist es so wichtig, mir die Wutausbrüche meines Teenagers anzuhören? Weil der Ärger nicht verarbeitet werden kann, wenn die Auslöser dafür nicht angesprochen werden. Warum ist der Teenager verärgert? Aus denselben Gründen, aus denen sich Erwachsene ärgern: Etwas ist passiert, das er als unfair, dumm oder unmenschlich empfindet. Zugegeben, die Wahrnehmung des Teenagers kann verzerrt sein. Trotzdem ist in seinen Augen etwas falsch gelaufen. Deshalb sollten Eltern dankbar sein, wenn ein wütender Teenager seinen Ärger in Worte fasst – selbst wenn er dabei sehr laut wird. Denn wenn sie zuhören, besteht eine gute Chance, dass sie lernen, was im Denken und Fühlen des Teenagers vor sich geht.

Es ist wichtig, dass Sie herausfinden, warum sich der Teenager ärgert: Welches Unrecht ist in seinen Augen geschehen? Wenn die Eltern diese wichtige Information nicht herausfinden, um den Auslöser für die Wut herauszufinden, frisst er seinen Ärger in sich hinein. Dann waren die explosiven Worte vergeblich. Wenn die Eltern hingegen hören, was den Teenager ärgert, und der Sache auf den Grund gehen, finden sie vielleicht eine vernünftige Antwort.

Es ist wichtig, dass Sie herausfinden, warum sich der Teenager ärgert: Welches Unrecht ist in seinen Augen geschehen?

Bleiben Sie ruhig und sachlich

Ein großes Problem ist, dass die meisten Eltern negativ auf die explodierenden Worte reagieren, bevor sie sich anhören, was ihren Teenager ärgert. Wir ärgern uns darüber, wie unser Teenager mit uns spricht, verlieren die Ruhe und schreien ebenfalls. Eltern brüllen: „Halt den Mund und geh in dein Zimmer! So sprichst du nicht mit mir!“ Doch wer das tut, bricht die Kommunikation ab. Es wird zwar vielleicht ruhig im Haus, aber sowohl in den Eltern als auch im Teenager brodelt der Ärger weiter, wenn er nicht sinnvoll verarbeitet wird.

Wir als Eltern sollten uns vielmehr auf das konzentrieren, *was* der Teenager sagt, und nicht auf die Art, *wie* er es sagt. Wenn der Teenager Sie anschreit, versucht er, Ihnen etwas klarzumachen. Kluge Eltern schalten in dieser Situation auf Zuhören. Ich schlage vor, dass Sie sich Papier und Bleistift nehmen und anfangen zu notieren, was Sie hören. Das hilft Ihnen, sich auf die Botschaft zu konzentrieren und nicht auf die Art und Weise, wie sie vermittelt wird. Jetzt ist nicht der richtige Zeitpunkt für Auseinandersetzungen; jetzt geht es darum, Ihrem Teenager zuzuhören. Diskussionen können später kommen, aber jetzt sammeln wir die Informationen, die wir brauchen, um ein Friedensabkommen mit unserem Teenager zu finden.

Runde Zwei des Zuhörens

Wenn der Teenager mit seinem ersten Schwall an wütenden Worten fertig ist, sagen Sie ihm, wie Sie das, was er gesagt hat, verstanden haben. Bitten Sie ihn, klarzustellen, was Sie falsch verstanden haben. Sie könnten sagen: „Wenn ich dich richtig verstehe, bist du sauer auf mich, weil ich ... Habe ich das richtig verstanden?“ Eine solche Aussage zeigt dem Teenager, dass Sie ihm zuhören und dass Sie ihn wirklich verstehen wollen. In den allermeisten Fällen wird der Teenager Ihrer Aufforderung bestimmt nachkommen und Ihnen mehr sagen.

Schreiben Sie weiter auf, was Sie hören. Widerstehen Sie der Versuchung, sich zu verteidigen. Machen Sie sich bewusst, dass Sie sich in Runde Zwei des Zuhörens befinden.

Wenn sich der Teenager beruhigt hat, wiederholen Sie noch

einmal, wie Sie seine Worte verstanden haben, und geben ihm erneut Gelegenheit, Ihnen seine Botschaft zu verdeutlichen. Nach der dritten Zuhörrunde wird Ihr Teenager spüren, dass Sie ihn ernst nehmen. Jetzt sind Sie für den dritten Schritt bereit (den wir besprechen, nachdem wir uns mit dem schweigenden Teenager auseinandergesetzt haben).

Der richtige Umgang mit dem schweigenden Teenager

In gewisser Weise ist es schwerer, dem schweigenden Teenager zu helfen. Seine Weigerung, über die Dinge zu sprechen, die ihn ärgern, und die Punkte anzusprechen, die seinen Ärger entfacht haben, macht Eltern hilflos und ohnmächtig. Sie können nicht auf das reagieren, was im Kopf des Teenagers vor sich geht, solange sie nicht wissen, was er denkt und fühlt. In manchen Fällen ist das genau der Grund, *warum* der Teenager die Eltern mit Schweigen bestraft.

Schweigen und Macht

Wenn Eltern sehr dominant sind, das Leben des Teenagers stark kontrollieren und alle Entscheidungen für ihn treffen, fühlt sich der Teenager machtlos. Er kann seine Unabhängigkeit und seine eigene Identität nicht entwickeln und glaubt, Schweigen wäre die einzige Möglichkeit, um die Oberhand zu bekommen. Mit Schweigen hat der Teenager die Kontrolle, wenigstens im Moment.

Wenn dann Eltern in Panik geraten und sich beklagen, dass der Teenager nichts sagt, oder wenn die Eltern verbal explodieren und laut sagen: „Wenn du mir nicht sagst, was los ist, kann ich dir nicht helfen!", gewinnt der Teenager die Schlacht. Denn er hat sich der elterlichen Kontrolle entzogen.

Eltern von schweigenden Teenagern müssen sich unangenehmen Fragen stellen: „Versuche ich, meinen Teenager zu sehr zu kontrollieren? Gebe ich ihm genug Freiheit, selbst zu denken und seine Entscheidungen selbst zu treffen? Erlaube ich ihm, ein Teenager zu sein, oder behandle ich ihn wie ein Kind?"

Eltern, die ihre Teenager zu sehr kontrollieren, sollten das Gespräch mit der folgenden Botschaft beginnen: „Ich befürchte, dass ich mich manchmal zu sehr in dein Leben einmische. Ich weiß, dass du jetzt ein Teenager bist und mir vielleicht nicht alles sagen willst, was du denkst und fühlst. Das ist dein gutes Recht. Aber wenn du sprechen willst, sollst du wissen, dass ich für dich da bin. Ich bin bereit, dir zuzuhören, wenn du sprechen willst." Zeigen Sie dann Ihrem Teenager in seiner Sprache der Liebe, dass Sie ihn lieben. Eine solche Aussage, begleitet von liebevollem Verhalten, schafft eine Atmosphäre, in der sich der Teenager angenommen fühlt. Wenn Eltern diese Haltung beibehalten, kann ich Ihnen fast versprechen, dass sich der Teenager öffnet und anspricht, was ihn an seinen Eltern ärgert.

Andere Teenager beschließen zu schweigen, wenn sie sich ärgern, weil sie aus Erfahrung wissen: Ihre Eltern explodieren, wenn sie ihnen sagen, dass sie sich ärgern. Diese Teenager haben die Explosionen aus der Vergangenheit satt und schweigen lieber, statt sich lange Schimpftiraden anzuhören. Das wollen sie nicht noch einmal erleben. Es ist leichter, einfach den Mund zu halten.

Die Eltern von solchen Teenagern werden ihre Teenager nie zum Sprechen bewegen können. Vielmehr sollten diese Eltern bekennen, wo sie in der Vergangenheit Fehler gemacht haben. Die Mauer aus negativem Verhalten niederzureißen, ist der erste Schritt, um eine Atmosphäre zu schaffen, in der der Teenager wieder über seinen Ärger spricht.

Die Mauer aus negativem Verhalten niederzureißen, ist der erste Schritt, um eine Atmosphäre zu schaffen, in der der Teenager wieder über seinen Ärger spricht.

Es ist Zeit zu bekennen

Dazu hatte sich Tim entschieden. Nachdem er mir gestanden hatte: „Ich habe Fehler gemacht", legte er mir seinen Plan dar. „Ich fahre heute Abend nach Hause und bekenne meiner Tochter, dass ich viel falsch gemacht habe. Vielleicht gibt sie mir noch eine Chance." Er bat mich, ihm zu helfen, die richtigen Worte zu finden, damit er sich nicht völlig von seinen Gefühlen leiten lassen würde.

Wir verfassten das folgende Geständnis. Etwas in dieser Art könnte allen Eltern helfen, die versuchen, das Schweigen ihrer Teenager zu durchbrechen, und die bereit sind zu bekennen, dass auch sie zu dieser Situation beigetragen haben.

„Laura, hast du ein paar Minuten Zeit? Ich würde dir gern etwas sagen, das mir wirklich wichtig ist. Wenn es dir jetzt nicht passt, kann ich auch warten." Wenn Laura ihm die Erlaubnis gibt, will Tim fortfahren: „Ich war neulich bei einer Veranstaltung, bei der über Ärger gesprochen wurde. Dabei habe ich erkannt, dass ich dir in der Vergangenheit einen schlechten Dienst erwiesen habe. Wenn du mit den Dingen, die dich ärgern, zu mir gekommen bist, war ich oft sehr unsensibel und habe dich nicht ausreden lassen. Ich erinnere mich besonders an die Male, als ich dir sagte, du wärst dumm und solltest nicht so kindisch und empfindlich reagieren. Ich habe erkannt, dass das sehr unreif und falsch von mir war. Du hast verantwortungsvoll gehandelt, als du mir gesagt hast, was dir nicht gefällt. Es tut mir sehr leid, dass ich dich so behandelt habe.

Du sollst wissen, dass ich dir zuhören will, wenn du dich in Zukunft wieder über mich ärgerst. Ich werde versuchen, mir anzuhören, was du an meinem Verhalten falsch findest. Und ich will versuchen, positiv zu reagieren. Ich weiß, dass du dich manchmal über mich ärgerst; das wird sicher auch in Zukunft passieren. Wenn du mir sagst, warum du dich ärgerst, werde ich versuchen, dir zuzuhören. Ich werde versuchen, deine Gefühle zu respektieren, damit wir die Sache gemeinsam angehen können. Einverstanden?"

Ich warnte Tim, dass er damit rechnen müsste, dass seine Tochter auf diese Worte vielleicht nichts erwiderte. Ich ermutigte ihn, keinen Druck auf Laura auszuüben, um sie zum Reden zu bewegen. Aber ich bat ihn, ihr in ihrer Liebessprache zu zeigen, dass er sie liebte. Der Schritt, den Tim an diesem Abend mit Laura ging, war der Anfang, um wieder eine Atmosphäre zu schaffen, in der sie ihm sagen kann, wenn sie sich über ihn ärgert.

Wenn Teenager merken, dass sie nichts zu befürchten haben, wenn sie ihren Eltern sagen, was sie ärgert, werden sie das tun. Aber wenn sie sich bedroht, eingeschüchtert, kritisiert, beschämt oder schlecht behandelt fühlen, entscheiden sich viele Teenager für den schweigenden Rückzug. Das Ziel dieser Eltern sollte es sein, eine emotionale Atmosphäre zu schaffen, in der der schweigende Teenager die Freiheit hat, seinen Ärger zu äußern. Wenn er anfängt, wieder zu sprechen, stehen Eltern vor der schweren Arbeit des Zuhörens, die wir auf den letzten Seiten erklärt haben.

3. Bestätigen Sie dem Teenager, dass seine wütenden Gefühle gerechtfertigt sind

Sie haben erkannt, wie Ihr Teenager mit seinem Ärger umgeht, und haben aufmerksam zugehört, als er Ihnen gesagt hat, was ihn ärgert. Jetzt folgt der dritte Schritt, um Ihrem Teenager einen positiven Umgang mit Ärger zu zeigen: *Sie bestätigen ihm, dass seine wütenden Gefühle gerechtfertigt sind.* Ich weiß, dass einige Eltern jetzt denken: „Moment mal! Ich finde oft nicht, dass der Ärger meines Teenagers gerechtfertigt ist. Manchmal bringt er sogar die Fakten durcheinander. Wie kann ich bestätigen, dass sein Ärger gerechtfertigt ist, wenn ich die Sache völlig anders sehe als er?"

An dieser Stelle machen viele Eltern einen schwerwiegenden Fehler: Sie verwechseln Fakten mit Gefühlen. Das führt dazu, dass Eltern mit dem Teenager über die Fakten streiten, aber die Gefühle völlig außer Acht lassen.

Ignorierte Gefühle bauen keine positive Beziehung zwischen Eltern und Teenagern auf (deshalb ist dieser dritte Schritt so wichtig). Wenn Sie nicht verstehen, dass Sie Ihrem Teenager das Recht zugestehen müssen, wütende Gefühle zu haben, werden Sie ihm nie beibringen können, positiv mit seinem Ärger umzugehen. Bitte lesen Sie aufmerksam weiter! Der nächste Teil ist *sehr* wichtig.

Die Fähigkeit, die Gefühle eines anderen Menschen ehrlich bestätigen zu können, wird allgemein als *Empathie* bezeichnet: sich in die Lage des anderen zu versetzen und zu versuchen, die Welt mit seinen Augen zu sehen. Für Eltern bedeutet das, einen Moment wieder Teenager zu sein – sich an die Unsicherheit, die Stimmungsschwankungen, den Wunsch nach Unabhängigkeit und eigener Identität zu erinnern; sich wieder bewusst zu machen, wie wichtig es war, von Gleichaltrigen akzeptiert zu werden, und wie sehr man es nötig hatte, von den Eltern Liebe und Verständnis zu bekommen. Eltern, die für ihren Teenager keine Empathie haben, tun sich schwer, ihm zu bestätigen, dass er ein Recht auf seine wütenden Gefühle hat.

Andreas demonstrierte, wie viel Kraft in Empathie steckt, als er mir erzählte: „Es ist erstaunlich, was passierte, als ich versuchte, mich in die Lage meiner Tochter zu versetzen. Sie war sauer auf mich, weil ich ihr für eine Woche verboten hatte, Auto zu fahren. Sie schrie mich an, wie unfair das sei und wie peinlich für sie, ihren Freundinnen sagen zu müssen, dass sie sie diese Woche nicht mit zur Schule nehmen könne, weil ihr Vater ihr Auto ‚konfisziert' habe. Früher hätte ich ihr widersprochen und ihr erklärt, dass sie von Glück sagen könne, dass ich ihr die Autoschlüssel nur für eine Woche abnehme.

Ich hätte ihr gesagt, dass sich ihre Freundinnen eine andere Mitfahrgelegenheit suchen sollen und dass es ihr gerade recht geschehe, dass ihr das peinlich ist. Früher habe ich so reagiert und damit die Sache nur noch schlimmer gemacht. Aber nachdem ich Ihren Vortrag über Empathie gehört habe, habe ich mich in ihre Lage versetzt und mich erinnert, wie schwer es war, eine Woche nicht Auto fahren zu dürfen.

Deshalb sagte ich zu ihr: ‚Schatz, ich verstehe, dass du sauer auf mich bist. Und ich kann auch verstehen, dass es für dich peinlich ist, wenn du deine Freundinnen nicht mit zur Schule nehmen kannst. Wenn ich Teenager wäre, würde mich das auch ärgern und es wäre mir peinlich. Das weiß ich, denn ich war auch einmal so alt wie du. Aber ich will dir erklären, warum ich als Vater so handle.

Wir hatten ausgemacht, dass du eine Woche nicht Auto fahren darfst, wenn du das erste Mal wegen zu schnellen Fahrens ein Bußgeld zahlen musst. Wenn das innerhalb eines Jahres ein zweites Mal vorkommt, darfst du zwei Wochen nicht Auto fahren. Du kanntest die Regeln. Wir haben uns darauf geeinigt und du wusstest, welche Konsequenzen dein Verhalten hat. Ich liebe dich sehr und deshalb muss ich darauf bestehen, dass du dich an die Regeln hältst, auch wenn ich gut nachempfinden kann, was du im Moment fühlst.‘

Wenn der Vater sich mit dem Ärger des Teenagers identifiziert und bestätigt, dass diese Gefühle gerechtfertigt sind, statt mit dem Teenager zu diskutieren, verraucht der Ärger, weil der Teenager mit Respekt behandelt und nicht lächerlich gemacht wird.

Ich habe sie umarmt und bin aus dem Zimmer gegangen“, schloss Andreas mit Tränen in den Augen. „Zum ersten Mal hatte ich das Gefühl, mit dem Ärger meiner Tochter positiv umgegangen zu sein.“

Wenn der Vater so empathisch reagiert, ändert das nichts daran, dass seiner Tochter die Sache peinlich ist, aber ihrem Ärger wird der Wind aus den Segeln genommen. Wenn der Vater sich mit dem Ärger des Teenagers identifiziert und bestätigt, dass diese Gefühle gerechtfertigt sind, statt mit dem Teenager zu diskutieren, verraucht der Ärger, weil der Teenager mit Respekt behandelt und nicht lächerlich gemacht wird. Es liegt auf der Hand, dass der zweite Schritt (dem Teenager zuhören) eine Voraussetzung für den dritten Schritt sein muss (dem Teenager bestätigen, dass seine Gefühle gerechtfertigt sind). Eltern können dem Ärger des Teenagers keine ehrliche Empathie entgegenbringen, wenn sie seine Sicht der Situation nicht gehört haben.

4. Erklären Sie Ihre Sicht und suchen Sie eine Lösung

Wenn Sie dem Teenager gut zugehört und Ihre Empathie für seinen Ärger und andere Gefühle zum Ausdruck gebracht haben, haben Sie den Weg für den letzten Schritt bereitet: Ihre Sicht erklären und eine Lösung suchen.

Jetzt, *erst jetzt*, ist der Vater/die Mutter in der Lage, dem Teenager seine/ihre Sicht der Dinge zu erklären. Wenn Eltern das versuchen, bevor sie die ersten drei Schritte beachten, kann das Ergebnis ein nervenaufreibender Streit mit dem Teenager sein, der meistens in harten, verletzenden Worten endet, die man später bereut. Wenn Sie gut zugehört und Ihrem Teenager bestätigt haben, dass Sie seinen Ärger verstehen, hört er Ihnen zu, wenn Sie ihm Ihre Sicht erklären. Ihr Teenager stimmt Ihnen vielleicht nicht zu, aber er hört Ihnen zu und das Problem kann vielleicht gelöst werden.

Manchmal hat der Teenager recht … manchmal nicht

Wenn Eltern dem Teenager zugehört haben und wissen, was ihn ärgert, erkennen sie manchmal, dass er recht hat. Claudia erzählte mir: „Ich werde nie den Tag vergessen, an dem sich meine Tochter Christine über mich ärgerte, weil ich in ihr Zimmer gegangen war und ihren Schreibtisch aufgeräumt hatte. Sie sagte mir unmissverständlich, dass sie sauer auf mich war, weil ich in ihre Privatsphäre eingedrungen sei; dass ich kein Recht hätte, in ihr Zimmer zu gehen und mir an den Dingen auf ihrem Schreibtisch zu schaffen zu machen; dass ich einiges weggeworfen hatte, das ihr sehr wichtig war; dass sie von zu Hause ausziehen würde, falls ich das je wieder mache. Erst da begriff ich, wie tief ich sie verletzt hatte und wie wichtig das für sie war. Ich hätte argumentieren können, dass ich das Recht habe, in ihr Zimmer zu gehen und zu tun, was ich will. Ich hätte argumentieren können, dass ich ihr Zimmer nicht hätte aufräumen müssen, wenn sie es selbst aufgeräumt hätte. Aber stattdessen hörte ich ihr zu.

Ich glaube, an diesem Tag habe ich zum ersten Mal begriffen, dass meine 17-jährige Tochter eine junge Erwachsene wurde und dass ich sie nicht mehr wie ein Kind behandeln konnte. Deshalb sagte ich zu ihr: ‚Entschuldige. Ich begreife jetzt, dass ich mich falsch verhalten habe. Als ich das gemacht habe, wollte ich nur den Schreibtisch sauber machen, aber ich verstehe, was du sagst, und ich begreife, dass ich kein Recht hatte, deine Sachen wegzuwerfen. Ich hatte auch kein Recht, deinen Schreibtisch aufzuräumen. Bitte vergib mir. Ich verspreche dir, dass ich das nie wieder machen werde.'"

Da wir Eltern nicht vollkommen sind, machen wir oft Fehler, die wiederum den Ärger unserer Teenager entfachen. Wenn wir dem Teenager ehrlich zuhören, erkennen wir, was wir falsch gemacht haben. Zu bekennen, dass wir etwas falsch gemacht haben, und um Vergebung zu bitten, ist immer die positivste Reaktion, wenn uns bewusst wird, dass wir uns unserem Teenager gegenüber falsch verhalten haben. Die meisten Teenager vergeben ihren Eltern, wenn sie sich ehrlich entschuldigen.

Andererseits haben Eltern oft eine völlig andere Sicht als der Teenager. Diese Sicht muss auf freundliche, aber klare Art offen und frei geäußert werden.

Glücklicherweise hatte Hannes schon die oben aufgeführten Schritte verinnerlicht, als es zur Auseinandersetzung mit seinem Sohn Jakob kam. Jakob war sauer, weil ihm sein Vater nicht das Geld für die Autoversicherung leihen wollte. Als Jakob 18 Jahre geworden war, hatte ihm Hannes ein Auto gekauft. Die beiden hatten aber vereinbart, dass Jakob selbst für Benzin und Versicherung aufkommen musste. Das lag anderthalb Jahre zurück. Die Versicherungszahlung war alle sechs Monate fällig. Jakob hatte die ersten beiden Zahlungen problemlos getätigt, aber jetzt war er knapp bei Kasse und fand, dass ihm sein Vater das Geld leihen sollte, damit er weiterhin Auto fahren konnte. Jakob wusste, dass sein Vater genug Geld hatte. Es wäre für ihn also kein Problem, ihm das Geld zu geben.

Hannes hörte Jakob aufmerksam zu und machte sich Notizen, während sein Sohn sprach. Dann antwortete er: „Du findest also, dass ich dir das Geld leihen sollte, weil ich genug Geld habe und es mir nicht wehtun würde?“

„Genau“, nickte Jakob. „Für dich ist es eine Kleinigkeit. Für mich ist es eine große Summe. Wenn du mir das Geld nicht leihst, kann ich mindestens zwei Wochen nicht Auto fahren.“ Hannes hörte wieder zu, als Jakob ihm seine Gedanken erklärte. Dann erwiderte er: „Ich kann verstehen, warum du das gerne hättest. Ich weiß, dass es für dich sehr unbequem ist, wenn du zwei Wochen lang nicht Auto fahren kannst. Aber ich will dir sagen, wie ich das sehe: Als dein Vater ist es meine Aufgabe, dir zu helfen, richtig mit Geld umzugehen. Wir haben vereinbart, dass du für Benzin und die Versicherung aufkommst. Du weißt seit sechs Monaten, dass die Versicherungsrechnung kommt. Statt das Geld zu sparen, hast du es ausgegeben. Das war deine Entscheidung. Das geht mich nichts an. Aber da du dich so entschieden hast, fehlt dir jetzt das Geld, um die Versicherung zu zahlen."

Hannes machte eine kurze Pause, dann sagte er liebevoll zu seinem Sohn: „Ich glaube, ich würde dir einen schlechten Dienst erweisen, wenn ich dir das Geld leihe. Ich glaube, das ist für dich eine gute Gelegenheit zu lernen, wie man mit Geld umgeht. In den nächsten zwei Wochen bin ich bereit, dir mein Auto zu leihen, wenn ich es selbst nicht brauche. Und wenn ich es dir nicht leihen kann, fahre ich dich. Aber ich werde dir nicht das Geld für deine Versicherung geben. Ich glaube, wenn ich das tun würde, wäre ich kein guter Vater. Verstehst du das?"

Jakob ließ den Kopf hängen und murmelte: „Ich glaube schon." Er war darüber nicht glücklich, aber er verstand, was sein Vater sagte. Er war bereit, es zu akzeptieren, weil sein Vater ihm aufmerksam zugehört hatte, weil er bestätigt hatte, dass er seinen Ärger nachempfinden könne, und weil er verstand, wie er sich fühlte.

Unser Ziel sollte immer sein, unseren Teenagern zu helfen, ihren Ärger so zu verarbeiten, dass sie eine Lösung finden. Es gibt kaum etwas Schlimmeres als ein nicht verarbeiteter Ärger im Herzen und Denken des Teenagers. Ungeklärter Ärger nährt Bitterkeit und Abneigung. Der Teenager fühlt sich abgelehnt und nicht geliebt. Sein nicht verarbeiteter Ärger macht es ihm fast unmöglich, die Liebe seiner Eltern anzunehmen. Viele Eltern sind frustriert, weil sich der Teenager weigert, ihre Liebe anzunehmen. Deshalb bemühen sie sich noch mehr und werden nur wieder zurückgewiesen. Wenn der Ärger des Teenagers schon über längere Zeit anhält, ist es wichtig, ein Klima zu schaffen, in dem der Teenager die Freiheit verspürt, über seinen Ärger zu sprechen.

Unser Ziel sollte immer sein, unseren Teenagern zu helfen, ihren Ärger so zu verarbeiten, dass sie eine Lösung finden.

Wenn wir als Eltern zugeben, dass wir Fehler gemacht haben, trägt das zu einem solchen positiven Klima bei. Sie könnten zum Beispiel sagen: „Mir ist bewusst, dass ich dir in der Vergangenheit nicht immer zugehört habe, wenn du dich über mich geärgert hast. Manchmal habe ich verletzende und kritische Dinge gesagt. Das bedaure ich sehr. Ich weiß, dass ich nicht perfekt bin, und ich möchte wirklich gern an meinen Fehlern arbeiten. Wenn du dazu bereit bist, würde ich gern mit dir in Ruhe darüber sprechen. Ich bitte dich, mir dann zu sagen, womit ich dich verletzt habe. Ich weiß, dass ein solches Gespräch für dich und für mich schmerzhaft sein kann, aber du sollst wissen, dass ich dir zuhören möchte."

Wenn der Teenager auf ein solches Angebot der Eltern überhaupt nicht eingeht, ist vielleicht eine professionelle Hilfe nötig. Wenn der Teenager nicht bereit ist, die Hilfe eines Therapeuten oder Beraters in Anspruch zu nehmen, können die Eltern zeigen, wie ernst es ihnen ist, indem sie selbst zur Familienberatung gehen. Irgendwann ist der Teenager vielleicht bereit, sich an dem Prozess zu beteiligen.

Ihrem Teenager beizubringen, seinen Ärger anzunehmen und positiv damit umzugehen, ist ein sehr wichtiger Beitrag, den Sie für die emotionale, soziale und geistliche Entwicklung Ihres Teenagers leisten können. Der Teenager lernt durch Erfahrung, mit seinem Ärger umzugehen. Wir fangen dort an, wo er jetzt steht, und helfen ihm, seinen Ärger zu verarbeiten, selbst wenn das bedeuten kann, dass wir uns erst einmal anschreien lassen müssen. Später können wir ihm zeigen, dass es bessere Methoden gibt, mit Ärger umzugehen. Aber wir dürfen nie zulassen, dass uns die Ausdrucksweise unseres Teenagers davon abhält, auf seine Botschaft zu hören.

Das Gedicht auf der nächsten Seite schrieb mir mein Sohn, als er über 20 war. Es ist einer der Gründe, warum ich glaube, dass eine heilende Macht darin liegt, wenn Eltern ihrem wütenden, aufgebrachten Teenager zuhören.

Papa

Du hast mir bis spät in die Nacht zugehört.
Das war ein großes Geschenk.
Du hattest ein offenes Ohr
für die explodierende Sinfonie meiner Jugend –
harte Worte, schneidende Beschimpfungen durchschnitten die Luft.
Die anderen gingen.
Du bist geblieben
und hast mir zugehört.

Wenn ich wie wild um mich schoss –
mit aggressiven Schreien,
wie aus einer Schnellfeuerwaffe
Engelsflügel zerriss,
hast du gewartet,
die Flügel verbunden,
und wir machten irgendwie weiter.
Bis zum nächsten Tag,
zur nächsten Mahlzeit,
zur nächsten Bombe.

Und wenn alle in Deckung gingen,
sich in Sicherheit brachten,
Schutz suchten,
bist du auf dem Schlachtfeld geblieben,
von allen Seiten beschossen.
Du hast dein Leben riskiert,
wenn ich wütend war.
Du hast dein Leben riskiert, als du mir zuhörtest
bis spät in die Nacht.

Derek Chapman

10

Alleinerziehende Eltern und Patchworkfamilien mit Teenagern

Alleinerziehende Eltern

Amandas Leben ist nicht leicht. Sie ist alleinerziehende Mutter von zwei Teenagern – David, 15, und Julia, 13. Sie lebt mit den beiden allein, seit ihr Mann sie vor fünf Jahren verlassen hat.

Sie machte das Trauma einer schmerzhaften Scheidung durch und musste das Gefühl verarbeiten, abgelehnt zu werden. Aber bald nahm sie ihr Leben wieder in die Hand. Dank der Unterstützung ihrer Eltern schloss Amanda ihre Ausbildung zur Krankenschwester ab und arbeitet seitdem in einem Krankenhaus. Wenn sie nicht eine volle Stelle hätte, würde sie finanziell nicht über die Runden kommen, weil die Unterhaltszahlungen ihres Mannes nur sporadisch kommen und nicht ausreichen.

Trotz allem, was sie geschafft hat, kämpft Amanda mit unterschwelligen Schuldgefühlen. Aufgrund ihrer Arbeit kann sie mit den Kindern nicht so viel Zeit verbringen, wie sie es sich wünscht. Sie kann nicht immer an ihren Freizeitaktivitäten teilnehmen. Julia war erst acht, als ihr Vater auszog; jetzt ist sie ein Teenager. Amanda sehnt sich danach, mehr Zeit mit ihren Kindern verbringen zu können. Sie spürt, dass Julia und David älter werden und ihr Einfluss auf sie abnimmt, und sie fragt sich, ob ihre Kinder auf das vorbereitet sind, was auf sie zukommt. An manchen Tagen sagt sie sich: *Ich habe getan, was ich konnte.* An anderen Tagen zweifelt sie: *Ich bin nicht sicher, ob ich genug getan habe.* In letzter Zeit widerspricht David seiner Mutter häufig und kritisiert sie oft. Julia will mit Jungs ausgehen, aber Amanda findet, dass sie dafür noch zu jung ist.

An manchen Tagen sagt sie sich: Ich habe getan, was ich konnte. An anderen Tagen zweifelt sie: Ich bin nicht sicher, ob ich genug getan habe.

In meinem Büro seufzte Amanda: „Ich weiß nicht, ob ich dem gewachsen bin. Ich denke, bis jetzt habe ich mich ganz gut geschlagen, aber ich weiß nicht, ob ich die Teenagerjahre überstehe."

Amanda sagt mit diesen Worten im Grunde das Gleiche, was ich im Laufe der Jahre von vielen alleinerziehenden Eltern gehört habe: „Würde mir bitte jemand helfen? Ich bin nicht sicher, ob ich das allein schaffe."

Zum Glück gibt es für Eltern wie Amanda Hilfe. In den meisten Städten gibt es Selbsthilfegruppen für alleinerziehende Eltern. Viele Bibliotheken haben zahlreiche Bücher für Alleinerziehende. Auch im Internet stehen viele wertvolle Hilfsangebote zur Verfügung. Ich will an dieser Stelle nicht die hilfreichen Informationen wiederholen, die von anderen Quellen angeboten werden. In diesem Kapitel liegt mein Schwerpunkt darauf, alleinerziehenden Eltern zu zeigen, wie sie das emotionale Bedürfnis ihres Teenagers nach Liebe stillen können.

Liebe und Gefühle

Die tägliche Dosis „Liebessprache" von nur einem Elternteil
Natürlich lassen sich nicht alle Familien mit einem alleinerziehenden Elternteil über einen Kamm scheren. Jede Situation ist besonders und einzigartig. Aber es gibt einige Gemeinsamkeiten in diesen Familien. Außer Frage steht, dass Alleinerziehende eine schwierigere Aufgabe zu bewältigen haben, als wenn beide Elternteile da wären. Zum einen hat in den meisten Fällen nur ein Elternteil das Sorgerecht und der Teenager wohnt die meiste Zeit nur bei diesem Elternteil. Auch wenn in der frühen Kindheit das gemeinsame Sorgerecht in einigen Fällen funktioniert, bei dem das Kind theoretisch genauso viel Zeit bei beiden Elternteilen verbringt, ist das bei Teenagern selten machbar. Häufig hat die Mutter das Sorgerecht, während der Vater den Teenager entweder regelmäßig oder nur sporadisch sieht; in einigen Fällen sieht er das Kind auch nie. Dadurch ist im alltäglichen Leben, in dem der Teenager das größte Bedürfnis nach emotionaler Liebe hat, nur ein Elternteil da. Im Idealfall braucht der Teenager eine Mutter und einen Vater, die ihm täglich ihre Liebe zeigen. In einer Familie mit nur einem Elternteil ist das nicht möglich. Der Elternteil, der das Sorgerecht nicht hat, hat in den seltensten Fällen täglich Kontakt zu dem Teenager. Das muss der alleinerziehende Elternteil als Tatsache akzeptieren. Aus diesem Grund ist der Inhalt dieses Buches für alleinerziehende Eltern auch so wichtig.

Wenn Sie der Elternteil sind, der dem Teenager täglich seine Liebe zeigen kann, ist es besonders wichtig, dass Sie seine Liebessprache herausfinden und sprechen. Sonst lieben Sie Ihren Teenager vielleicht durch *Hilfsbereitschaft*, während er sich nach *Lob und Anerkennung* sehnt. Eine alleinerziehende Mutter drückte es so aus: „Die Veränderung bei meiner Tochter ist unglaublich. Ich nahm an einem Seminar teil, in dem die fünf Sprachen der Liebe besprochen wurden. Uns wurde erklärt, wie wir die Sprache der Liebe des eigenen Teenagers erkennen können. Mir wurde dabei klar, dass die Liebessprache meiner Tochter *Zweisamkeit* ist. Ich hatte ihr immer wieder durch *Lob und Anerkennung* meine Liebe gezeigt und wunderte mich, warum sie so negativ reagierte. Als ich anfing, ihr Zeit und Aufmerksamkeit zu schenken – was vor allem dadurch geschah, dass ich sie mitnahm, wenn ich Besorgungen zu erledigen hatte –, veränderte sich ihre ganze Haltung, weil ich mir Zeit für sie nahm. Innerhalb von nur zwei Wochen wurde sie ein ganz anderer Mensch und das Klima in unserer Familie verbesserte sich deutlich."

Wie werden Sie mit dem Gefühlschaos Ihres Teenagers fertig?
Emotionen, die in der Kindheit vergraben wurden, brechen oft in den Teenagerjahren auf. Gefühle wie Verletzungen, Ärger und Ablehnung, die in der Kindheit selten zum Ausdruck kommen, äußern sich vielleicht in einem schwachen Selbstwertgefühl, in Gefühlen von Unzulänglichkeit und Depressionen oder in kritischen Worten und (selbst-)zerstörerischem Verhalten. Diese Gefühle und das sich daraus ergebende Verhalten kommen selten im Beisein des Elternteils zum Ausbruch, bei dem das Kind nicht dauerhaft lebt. Das kann daran liegen, dass der Teenager glaubt, dieser Elternteil würde ihn nicht verstehen oder sich vielleicht nicht dafür interessieren. Vielleicht will der Teenager auch die positiven Aspekte der Beziehung zu diesem Elternteil nicht gefährden. Der Elternteil, bei dem der Teenager lebt, bekommt hingegen die vorher schlummernden Gefühle mit voller Wucht zu spüren.

Emotionen, die in der Kindheit vergraben wurden, brechen oft in den Teenagerjahren auf.

Das ist für die meisten alleinerziehenden Eltern sehr schwer. Sie fühlen sich oft nicht wertgeschätzt und ärgern sich: „Ich tue so viel für meinen Sohn/meine Tochter – und jetzt werde ich so behandelt. Das ist unfair!"

Bitte machen Sie sich bewusst, dass Sie mit solchen Gefühlen nicht allein sind. Sie kommen bei alleinerziehenden Teenager-Eltern häufig vor. Vergessen Sie nicht: Die starken Gefühle Ihres Teenagers hängen mit seinem Wunsch nach Unabhängigkeit und eigener Identität zusammen. Als künftiger Erwachsener, der dabei ist, seine intellektuellen, geistlichen und moralischen Werte zu entwickeln, ist Ihr Teenager gezwungen, mit den Ungerechtigkeiten des Lebens fertigzuwerden. Dieser Prozess kann positiv sein. Wenn der Teenager zu einem verantwortungsvollen jungen Erwachsenen heranwachsen soll, müssen diese Verletzungen aus der Vergangenheit an die Oberfläche kommen und verarbeitet werden. Aber dieser Prozess kann sowohl für den Teenager als auch für die alleinerziehende Mutter bzw. den alleinerziehenden Vater schmerzhaft sein.

Gefühle und Träume

Konzentrieren Sie sich auf die Gefühle des Teenagers

Wichtig für den Elternteil, bei dem der Teenager wohnt, ist es, sich auf seine Gefühle zu konzentrieren – nicht auf sein Verhalten. Normalerweise tun wir genau das Gegenteil. Kerstin beschreibt ihren Frust wegen ihres 15-jährigen Sohnes Stefan: „Er sieht sich selbst so negativ. Egal, wie sehr ich ihn lobe – ich merke, dass er sich minderwertig fühlt. Er wirkt die meiste Zeit deprimiert. Ich versuche, fröhlich und positiv zu sein. Ich versuche, mich auf das Positive an unserem Leben zu konzentrieren, aber er hängt nur zu Hause herum. Egal, was ich tue, es scheint nicht bei ihm anzukommen."

Kerstin versucht, Stefans Verhalten zu ändern, aber sie ignoriert seine Gefühle. Als Erstes muss sie erkennen, dass hinter dem Verhalten ihres Sohnes, das sich in Niedergeschlagenheit und einem schwachen Selbstwertgefühl äußert, tiefere Gefühle aus Verletzung, Ärger und Ablehnung stehen. Das sind die Gefühle, über die man sprechen muss. Wenn Kerstin ihre Aufmerksamkeit weiterhin darauf richtet, ihren Sohn zu einem besseren Selbstwertgefühl und zu einem positiveren Verhalten zu überreden, indem sie ihm sagt, wie klug und fähig er ist, werden ihre Bemühungen nur minimale Ergebnisse hervorbringen. Wenn sie jedoch eine Atmosphäre schafft, in der Stefan über seine Kindheit sprechen kann – besonders über die Gefühle, die sich um Ehescheidung, Tod oder das Gefühl des Verlassenwerdens drehen –, wird sie eine Veränderung seines Selbstwertgefühls beobachten können.

Ich behaupte nicht, dass das ein leichter Prozess wäre. So etwas geschieht nicht in einem einzigen Gespräch. Der Teenager muss diese Gefühle aus der Vergangenheit und die Gedanken und Erinnerungen, die damit verbunden sind, immer wieder ansprechen, während seine Mutter bzw. sein Vater ihm mitfühlend zuhört. Dass diese Verletzungen an die Oberfläche kommen und ausgesprochen werden, ist ein notwendiger Schritt, damit der Teenager emotional heilen kann.

Jessica klagte über ein anderes Problem. „Meine 16-jährige Tochter verhält sich in letzter Zeit richtig aggressiv", berichtete sie. „Neulich hat sie tatsächlich geflucht. Ich traute meinen Ohren kaum. Sie hat schon mehrmals mit Sachen geworfen – manchmal auf mich, aber meistens gegen die Wand. Dieses Verhalten ist völlig untypisch für sie."

Als ich später mit Jessicas Tochter Sophie sprach, erfuhr ich, dass sie seit Kurzem einen Freund hatte. Dieser Schritt, mit einem jungen Mann eine Beziehung einzugehen, hatte die ganzen vergrabenen Gefühle geweckt, die sie in Bezug auf ihren Vater hatte. Da ihr Vater sie verlassen hatte, fürchtete Sophie, dass ihr Freund sie auch verlassen würde. Die Wut, die sie in sich hineingefressen hatte, brach aus ihr heraus. Sie war wütend auf ihre Mutter, der sie immer noch die Schuld für die Scheidung gab. Sie war wütend auf ihren Vater, weil er gegangen war, und noch wütender, weil er seitdem so wenig Interesse an ihr zeigte. Dieses wütende Verhalten war in Wirklichkeit ein positiver Indikator dafür, dass Sophie endlich anfing, die Verletzungen aus der Vergangenheit zu verarbeiten.

Als Jessica das verstand, konnte sie ihrer Tochter helfen, über diese vergrabenen Gefühle zu sprechen, statt ihr negatives Verhalten zu verurteilen. Das Verhalten wird sich irgendwann legen, wenn Sophies innerer Schmerz durch Gespräche und mitfühlendes Zuhören verarbeitet werden kann.

Hören Sie zu und sagen Sie Ihrem Teenager die Wahrheit
Um die Verletzungen des Teenagers zu verarbeiten, muss sich der alleinerziehende Elternteil die Mühe machen, ihm zuzuhören. Und es ist wichtig, dem Teenager die Wahrheit zu sagen.

Als der Vater die Familie verließ, haben Sie als Mutter Ihrem Kind einfache Erklärungen gegeben, mit denen es damals anscheinend zufrieden war. Sie haben geglaubt, das Thema wäre damit erledigt. Doch jetzt holt der Teenager alles wieder an die Oberfläche – aber mit dem Unterschied, dass er jetzt viel konkretere Fragen stellt als früher. Der Teenager will wissen, was vor der Scheidung passiert ist; er will wissen, wie die Ehe in den ersten Jahren ausgesehen hat. Er fragt: „Wenn mein Vater so schlimm ist, warum hast du ihn dann überhaupt geheiratet?"

Falls die Mutter gestorben ist, stellt der Teenager detaillierte Fragen über die Krankheit oder den Unfall, durch den sie starb. „Wie war Mama? Was hat sie über mich gesagt?" Das sind typische Fragen eines Teenagers – harte, schmerzliche, unbequeme Fragen, aber sie verdienen eine Antwort.

Versuchen Sie nicht, Ihr eigenes Verhalten oder das Verhalten Ihres Expartners zu entschuldigen. *Sagen Sie die Wahrheit.*

Falls Ihr Teenager später herausfindet, dass Sie ihn bei den Details angelogen haben – und das findet er höchstwahrscheinlich heraus –, wird er den Respekt vor Ihnen verlieren. Vielleicht hatten Sie das Gefühl, dass er als Kind die Wahrheit nicht verkraften konnte. Aber jetzt ist er ein Teenager und für seinen emotionalen Heilungsprozess ist es nötig, dass er die Wahrheit erfährt.

Lydia, Mutter einer 14-jährigen Tochter, gestand: „Es fiel mir sehr schwer, die Fragen meiner Tochter zu beantworten. Ich weiß, dass ich es ihr schon früher hätte sagen sollen, aber irgendwie fand ich nie den richtigen Zeitpunkt dafür. Jetzt ließ sie nicht locker und ich musste mich entscheiden, ob ich lügen oder die Wahrheit sagen wollte. Es war der schlimmste Abend meines Lebens, als ich ihr gestehen musste, dass ich mit ihrem Vater nie verheiratet war. Ich hatte ihn bei einer Strandparty kennengelernt, mit ihm geschlafen und ihn danach nie wiedergesehen. Vorher hatte ich ihr immer erzählt, dass er mich verlassen hätte, als sie noch klein war. Zuerst war meine Tochter wütend. Sie sagte, dass ich ihr das viel früher hätte erzählen müssen, aber am meisten verletzte es mich, als sie sagte: ‚Du hast mich also nie wirklich gewollt. Ich war nur ein Unfall.'

Ich hörte mir ihre wütenden Worte an. Dann sagte ich ihr, dass ich ihre Gefühle verstehe, aber dass ich hoffe, dass ihr alles, was ich seit jener Nacht getan habe, zeigt, dass ich sie von Anfang an geliebt habe.

In den Wochen nach diesem Abend führten meine Tochter und ich viele Gespräche. Wir haben geweint, gelacht und uns umarmt. Ich habe mich meiner Tochter noch nie so nahe gefühlt wie jetzt und ich denke, ihre Liebe zu mir ist viel reifer geworden, als sie vorher war. Ich hatte immer gewusst, dass der Tag kommen würde, an dem ich ihr die Wahrheit sagen muss. Ich hatte gehofft, ich würde den Mut dafür aufbringen. Ich bin froh, dass ich es getan habe."

Lydias Geschichte zeigt, dass das alte Sprichwort stimmt: Die Wahrheit tut manchmal weh. Aber die Wahrheit heilt auch.

Die Liebessprache Ihres Teenagers zu kennen und zu sprechen kann sehr hilfreich sein, wenn Sie ihm die Wahrheit über Ihre frühere Beziehung zu seinem anderen Elternteil sagen. *Zärtlichkeit*, *Lob und Anerkennung*, ein *Geschenk*, *Hilfsbereitschaft* oder *Zweisamkeit* helfen, ein Klima zu schaffen, in dem der schmerzliche Heilungsprozess stattfinden kann. Lydias Tochter erzählte mir später: „Die Umarmungen meiner Mutter haben mir in dieser Zeit sehr geholfen. Ich war in meinem ganzen Leben noch nie so verletzt wie damals, als sie mir die Wahrheit sagte. Ich wollte weglaufen, ich wollte schreien und ich wollte mich umbringen. Aber als mich Mama umarmte, war das wie eine Decke der Liebe."

> *Die Wahrheit tut manchmal weh.*
> *Aber die Wahrheit heilt auch.*

Ihre Sprache der Liebe war *Zärtlichkeit* und diese Sprache berührte ihr verletztes Herz. Lydia benutzte auch die anderen Sprachen der Liebe. Sie schenkte ihrer Tochter bei diesen langen Gesprächen viel *Zweisamkeit*. Bei zahlreichen Gelegenheiten brachte sie mit Worten *Lob und Anerkennung* zum Ausdruck. Es gab besondere *Geschenke* und *Hilfsbereitschaft*. Das alles spielte bei der Heilung ihrer Tochter eine Rolle. Aber ihre Umarmung empfand ihre Tochter wie eine Decke der Liebe.

Respektieren Sie die unrealistischen Wünsche des Teenagers

Ich möchte noch eine andere Herausforderung für alleinerziehende Eltern ansprechen und Ihnen zeigen, wie Sie darauf reagieren können. Ein Teenager mit einem alleinerziehenden Elternteil hat viele unrealistische Wünsche.

Ihr Sohn hat vermutlich schon mal gesagt: „Ich wünschte, Papa käme zu meinem Fußballspiel." Aber Sie wissen, dass sein Vater weit weg wohnt und eine neue Frau und zwei kleine Kinder hat. Er wird nicht zum Fußballspiel Ihres Sohnes kommen.

Ihre 17-jährige Tochter sagt vielleicht: „Papa kauft mir bestimmt ein Auto“, aber Sie wissen, dass ihr Vater tief verschuldet ist und ihr kein Auto kaufen könnte, selbst wenn er es wollte.

Solche unmöglichen Träume entstehen in der Fantasie Ihres Teenagers. Es ist der unbewusste Versuch, eine Familie zu haben, wie er sie sich wünscht. Die natürliche Reaktion vieler alleinerziehender Eltern sieht so aus, dass sie diese Träume mit einem brutalen Schuss Realität zum Platzen bringen. Meiner Meinung nach ist das ein schwerer Fehler. Es ist viel besser, die Wünsche des Teenagers anzuerkennen und nach und nach die Realität einkehren zu lassen.

„Du wünschst dir, dass dir dein Vater ein neues Auto kauft. Das ist eine schöne Idee. Das würde ich mir auch wünschen.“

„Du wünschst dir, dass dein Vater zu deinen Fußballspielen kommen könnte. Das würde ich mir auch wünschen. Das wäre wirklich toll.“

Wenn Sie auf die unrealistischen Wünsche Ihres Teenagers so positiv reagieren, erkennen Sie ihn als Person an. Wenn Sie sich gezwungen fühlen, seine Ideen niederzuschmettern und etwas Negatives über Ihren Expartner zu sagen, führt das nur dazu, dass der Teenager seine Wünsche für sich behält. Wenn Sie diese Wünsche akzeptieren und bestätigen, stellen Sie die Weichen dafür, dass Sie mit ihm im Gespräch bleiben.

Wenn Sie zu Ihrem Expartner Kontakt haben, können Sie ihm erzählen, was sich Ihr Sohn oder Ihre Tochter wünscht. Das sollte jedoch nie als Forderung ankommen, sondern einfach als Information.

„Ich dachte, es interessiert dich vielleicht, dass Peter schon einige Male gesagt hat: ‚Ich wünschte, Papa könnte zu meinen Fußballspielen kommen.‘ Ich weiß, dass das wahrscheinlich unmöglich ist, aber falls du es irgendwann einmal schaffen solltest, würde ihm das sehr viel bedeuten. Wenn du wieder mit ihm telefonierst, könntest du ihn vielleicht fragen, wie das Spiel gelaufen ist." Das ist für den anderen Elternteil eine wichtige Information.

„Stephanie hat mehrere Male gesagt, dass du ihr ein Auto kaufst, wenn sie 18 wird. Ich erwarte nicht, dass du das tust, aber ich dachte, es interessiert dich, was sie sagt."

Andererseits ist es manchmal besser, wenn der Teenager dem anderen Elternteil selbst sagt, was er sich wünscht, besonders wenn die Beziehung der Eltern untereinander sehr angespannt ist. Ihrem Teenager zu sagen: „Vielleicht solltest du das selbst mal ansprechen", kann die nötige Ermutigung sein, die der Teenager braucht.

Einigen Eltern, die von Natur aus pessimistisch sind, fällt es sehr schwer, das zu tun, was ich gerade vorgeschlagen habe. Für sie ist das Glas immer halb leer und diesen Pessimismus geben sie an ihren Teenager weiter. Wenn Sie das bei sich auch beobachten, rate ich Ihnen dringend zu versuchen, selbst eine optimistischere Sichtweise zu bekommen – möglicherweise auch durch die professionelle Hilfe einer Therapie.

Träume, auch unmögliche Träume, helfen, das Leben an dunklen Tagen erträglich zu machen. Und wer kann schon sagen, was möglich und was unmöglich ist? Wenn seine Wünsche unrealistisch sind, wird der Teenager das irgendwann sowieso erkennen. Aber wenn er über seine Wünsche spricht, bekommen Eltern Informationen, die sie sonst nicht hätten. Oft verraten seine Wünsche, welche Liebessprache Ihr Teenager hat. Es kann gut sein, dass der Teenager, der sich wünscht, dass sein Vater zu seinem Fußballspiel kommt, die Liebessprache *Zweisamkeit* hat. Der

> *Träume, auch unmögliche Träume, helfen, das Leben an dunklen Tagen erträglich zu machen. Und wer kann schon sagen, was möglich und was unmöglich ist?*

Teenager, der sich ein Auto wünscht, verrät damit, dass *Geschenke* seine bevorzugte Sprache der Liebe sind. Wenn Sie gut zuhören, erfahren Sie viel darüber, was Ihr Teenager braucht.

Für Eltern, die nicht das Sorgerecht haben

Jetzt möchte ich mich an die Eltern wenden, bei denen die Teenager nicht dauerhaft wohnen. Ich hoffe, Sie fühlen sich durch den ersten Teil dieses Kapitels nicht unfair behandelt. Sie können im Leben Ihres Teenagers eine entscheidende und wichtige Rolle spielen. Denn: *Ihr Teenager braucht Sie.* Viele Eltern, die von ihren Kindern getrennt leben, wissen, dass sie Unterstützung brauchen, um ihren Teenagern gute Eltern zu sein. Einige getrennt lebende Eltern sehen ihren Teenager regelmäßig. Andere leben mehrere Stunden entfernt, was regelmäßige Treffen schwierig macht. Wie können Sie aus dem, was Sie haben, das meiste machen? Zunächst möchte ich Ihnen ein paar Stolperfallen zeigen und Ihnen danach einige positive Gedanken nahelegen.

Ein weit verbreiteter Fehler wird manchmal als „Disneyland-Daddy"-Syndrom bezeichnet. Damit wird beschrieben, dass der getrennt lebende Elternteil die Zeit mit seinem Teenager bei Sportveranstaltungen, Shoppingtouren, im Kino und mit anderen außergewöhnlichen Freizeitaktivitäten verbringt. Seine Aufmerksamkeit gilt in erster Linie den Aktivitäten und nicht dem Teenager selbst. Aufgrund der begrenzten Zeit, die diese Eltern mit ihren Teenagern verbringen, neigen sie dazu, jedes Treffen vorher zu planen, um mit ihrem Teenager viel Spaß zu haben und ihm viel zu bieten. Beide – Teenager und Vater bzw. Mutter – sind am Ende des Besuchswochenendes völlig erschöpft.

Verstehen Sie mich nicht falsch: Es ist nichts daran auszusetzen, dass Sie mit Ihrem Teenager Spaß haben wollen. Aber das Leben besteht nicht immer nur aus Spaß und Spielen. Ihr Teenager muss Sie auch in normalen Alltagssituationen erleben. Da Sie unter der Woche vom Alltag Ihres Teenagers ausgeschlossen sind, haben Sie vielleicht nicht viel Ahnung von dem, was in seinem Kopf und Herz vor sich geht. Dazu ist ein offener Dialog in einer entspannten (und manchmal auch in einer nicht ganz so entspannten) Atmosphäre nötig. Eltern können die emotionalen Bedürfnisse des Teenagers erst stillen, wenn sie diese Bedürfnisse kennen.

Es kommt oft vor, dass Väter und Teenager ihre Beziehung völlig unterschiedlich bewerten. Umfragen zeigen, dass der Vater oft meint, er hätte seine Verantwortung erfüllt, während der Teenager das Gefühl hat, dass etwas fehlt. Der Vater denkt, er hätte seinem Teenager seine Liebe gezeigt, aber der Teenager fühlt sich abgelehnt. Eine Untersuchung ergab, dass die meisten Väter dachten, sie hätten ihre Verpflichtung erfüllt, während drei von vier Teenagern den Eindruck hatten, sie würden ihrem Vater nicht viel bedeuten. „Sie fanden, dass ihr Vater zwar körperlich, aber nicht emotional anwesend ist."[50] Es liegt auf der Hand, dass das „Disneyland-Daddy"-Syndrom für den Umgang mit Ihrem Teenager nicht der beste Weg ist.

Eine andere Gefahr besteht darin, dass der getrennt lebende Elternteil die *Zeit des Teenagers und/oder seine Hilfsbereitschaft ausnutzt.* Eine 15-Jährige erzählte mir, dass sie zu ihrem Vater fuhr, um das Wochenende bei ihm zu verbringen. Dort wurde ihr jedoch gesagt, dass er mit seiner neuen Partnerin weggefahren war und sie auf ihre zwei jüngeren Halbbrüder aufpassen sollte, bis er und seine Frau zurückkamen. Der Vater und seine Frau kehrten am nächsten Tag weit nach Mitternacht zurück. Es liegt auf der Hand, dass dieses Mädchen den Besuch als nicht sehr befriedigend empfand. Es würde mich nicht überraschen, wenn sie sich am nächsten Besuchswochenende bei ihrem Vater weigert, zu ihm zu fahren.

Damit will ich nicht sagen, dass der Teenager an seinem Besuchswochenende nichts arbeiten sollte. Im Gegenteil! Es kann eine sehr positive Erfahrung sein, den Teenager in Ihren normalen Lebensablauf einzubeziehen. Ganz einfache Tätigkeiten wie gemeinsam zum Supermarkt oder zur Bank zu fahren können für Ihre Beziehung zu Ihrem Teenager sehr wichtig sein. Aber Ihr Teenager merkt, wenn er ausgenutzt wird. Wenn sich Ihre Interessen um Sie selbst und nicht um den Teenager drehen, wird er das bald durchschauen und ablehnen.

Die dritte Gefahr ist es *anzunehmen, Ihr Teenager wäre emotional stabil, nur weil er nicht über seine Probleme spricht.* Teenager zögern oft, mit dem Elternteil, bei dem sie nicht wohnen, über ihre Probleme zu sprechen. Dafür gibt es viele Gründe. Einige befürchten, abgelehnt zu werden, wenn sie ehrlich über ihre Gefühle sprechen, sodass der Besuchskontakt abbricht. Einige, die sich beispielsweise an Gewaltausbrüche ihres Vaters aus früheren Jahren erinnern, fürchten seinen Zorn, wenn sie ehrlich sagen, was sie denken und fühlen. Andere sagen nichts, weil sie keine Unruhe heraufbeschwören wollen. Aber Schweigen ist kein Zeichen für eine gesunde Beziehung.

Die meisten Teenager, deren Eltern getrennt leben, haben ähnliche Gefühle und Gedanken, wie sie am Anfang dieses Kapitels besprochen wurden. Es ist sehr wichtig, dass die Teenager mit Ihnen über diese Gedanken und Gefühle sprechen können. Im besten Fall schaffen die Eltern eine Atmosphäre, in der dies ohne Angst vor negativen Folgen geschehen kann. In den meisten Fällen muss der Elternteil die Initiative ergreifen, vielleicht ungefähr so: „Ich vermute, dass du einige Verletzungen und Probleme hast, weil ich nicht mit deiner Mutter zusammenlebe. Wenn du darüber sprechen willst, sollst du wissen, dass ich dir zuhören will. Wenn ich immer noch Dinge tue oder nicht tue, die dich enttäuschen oder verletzen, hoffe ich, dass du mir das sagst. Ich will ein besserer Vater sein und ich bin für deine Vorschläge offen." Ihr Teenager reagiert vielleicht nicht sofort auf eine solche Einladung, aber wenn er sich davon überzeugt hat, dass Sie es ernst meinen, wird er Ihnen früher oder später erzählen, was ihn quält.

Nehmen Sie Ihre persönlichen Probleme in Angriff

Wenn Ihr Teenager nicht bei Ihnen wohnt und Sie nur wenig Kontakt zu ihm haben, weil Sie selbst Probleme haben – emotionale Schwierigkeiten, finanzielle Probleme, Sucht etc. –, möchte ich Sie ermutigen, die nötigen Schritte zu gehen, um Ihre Probleme in Angriff zu nehmen. Nach vielen Jahren als Ehe- und Familientherapeut kann ich mit Gewissheit sagen, dass Sie es irgendwann bereuen werden, wenn Sie sich aus dem Leben Ihres Teenagers heraushalten. Das können Sie verhindern, indem Sie jetzt positive Schritte gehen und sich Ihren Problemen stellen und wenn Sie die Hilfe, die Sie brauchen, in Anspruch nehmen.

Suchen Sie sich einen Pfarrer, einen Seelsorger oder einen Freund, dem Sie vertrauen, und sprechen Sie Ihre Probleme ehrlich an. Lassen Sie sich von jemandem helfen, um die nötige Hilfe zu bekommen und Ihr Leben in eine positivere Richtung zu lenken. Wenn Sie diese Schritte ergreifen, wird Ihr Teenager anfangen, Sie zu respektieren. Dann sind Sie einer sinnvollen Beziehung zu Ihrem Teenager einen großen Schritt näher gekommen.

Suchen Sie den Kontakt und sprechen Sie die Liebessprache Ihres Teenagers

Wenn Sie regelmäßig Kontakt zu Ihrem Teenager haben, ist es wichtig, diese Kontakte zu nutzen, egal ob aus der Ferne oder bei persönlichen Gesprächen. Lassen Sie Ihren Teenager an Ihrem Leben teilhaben – sowohl an Ihren Erfolgen als auch an Ihren Misserfolgen. Seien Sie zu Ihrem Teenager ehrlich und spielen Sie ihm nichts vor. Der Teenager sucht Authentizität. Nehmen Sie sich Zeit, um Fragen zu stellen, durch die Sie er-

Seien Sie zu Ihrem Teenager ehrlich und spielen Sie ihm nichts vor. Der Teenager sucht Authentizität.

fahren, was er denkt, was er fühlt und was er sich wünscht. Sie müssen nicht auf alles eine Antwort wissen. Im Gegenteil, es ist sogar besser, wenn Sie nicht auf alles eine Antwort parat haben. Ein Teenager muss lernen, selbst zu denken. Versuchen Sie zu erfahren, was Ihr Teenager fühlt. Beschränken Sie Ihre Zeit nicht auf oberflächliche Worte. Bitten Sie Ihren Expartner um Anregungen, wie Sie den Kontakt zu Ihrem Teenager verbessern könnten.

Außerdem ist es wichtig, den anderen Elternteil nicht zu kritisieren, wenn Sie mit Ihrem Teenager zusammen sind. Wenn Ihr Sohn oder Ihre Tochter den anderen Elternteil kritisiert, dann hören Sie gut zu. Fragen Sie, wie Sie helfen können. Reagieren Sie mitfühlend auf die Kritik des Teenagers, aber fangen Sie nicht an, Ihren Expartner zu kritisieren.

Neben dem Kontakt zu Ihrem Teenager ist es dringend notwendig, dass Sie lernen, die fünf Sprachen der Liebe zu sprechen. Entdecken Sie die Liebessprache Ihres Teenagers und sprechen Sie sie oft. Der größte Beitrag zu einer gesunden Entwicklung Ihres Teenagers ist es, ihn wissen zu lassen, dass Ihnen sein Wohl am Herzen liegt und dass Sie ihn lieben. Gehen Sie nicht davon aus, dass er Ihre Liebe automatisch spürt. Viele Eltern sprechen ihre eigene Sprache der Liebe und gehen davon aus, dass der Teenager sich geliebt fühlt. Doch tausende Teenager fühlen sich nicht geliebt. Es gibt keinen Ersatz für die Sprache der Liebe Ihres Teenagers.

Egal, wie Ihre Beziehung zu Ihrem Teenager in den letzten Jahren ausgesehen hat – es ist nie zu spät, um sie zu verbessern. Ein ehrliches Geständnis, in dem Sie zugeben, dass Sie Fehler gemacht haben, und die Bitte um Vergebung könnte der erste Schritt auf einem langen Weg sein, um eine herzliche, liebevolle Beziehung zwischen Ihnen und Ihrem Teenager aufzubauen. Der Weg dorthin kann für Sie beide schmerzlich sein, aber ich kann Ihnen versichern, dass es sich lohnt.

Wichtige Richtlinien

Im Folgenden stelle ich Ihnen einige wichtige Richtlinien vor, wie sowohl der Elternteil, bei dem der Teenager wohnt, als auch der getrennt lebende Elternteil dem Teenager seine Liebe zeigen kann.

1. *Hören Sie Ihrem Teenager zu.* Sie können keine vernünftige Beziehung zu Ihrem Teenager haben, ohne genau zuzuhören, was er sagt. Eltern, die nicht zuhören, was ihr Teenager sagt, können seine emotionalen Bedürfnisse kaum stillen und sind nicht in der Lage, sie in eine positive Richtung zu führen. Wenn Sie Ihrem Teenager zuhören, schenken Sie ihm Zeit und Ihre ungeteilte Aufmerksamkeit. Sie zeigen ihm damit, dass er ein wichtiger und wertvoller Mensch für Sie ist, und Sie schenken ihm einen Teil Ihres Lebens.
2. *Zeigen Sie Ihrem Teenager, wie er positiv mit seinem* Ärger *umgehen kann.* Dabei ist der erste Schritt möglicherweise, dass Sie zuerst an Ihrem eigenen Umgang mit Ärger arbeiten. Viele alleinerziehende Eltern tragen selbst viel Ärger in sich. Einige lernen, konstruktiv damit umzugehen; andere fressen ihn in sich hinein; wieder andere explodieren ständig mit wütenden Worten und aggressivem Verhalten. Ihr Teenager ist wahrscheinlich für Ihre Hilfe nur offen, wenn er sieht, dass Sie selbst Schritte ergreifen, um mit Ihrem Ärger positiver umzugehen. (Mehr dazu finden Sie in Kapitel 9, „Ärger und Teenager".)
3. *Setzen Sie liebevoll, aber bestimmt Grenzen.* Der Teenager braucht Sicherheit. Und diese Sicherheit erfährt

er, wenn er weiß, dass er seinen Eltern so wichtig ist, dass sie zu Dingen, die ihrer Meinung nach schädlich sind, Nein sagen. Es funktioniert erfahrungsgemäß am besten, wenn sich die Eltern in Bezug auf gewisse Grenzen einig sind und die gleichen Regeln und Konsequenzen haben. Das vermittelt dem Teenager, dass sein Wohl seinen beiden Eltern am Herzen liegt.

4. *Wichtiger als alles andere ist es, dass Sie Ihrem Teenager Ihre bedingungslose Liebe zeigen.* Egal, ob er sich gut oder schlecht benimmt, ob er richtig oder falsch handelt: Ihr Teenager braucht das Gefühl, dass sich jemand etwas aus ihm macht und dass ihn jemand wirklich liebt. Die Menschen, von denen er sich diese Liebe am meisten wünscht, sind seine Eltern. Wenn möglich, sollte jeder von Ihnen dafür sorgen, dass der Liebestank Ihres Teenagers voll bleibt.
5. Überlegen Sie, ob Sie in eine Selbsthilfegruppe für Alleinerziehende gehen. Diese Selbsthilfegruppen werden oft von Städten, Kirchen oder Volkshochschulen angeboten. Solche Gruppen arbeiten normalerweise in zwei Richtungen: Jemand, der einen ähnlichen Weg gegangen ist wie Sie, hat praktische Ideen für Sie. Andere sind erst seit Kurzem alleinerziehend und diesen Menschen können Sie Mut machen. Solche Gruppen können bei der schweren Aufgabe, Kinder und Teenager allein zu erziehen, sehr hilfreich sein.
6. *Nehmen Sie die Hilfe von Angehörigen, Freunden und aus Ihrer Gemeinde an.* Wenn Ihre Familie in der Nähe wohnt und Sie denken, dass sie einen positiven Einfluss auf Ihren Teenager ausüben könnte, sollten Sie nicht zögern, Ihre Verwandten um Hilfe zu bitten. Wenn Ihre Familie nicht in der Nähe wohnt oder

wenn Sie glauben, dass sie einen negativen Einfluss auf Ihren Teenager ausüben könnte, sollten Sie Freunde suchen, die Ihnen helfen können. Neben Angeboten der Stadt oder von anderen Initiativen können, wie erwähnt, auch Kirchengemeinden alleinerziehenden Eltern helfen. Gemeinden können nicht nur geistliche Ermutigung geben, sondern sind bestenfalls auch ein Ort, an dem gesunde Freundschaften entstehen können. Viele Gemeinden bieten wöchentliche Gruppen für Erwachsene an und organisieren gleichzeitig spannende Aktivitäten für Teenager. Nehmen Sie als Familie daran teil und sprechen Sie über das, was Sie gemeinsam gelernt haben. In ihrer Gemeinde und Familie finden viele alleinerziehende Eltern Menschen, die bei der Entwicklung ihrer Teenager eine sehr wichtige Rolle spielen. Sie müssen diesen Weg nicht allein gehen. In Ihrer Gemeinde gibt es Menschen, die Ihnen gern helfen.

Früher oder später wird Ihr Teenager erwachsen werden. Der größte Wunsch aller Eltern ist es, dass er dann ehrlich sagen kann: „Ich weiß, dass mich meine Mutter geliebt hat. Ich weiß, dass mich mein Vater geliebt hat."

Es ist meine aufrichtige Hoffnung, dass dieses Kapitel dazu beiträgt, dass Sie diesen Segen eines Tages erleben.

Die Herausforderung „Patchworkfamilie"

Vor Jahren verbrachte ich eine Woche im Juli in den schönen Blue Ridge Mountains von North Carolina, wo ich als Seelsorger bei einer Jugendfreizeit mitarbeitete. Michael hatte um ein Gespräch mit mir gebeten und ich lud ihn ein, mit mir zum Aussichtsturm zu wandern. (Ich habe festgestellt, dass Teenager ungezwungener sprechen, wenn sie dabei wandern.) Wir waren ungefähr eine Viertelstunde unterwegs und unterhielten uns über alles Mögliche, als ich Michael nach seiner Familie fragte. Er sagte: „Genau darüber wollte ich mit Ihnen sprechen. Es gefällt mir nicht, dass ich jetzt plötzlich einen Stiefvater habe."

Er erzählte weiter: „Bevor Mama Robert heiratete, lief alles gut. Mama und ich kamen gut miteinander aus. Ich hatte das Gefühl, dass sie mich respektiert. Jetzt komme ich mir wieder wie ein Kind vor. Sie und Robert haben lauter dämliche Regeln aufgestellt. Ich weiß, dass das Roberts Idee war, denn Mama ist nicht so streng. Aber jetzt stellt sie sich auf seine Seite und sie machen mir beide das Leben schwer. Ich würde am liebsten zu meinem Vater ziehen."

Was Michael mir an diesem Tag erzählte, hören Familientherapeuten jeden Tag. Etlichen Teenagern fällt das Leben in Patchworkfamilien sehr schwer. Michael hatte viele Jahre lang in einer bestimmten Form des Familienlebens gelebt und jetzt musste er sich in einer völlig neuen Familienkonstellation zurechtfinden. Nachdem sein Vater vor sechs Jahren ausgezogen war, hatte Michael sich daran gewöhnt, dass er nur mit seiner Mutter und seiner jüngeren Schwester zusammenwohnte. Er hatte das Gefühl, von seinem Vater abgelehnt zu werden, gut verarbeitet. Michael wusste, dass seine Mutter große Opfer brachte und schwer arbeitete, um die Familie zu versorgen.

„Mama brauchte mich. Ich musste nach der Schule auf meine Schwester aufpassen, bis sie nach Hause kam", erzählte er sowohl voller Stolz als auch voller Selbstvertrauen. „Ich habe beim Wäschewaschen geholfen und sie verließ sich darauf, dass ich im Haus Kleinigkeiten reparierte. Mama behandelte mich wie einen Erwachsenen."

Seit Robert in die Familie gekommen war, hatte sich das alles geändert. Robert wollte Michael bei verschiedenen Arbeiten helfen und gab ihm Ratschläge, wie er die Sachen im Haus reparieren sollte. „Das weiß ich doch alles selbst. Hält er mich denn für blöd?", brummte Michael missmutig.

Während ich Michael zuhörte, war ich ziemlich sicher, dass sein Stiefvater aufrichtig versuchte, seine Beziehung zu Michael zu verbessern, indem er einiges mit ihm gemeinsam machte. Aber ich wusste auch, dass Michael ihn bald ablehnen würde, wenn Robert nicht bald begriff, dass Michael ein Teenager war, der seine Unabhängigkeit bedroht sah. Ich vermutete auch, dass Michaels Mutter zwar im Moment hinter ihrem neuen Mann stand; dass es aber nur eine Frage der Zeit sein würde, bis ihre Sorge um Michael zu Konflikten zwischen ihr und Robert führen würde. Untersuchungen haben ergeben, dass ein bedeutender Scheidungsgrund bei zweiten Ehen Konflikte wegen der Kindererziehung sind.[51] Insgesamt liegt die Scheidungsrate bei Zweitehen deutlich höher als bei ersten Ehen.

Eine Patchworkfamilie hat ganz andere Voraussetzungen als die ursprüngliche erste Familie. In der ersten Familie war das Paar einige Zeit zu zweit, bevor das erste Kind kam. Das Kind kam als Säugling auf die Welt und die Eltern wuchsen im Laufe der Zeit in ihre Rolle hinein. Die Patchworkfamilie hingegen lässt dem Paar selten viel Zeit zu zweit. Die Kinder sind von Anfang an Teil der Familie. Oft sind sie schon Teenager, die auf der Suche nach Unabhängigkeit und ihrer eigenen Identität sind. Die ganzen normalen Kämpfe in diesem Prozess werden für einen Teenager verstärkt, der von einem Tag auf den anderen Teil einer Patchworkfamilie wird.

Die Sicht des Teenagers und die Ängste der Eltern

Oft hat der Teenager das Gefühl, sein eigener Entwicklungsprozess würde zugunsten des Glücks seiner Eltern beeinträchtigt. Wenn dieses negative Gefühl nicht verarbeitet wird, entsteht daraus bald Bitterkeit und diese Bitterkeit führt zu Rebellion. Gleichzeitig gehen Mütter oder Väter von Kindern im Teenageralter oft mit drei großen Ängsten eine zweite Ehe ein: 1. die Angst, die Liebe ihres Teenagers zu verlieren; 2. die Angst, dass sich ihr Teenager gegen sie auflehnt; 3. die Angst, das Leben ihres Teenagers zu ruinieren.

Eine Mutter klagte mir ihr Leid: „Ich habe das Leben meiner Tochter ruiniert. Zuerst durch meine Scheidung und dann durch meine zweite Ehe. Wie konnte ich nur so dumm sein?"

Diese Ängste führen oft dazu, dass der leibliche Elternteil die grundlegenden Konzepte von Disziplin und Umgang mit Ärger vergisst, über die wir in diesem Buch gesprochen haben. Die Mutter/der Vater will seinen Teenager besänftigen und grenzt dabei womöglich den neuen Ehepartner aus.

Zahlreiche andere Herausforderungen können auf die Patchworkfamilie zukommen: Auseinandersetzungen zwischen den Stiefgeschwistern; Konflikte zwischen dem leiblichen Elternteil und dem neuen Partner um die Definition von „angemessenen Familienregeln", Konflikte zwischen der Patchworkfamilie und der übrigen Familie darüber, was für den Teenager das Beste ist; im schlimmsten Fall sogar sexueller Missbrauch zwischen Stiefgeschwistern oder durch den neuen Partner. Die Liste der möglichen Herausforderungen ließe sich endlos weiterführen.

Aber es ist nicht meine Absicht, ein düsteres Bild zu malen. Meine Absicht ist es, realistisch zu sein und Hoffnung aufzuzeigen. Ich bin davon überzeugt: Wenn Sie die fünf Sprachen der Liebe verstehen und in der Patchworkfamilie anwenden, trägt das viel dazu bei, ein Klima zu schaffen, in dem Ihre neue Familienkonstellation gelingen kann. Jeder Mensch hat das grundlegende emotionale Bedürfnis, sich geliebt zu fühlen. Und weil Liebe die Familienbeziehungen fördert, können Sie in der Patchworkfamilie eine gesunde Atmosphäre schaffen, wenn Sie lernen, Ihre Liebe so zu zeigen, dass sie verstanden wird. Echte Liebe schafft eine Atmosphäre, in der Konflikte gelöst werden können, sodass der Teenager weiterhin auf gute Weise seine Unabhängigkeit entwickelt und die Ehebeziehung der Eltern wachsen kann. Aber wenn das emotionale Bedürfnis nach Liebe nicht gestillt wird, besteht die große Gefahr, dass in der neuen Familie jeder gegen jeden kämpft.

Ich bin davon überzeugt: Wenn Sie die fünf Sprachen der Liebe verstehen und in der Patchworkfamilie anwenden, trägt das viel dazu bei, ein Klima zu schaffen, in dem Ihre neue Familienkonstellation gelingen kann.

Ich möchte Sie ermutigen, die Gedanken ernst zu nehmen, die in den ersten Kapiteln dieses Buches beschrieben wurden. Üben Sie, die Sprachen der Liebe mit den anderen zu sprechen. Sprechen Sie über verschiedene Dialekte, mit denen Sie dem Teenager Ihre Liebe zeigen können, und entdecken Sie die bevorzugte Liebessprache Ihres Teenagers (und auch Ihre eigene). Lesen Sie ein Buch über die Dynamik von Beziehungen in Patchworkfamilien. Machen Sie sich bewusst, dass Teenager nicht immer offen sind für die Art, wie Sie Liebe ausdrücken. Nehmen Sie das nicht persönlich. Versuchen Sie es am nächsten Tag auf eine andere Art. Lernen Sie aus Ihren Fehlern.

Betrachten wir jetzt einige der häufigsten Herausforderungen, vor denen Sie stehen, wenn Sie Ihrem Teenager in einer Patchworkfamilie Ihre Liebe zeigen möchten.

Ablehnung und Eifersucht

Teenager reagieren oft nur zögerlich auf die Liebe eines Stiefvaters oder einer Stiefmutter. Dafür gibt es viele Gründe. Erstens befürchtet der Teenager vielleicht, vom neuen Elternteil abgelehnt zu werden. Als Stiefvater können Sie vielleicht nur schwer verstehen, warum sich der Teenager zurückzieht. Immerhin haben Sie beschlossen, ihn zu lieben. Sie bemühen sich ernsthaft, auf ihn zuzugehen und ihm Ihre Liebe zu zeigen. Aber berücksichtigen Sie bitte, dass der Teenager schon einmal das Trauma erlitten hat, von einem Vater abgelehnt zu werden, als er miterleben musste, wie sich seine Eltern scheiden ließen. Vielleicht ist das passiert, als er noch ein Kind war, aber das Trauma bleibt eine schmerzhafte Erinnerung, die er nicht noch einmal erleben will. Er will nicht wieder so tief verletzt werden.

Zweitens ist der Teenager vielleicht auf die Beziehung des Stiefvaters zu seiner Mutter eifersüchtig. Er könnte Sie als Bedrohung für seine eigene Beziehung zu seiner Mutter sehen. Seit Sie da sind, bekommt er von seiner Mutter nicht mehr so viel Aufmerksamkeit. Der Teenager ist möglicherweise auch eifersüchtig auf die Zuneigung, die Sie Ihren leiblichen Kindern schenken. Ein weiterer häufiger Konflikt für Teenager in Patchworkfamilien ist die Angst, er würde seiner Mutter untreu, wenn er auf die Liebe seiner Stiefmutter eingeht, oder er wäre seinem Vater untreu, wenn er die Liebe seines Stiefvaters annimmt.

Ein zusätzlicher Grund für die zögernde Reaktion eines Teenagers auf die Liebe eines Stiefvaters oder einer Stiefmutter ist es, dass sie ihn oder sie als Bedrohung für ihre Unabhängigkeit sehen. So war es bei Michael, den wir am Anfang dieses Kapitels kennengelernt haben.

Gehen Sie auf die Gefühle des Teenagers ein

Wie können Stiefeltern diese Barrieren überwinden? *Der erste Schritt besteht darin, dass Sie dem Teenager die Freiheit geben, der Mensch zu sein, der er ist.* Die Gefühle und Ängste, die wir gerade angesprochen haben, sind für den Teenager real, auch wenn er sie nicht offen ausspricht. Versuchen Sie nicht, Ihrem Teenager seine Gedanken und Gefühle auszureden. Wenn sich der Teenager entscheidet zu sprechen, dann hören Sie ihm aufmerksam zu und bestätigen Sie seine Gefühle. „Das klingt völlig logisch. Ich kann verstehen, dass du dich so fühlst." Damit drücken Sie aus, dass seine Gefühle berechtigt sind.

> *Versuchen Sie nicht, Ihrem Teenager seine Gedanken und Gefühle auszureden.*

Großspurige Erklärungen klingen in den Ohren des Teenagers jedoch hohl und leer. „Du brauchst dir meinetwegen keine Sorgen zu machen. Ich werde nie weggehen. Und ich werde dir ganz bestimmt nicht deine Mutter wegnehmen." Der Teenager reagiert viel mehr auf das, was Sie tun, als auf Ihre Versprechen.

Wie jeder Jugendliche wird auch der Teenager, der in einer Patchworkfamilie aufwächst, auf seiner Suche nach der eigenen Identität und Unabhängigkeit hin und wieder rebellieren. Dabei ist wichtig zu berücksichtigen, dass in einer Patchworkfamilie häufig auch Verletzungen, Trauer und Depressionen hinter dem rebellischen Verhalten des Teenagers stehen können. Es wäre falsch, wenn Sie das Verhalten des Teenagers beurteilen, ohne seine Gefühle zu berücksichtigen. Wenn Sie das in Erinnerung behalten, können Sie ihm mit Mitgefühl und Barmherzigkeit begegnen.

Zweitens: *Versuchen Sie als Stiefvater/Stiefmutter nicht, den Platz des leiblichen Vaters/der leiblichen Mutter einzunehmen.* Er-

Versuchen Sie als Stiefvater/ Stiefmutter nicht, den Platz des leiblichen Vaters/ der leiblichen Mutter einzunehmen.

mutigen Sie den Teenager, den Kontakt zu seinem leiblichen Elternteil, soweit möglich, aufrechtzuerhalten und ihn zu lieben. Sprechen Sie nicht negativ über den Vater bzw. die Mutter des Teenagers, der/die getrennt von Ihrer Familie lebt.

Der Umgang mit Ihren eigenen Gedanken und Gefühlen

Erkennen Sie Ihre eigenen Gefühle und Ängste

Seien Sie in Bezug auf Ihre eigenen Gedanken und Gefühle ehrlich. Falls Ihre Ehe kriselt, ziehen Sie sich vielleicht auch von dem leiblichen Kind Ihres Mannes/Ihrer Frau zurück, weil Sie Angst vor einer weiteren Scheidung haben. Sie wollen keine zu enge Beziehung zu dem Teenager aufbauen, weil Sie ihn nicht wieder verletzen wollen.

Vielleicht haben Sie aber auch Schuldgefühle, weil Sie keine enge Beziehung zu Ihren eigenen leiblichen Kindern haben. Vielleicht halten Sie es für unfair, wenn Sie eine enge Beziehung zu Ihren Stiefkindern aufbauen, während zwischen Ihnen und Ihren eigenen Kindern eine so große Distanz herrscht.

Und es könnte auch sein, dass Sie sich von dem Teenager zurückziehen, weil Sie eifersüchtig sind auf die Zeit und Aufmerksamkeit, die er von Ihrem Ehepartner bekommt. In jedem von uns steckt ein wenig Egoismus. Es ist schwer, unsere eigenen Bedürfnisse, Wünsche und Sehnsüchte völlig zu ignorieren. Aber Egoismus zerstört schließlich jede Beziehung.

Wie gehen Sie mit diesen Gefühlen und Gedanken um, die Sie daran hindern, eine liebevolle Beziehung zu dem Teenager aufzubauen, dessen Stiefvater bzw. Stiefmutter Sie sind?

Ich schlage vor, dass Sie zuerst einmal in sich gehen. Gestehen Sie sich Ihre Gedanken und Gefühle ein. Nur weil Sie die Augen davor verschließen, gehen sie noch lange nicht weg. Aber seien Sie ehrlich zu sich selbst. Egoismus führt zu Isolation und Einsamkeit. Die glücklichsten Menschen der Welt sind die, die geben – nicht die, die alles haben.

Lieben Sie Ihre Kinder und Ihre Stiefkinder

Sie können Ihre Frau, Ihre leiblichen Kinder und Ihre Stiefkinder lieben und haben dabei immer noch Liebe für andere übrig. Ihre Frau kann ihre leiblichen Kinder und Sie lieben und trotzdem noch Liebe für ihre Stiefkinder haben.

Es funktioniert nicht, dass Sie Ihre Frau lieben, aber die Kinder Ihrer Frau nicht. Eltern können diese zwei Dinge nicht voneinander trennen. Und denken Sie daran: Sie ernten immer, was Sie säen. Lieben Sie und Sie werden geliebt werden. Geben Sie und man wird Ihnen geben. Eine Patchworkfamilie gelingt nicht, wenn man „mit den Kindern irgendwie fertig wird". Sie gelingt dann, wenn Sie die Kinder lieben und ihnen helfen, sich zu verantwortungsvollen, selbständigen jungen Erwachsenen zu entwickeln.

Sie ernten immer, was Sie säen. Lieben Sie und Sie werden geliebt werden. Geben Sie und man wird Ihnen geben.

Stiefeltern, die ihre Stiefkinder lieben wollen, brauchen Geduld. Ein Teenager sitzt im Gegensatz zu jüngeren Kindern nicht einfach da und nimmt die Liebe an, die Sie ihm geben. Der Teenager hat eigene Gedanken, Erfahrungen von früher und Verhaltensmuster. Untersuchungen zeigen, dass es normalerweise mindestens eineinhalb bis zwei Jahre dauert, bis der Teenager und der Stiefvater oder die Stiefmutter eine liebevolle Beziehung haben.[52]

Woran merken Sie, dass der Teenager eine gute Beziehung

zu Ihnen hat? Er fängt an, Ihnen spontan seine Zuneigung zu zeigen, und ist gern bereit, Ihre Liebe anzunehmen. Er beginnt Gespräche und Aktivitäten mit Ihnen, geht auf Ihre Bedürfnisse ein und fragt Sie nach Ihrer Meinung. Wenn das geschieht, ernten Sie die Früchte, die Sie mit Ihrer bedingungslosen Liebe gesät haben. Wenn Sie eine stabile Liebesbeziehung zu Ihrem Stiefkind im Teenageralter aufbauen, tun Sie damit Ihrer Ehe etwas sehr Gutes. Eltern lieben ihre leiblichen Kinder, und wenn sie sehen, dass sich ihr neuer Ehepartner ernsthaft bemüht, eine positive Beziehung zu ihrem Teenager aufzubauen, wächst die Liebe in der Ehebeziehung.

Disziplin in der Patchworkfamilie

Disziplin ist in Patchworkfamilien häufig ein großer Konfliktpunkt. Bei der Kindererziehung sind sich schon die meisten leiblichen Eltern oft nicht ganz einig. In Patchworkfamilien treten diese unterschiedlichen Ansichten noch viel stärker auf, weil jeder schon eine andere Familie erlebt hat, bevor er Teil dieser neuen Familienkonstellation wurde.

Das Ziel von Disziplin ist es, unseren Teenagern zu helfen, sich zu verantwortungsbewussten Erwachsenen zu entwickeln. Dieser Prozess kann in der Patchworkfamilie schwerer sein als in der ursprünglichen Familie, aber er ist nicht unmöglich. Ich möchte beiden Elternteilen Mut machen, noch einmal den Abschnitt über Liebe und Verantwortung in Kapitel 11 zu lesen. In diesem Kapitel werden die grundlegenden Erziehungskonzepte verdeutlicht.

Wenn sich die Regeln ändern

Der Teenager weiß, dass jetzt, da der Stiefvater oder die Stiefmutter eingezogen ist, einiges anders werden wird. Es muss sich auch einiges ändern. Wenn zum Beispiel der neue Elternteil auch Teenager mit in die Ehe bringt, kann es nötig sein, dass neue Regeln aufgestellt werden, z. B. was die Bekleidung zu Hause betrifft. Versuchen Sie nicht, diese Regeln im Alleingang festzulegen. Als Eltern haben Sie das letzte Wort, aber Ihre Teenager sollten daran beteiligt werden, wenn Regeln und die Konsequenzen bei Regelverstößen festgelegt werden. Es ist sehr gut möglich, dass Sie und Ihr neuer Ehepartner völlig anderer Meinung sind, wie diese Regeln und Konsequenzen aussehen sollten. Als Faustregel rate ich dazu, dass sich im ersten Jahr der Patchworkfamilie der neue Elternteil nach den Wünschen des leiblichen Elternteils richten sollte. Wenn sich die emotionalen Beziehungen verbessern, können die Regeln noch einmal überdacht werden, falls der neue Elternteil das Gefühl hat, dass sie nicht angemessen sind.

Als Faustregel rate ich dazu, dass sich im ersten Jahr der Patchworkfamilie der neue Elternteil nach den Wünschen des leiblichen Elternteils richten sollte.

Minimale Veränderungen verhelfen der Patchworkfamilie in der ersten Zeit zu einer größeren Akzeptanz. Eine gute Idee ist es, wenn Sie gleich zu Beginn der neuen Familiensituation eine Familienkonferenz einführen. Jedes Familienmitglied kann jederzeit eine solche Konferenz einberufen, sobald er das Gefühl hat, dass sich im Familienleben etwas ändern muss. Damit schaffen Sie einen Raum, in dem Gefühle und Gedanken geklärt werden können. Wenn Sie bei den Familienkonferenzen die Gedanken und Gefühle Ihrer Kinder und Teenager anhören und ernst nehmen, sich aber weiterhin das Recht vorbehalten, dass Sie als Eltern das letzte Wort haben, schaffen Sie eine Atmosphäre, in der Familienkonflikte gelöst werden können.

Es ist viel einfacher, ein solches Klima zu schaffen, wenn sich die Familienmitglieder von den anderen geliebt fühlen.

Deshalb bleibt es nach wie vor sehr wichtig, die Liebessprache der anderen zu sprechen.

Konsequenzen und Strafen

Im ersten Jahr der Patchworkfamilie ist es besser, wenn der leibliche Elternteil Strafen verhängt und Konsequenzen umsetzt. Später, wenn die Beziehung zwischen dem neuen Elternteil und dem Teenager stabiler geworden ist, kann jeder der beiden Eltern die Konsequenzen umsetzen, besonders wenn diese vorher festgelegt und von allen eindeutig verstanden wurden. Wenn Sie die Liebessprache des Teenagers sprechen, bevor und nachdem Sie die Konsequenzen umsetzen, verstärkt das die Wahrscheinlichkeit, dass er Ihr Handeln als fair empfindet.

Es ist sehr wichtig, bei der Durchsetzung der Konsequenzen eine klare Linie zu verfolgen. In Stefans und Claudias Patchworkfamilie galt die Regel, dass das Fahrrad vor 20 Uhr in die Garage gestellt werden musste. Wer sich nicht daran hielt, durfte am nächsten Tag nicht Fahrrad fahren. Alle waren sich einig, dass diese Regel fair war, und als im Sommer die Tage länger wurden, wurde die Zeit auf 21 Uhr ausgedehnt. Diese Regel wurde drei Wochen später auf die Probe gestellt, als Claudias 13-jährige Tochter Ella ihr Fahrrad bei den Nachbarn im Garten vergaß. Um kurz nach 21 Uhr klingelte der Sohn der Nachbarn und brachte Ellas Fahrrad.

Claudia bedankte sich bei ihm, stellte das Fahrrad in die Garage und teilte Ella ruhig mit, was passiert war. Sie erinnerte ihre Tochter daran, dass sie am nächsten Tag nicht Fahrrad fahren dürfe.

Am nächsten Nachmittag kam Ella mit ihrem süßesten Lächeln zu ihrer Mutter und sagte: „Ich habe eine Bitte. Ich weiß, dass ich mein Fahrrad gestern Abend draußen vergessen habe, aber heute Nachmittag fahren alle Mädchen zum Park. Bitte, Mama, wenn du mich mitfahren lässt, fahre ich die nächsten zwei Tage nicht Rad. Zwei Tage für einen. Das ist doch fair, oder?“

Claudia wollte Ja sagen. Das wäre viel leichter und Ellas Angebot klang fair. Aber Claudia wusste, dass sie ein falsches Signal setzen würde, wenn sie einwilligte. Deshalb sagte sie: „Tut mir leid, Ella. Aber du kanntest die Regel und du kanntest die Konsequenzen. Wenn du das Fahrrad nicht rechtzeitig aufräumst, darfst du am nächsten Tag nicht fahren.“

Als sie merkte, dass ihr Lächeln und ihre freundliche Bitte nicht den gewünschten Erfolg brachten, schaltete Ella auf Jammern um. „Ach, Mama! Bitte, Mama! Es ist fair. Es ist wirklich fair. Zwei Tage für einen. Zwei Tage für einen! Das ist doch fair, Mama!“

„Tut mir leid“, wiederholte Claudia. „Aber du kennst die Regel.“

Daraufhin versuchte es Ella mit Druck. „Wie kannst du mir das antun? Alle Mädchen fahren in den Park. Mir gefallen diese ganzen neuen Regeln nicht. Bevor Stefan kam, war das anders. Das ist nicht fair. Ich will nicht länger in diesem Haus wohnen.“

Claudia wollte zurückschießen und Ella auffordern, Stefan aus dem Spiel zu lassen, weil das nichts mit ihm zu tun hatte. Aber sie war klug genug, diese Gedanken für sich zu behalten, und sagte stattdessen: „Schatz, ich weiß, dass du mit den Mädchen in den Park fahren willst. Ich würde es dir wirklich gern erlauben, aber so läuft es im Leben nicht. Wenn wir etwas falsch machen, müssen wir die Konsequenzen dafür tragen. Ich verstehe, dass dir das nicht gefällt. Und ich verstehe auch, dass du dir manchmal wünschst, Stefan wäre nicht da. Vielleicht glaubst du auch, ich würde leichter nachgeben, wenn er nicht da wäre. Aber ich hoffe, dass du das nicht denkst. Ich habe dich geliebt, bevor Stefan da war, und ich liebe dich auch jetzt. Du musst die Konsequenzen für dein Tun tragen, weil ich weiß, dass das für dich das Beste ist.“

„Komm mir jetzt nicht damit, dass das *für mich das Beste* wäre“, knurrte Ella und stapfte aus dem Zimmer. Claudia seufzte laut und fragte sich: *Tue ich das Richtige?*

Wenn sie die Konsequenzen tragen müssen, lernen Teenager Verantwortung.

Ella schmollte und kam den ganzen Nachmittag und Abend nicht aus ihrem Zimmer. Am nächsten Morgen sprach sie kein Wort. Aber am Nachmittag war sie wie immer und erwähnte diesen Vorfall nie wieder (und ließ auch ihr Fahrrad nie wieder draußen stehen). Wenn sie die Konsequenzen tragen müssen, lernen Teenager Verantwortung.

Ungefähr fünf Wochen später ließ Stefans 15-jähriger Sohn Dominik sein Rad auch länger draußen, als sie vereinbart hatten. Stefan entdeckte es, als er am Abend nach Hause kam. Er räumte das Rad auf und teilte Dominik mit, dass er am nächsten Tag nicht damit fahren dürfe. „Okay“, sagte Dominik. „Das verstehe ich. Ich habe es einfach vergessen.“

Sie können sich wahrscheinlich vorstellen, wie verblüfft Claudia war, als sie am nächsten Tag hörte, wie Stefan zu Dominik sagte: „Kannst du mit dem Rad zur Bäckerei fahren und Brot kaufen? Ich muss den Rasen mähen.“

Claudia sagte ruhig: „Stefan, ich dachte, Dominik darf heute nicht Rad fahren.“ Aber Stefan antwortete: „Wir brauchen Brot und ich muss den Rasen mähen. Er hilft mir. Dann ist das schon okay.“

Dominik fuhr mit dem Rad los, aber Claudia ging ins Haus und fühlte sich verraten. *Das ist unglaublich! Wie kann er das nur machen? Wenn das Ella erfährt, kann ich mir etwas anhören!*

Stefan hat gegen eines der Kardinalprinzipien guter Erziehung verstoßen: Konsequenz. Solange er vor Claudia und Ella nicht eingesteht, dass er einen Fehler gemacht hat, wird die emotionale Mauer, die er durch sein Verhalten geschaffen hat, seine Bemühungen zunichtemachen, eine liebevolle

Beziehung zu seiner Frau und seiner Stieftochter aufzubauen. Durch das inkonsequente Verhalten seines Vaters kommt auch Dominik zu Schaden. Es ist immer wichtig, dass Eltern in der Erziehung konsequent handeln, doch in Patchworkfamilien ist es besonders entscheidend.

Andere Konfliktbereiche

Einstellung und Verhalten des anderen Elternteils

Oft hat der Teenager noch eine andere Familie, nämlich den anderen leiblichen Elternteil und womöglich dessen neuen Partner mit Kindern. Das ist eine große Herausforderung für die Beziehungen untereinander. Vielleicht haben die Eltern Gefühle aus der früheren Ehe noch nicht verarbeitet. Einer oder beide empfinden vielleicht immer noch Ärger, Bitterkeit oder Hass gegenüber dem Expartner. Einige verspüren womöglich noch Liebesgefühle für den früheren Partner, die für den neuen Partner besonders problematisch sein können.

Außerdem können Verhaltensmuster, die zur Scheidung geführt haben, auch weiterhin Probleme bereiten. Zum Beispiel kommt der Workaholic-Vater, der nie pünktlich nach Hause kam, jetzt zu spät, wenn er den Teenager zum Besuchswochenende abholt. Das nervt die Mutter des Teenagers genauso wie früher, als sie mit seinem Vater noch verheiratet war. Über die nörgelnde, pingelige Mutter ärgert sich der Exmann immer noch, der beruflich unter Druck steht und es nur mit großem Stress schafft, seinen Teenager überhaupt abzuholen. Viele dieser Konflikte konzentrieren sich auf „den Besuch", denn dabei haben die früheren Ehepartner den häufigsten Kontakt.

Dazu kann kommen, dass sich die leiblichen Eltern gegenseitig die Schuld für jedes emotionale Problem oder jede Verhaltensauffälligkeit des Teenagers geben. Manchmal macht der andere Elternteil gegenüber dem Teenager negative Bemerkungen über Sie und Ihren jetzigen Partner. Diese Bemerkungen wirft Ihnen dann Ihr Teenager an den Kopf. Meistens passiert das, wenn er wütend ist. Der 18-jährige Dennis fährt seine Mutter an: „Papa hat gesagt, dass er mir kein Auto kaufen kann, weil er sein ganzes Geld ausgeben muss, um bei uns alles zu bezahlen." Die 17-jährige Lisa hat einen Streit mit ihrer Stiefmutter. Plötzlich platzt es aus ihr heraus: „Meine Mama sagt, dass du eine furchtbare Person bist, weil du uns meinen Vater weggenommen hast. Das werde ich dir nie vergeben."

Unterschiedliche Werte

Manchmal unterscheiden sich die Werte in der Familie Ihres Expartners deutlich von denen in Ihrer neuen Familie. Vielleicht war das sogar einer der Gründe, die zur Scheidung führten. Der größte Konflikt zwischen Familien herrscht häufig, wenn es um moralische Werte geht. Anstößige Internet-Clips, schlimme Schimpfwörter oder Alkohol und Drogen gibt es in Ihrer neuen Familie vielleicht nicht mehr, aber wenn der Teenager seinen anderen Elternteil besucht, ist er diesen Dingen weiterhin ausgesetzt. Die Filme, die Ihr Teenager an den Besuchswochenenden bei seinem Vater ansehen darf, würden Sie ihm vielleicht nicht erlauben. Ähnlich kann es in Glaubensfragen aussehen. Das alles birgt mögliches Konfliktpotenzial. Aber solange diese Aktivitäten nicht illegal sind, hat der Elternteil, bei dem der Teenager wohnt, keinen Einfluss auf das, was passiert, wenn sich der Teenager beim anderen Elternteil aufhält.

An dieser Stelle wird Ihre eigene positive Art, Ihrem Teenager Liebe und Maßstäbe vorzuleben, sehr wichtig. Wenn der Teenager von Ihnen lernt, dass jede Entscheidung Konsequenzen hat, und wenn Sie Ihren Teenager Entscheidungen treffen lassen und dafür sorgen, dass er die Konsequenzen dafür trägt, ist ihm das auch bewusst, wenn er die andere Familie besucht. Es kann sein, dass Ihr Sohn oder Ihre Tochter dort einem Denken und einem Verhalten ausgesetzt ist, vor dem Sie ihn bzw. sie lieber bewahren würden. Aber aufgrund der unerschütterlichen Liebe und der konsequenten Erziehung, die Ihr Teenager bei Ihnen erfährt, ist die Wahrscheinlichkeit größer, dass er vernünftige und kluge Entscheidungen trifft.

Wenn Sie dafür sorgen, dass der Liebestank des Teenagers voll bleibt, wirken Sie falschen Entscheidungen entgegen. Wenn der Teenager weiß, dass Sie nur sein Bestes im Sinn haben, und wenn er sich von Ihnen zutiefst geliebt weiß, lässt er sich von seinem anderen Elternteil nicht so leicht zu einem negativen Verhalten verleiten. Zum einen will er Sie nicht verletzen und zum anderen spürt er, dass der andere Elternteil nicht sein Wohl im Blick hat, da er ihn sonst nicht solchen destruktiven Dingen aussetzen würde.

Wenn Sie dafür sorgen, dass der Liebestank des Teenagers voll bleibt, wirken Sie falschen Entscheidungen entgegen.

Als Reaktion auf diese Konflikte mit Ihrem Expartner sollten Sie nie mit der gleichen Waffe zurückschlagen. Versuchen Sie nicht, das negative Verhalten Ihres früheren Partners damit zu bekämpfen, dass Sie ihn „seine eigene Medizin schlucken lassen". Reagieren Sie freundlich, aber bestimmt. Lassen Sie sich von seinem Verhalten nicht einschüchtern und versuchen auch Sie nicht, ihn einzuschüchtern. Ihr Ziel ist es nicht, Ihren Expartner zu besiegen (oder den anderen leiblichen Elternteil Ihres Stiefkindes, den Sie nie ganz ersetzen können). Ihr Ziel ist es, dafür zu sorgen, dass Ihre eigene Ehe stabil und gut ist. Außerdem wollen Sie darauf hinarbeiten, dass sich Ihr Teenager zu einem verantwortungsvollen jungen Erwachsenen entwickelt. Eine offene Kommunikation zwischen Ihnen,

Ihrem Partner und dem Teenager über die Schwierigkeiten, die Sie mit der anderen Familie erleben, und die gemeinsame Suche nach möglichen Lösungen dafür können für Ihren Teenager ein wichtiger Lernprozess sein.

Ein Rezept für eine starke Patchworkfamilie

Zusammenfassend möchte ich vier grundlegende Dinge betonen, die zu einer gesunden Patchworkfamilie führen. Sie können die Wirkung dieser vier Dinge noch verstärken, wenn Sie in Ihrer Familie gemeinsam versuchen, die fünf Sprachen der Liebe umzusetzen.

An erster und wichtigster Stelle steht die bedingungslose Liebe. Leben Sie Ihrem Teenager vor, dass Sie Ihren Partner bedingungslos lieben und dass Sie alle Kinder, die zu der neuen Familie gehören, bedingungslos lieben. Die Botschaft, die Ihr Teenager und die jüngeren Kinder dringend brauchen, lautet: „Wir lieben dich, egal was passiert." Es ist sehr wichtig, dass Sie weder mit Ihren Worten noch mit Ihrem Verhalten die Botschaft vermitteln: „Wir lieben euch, wenn ihr nett zueinander seid; wir lieben euch, wenn ihr tut, was wir sagen; wir lieben euch, wenn ihr uns liebt." Alles andere als bedingungslose Liebe ist keine wahre Liebe. Jeder Teenager muss wissen, dass es jemanden gibt, dem viel an ihm liegt und dem er sehr, sehr wichtig ist.

> *Die Botschaft, die Ihr Teenager und die jüngeren Kinder dringend brauchen, lautet: „Wir lieben dich, egal was passiert."*

Dem Teenager *Geschenke*, angemessene *Zärtlichkeit*, *Hilfsbereitschaft*, *Zweisamkeit* sowie *Lob und Anerkennung* zu geben, sind die fünf grundlegenden Arten, um ihm zu zeigen, dass Sie ihn bedingungslos lieben. Ihr Teenager muss von Ihnen alle fünf Sprachen der Liebe hören, aber er benötigt vor allem regelmäßig eine große Dosis seiner Liebessprache.

Zweitens: Seien Sie gerecht. Bitte bedenken Sie dabei, dass Gerechtigkeit nicht unbedingt heißt, dass Sie alle Kinder gleich behandeln sollen. Jedes Ihrer Kinder ist anders, sogar Ihre leiblichen Kinder. Und da sie so verschieden sind, fühlt sich ein Kind durch das, wodurch sich ein anderes Kind geliebt fühlt, nicht unbedingt auch geliebt. Wenn die Liebessprache des einen Teenagers *Geschenke* lautet und die des anderen *Zweisamkeit* und Sie beiden ein Geschenk geben, das finanziell den gleichen Wert hat, bekommt der eine emotional viel mehr als der andere. Gerechtigkeit bedeutet, dass Sie versuchen, die einzigartigen Bedürfnisse jedes Kindes oder Teenagers gleichermaßen zu stillen.

Schenken Sie – drittens – Ihre Aufmerksamkeit. Zeigen Sie Interesse an der Welt Ihres Teenagers: Gehen Sie zu den Aktivitäten, bei denen Erwachsene erwünscht sind; zeigen Sie an seinem schulischen und sozialen Leben Interesse; hören Sie sich seine Ideen, Wünsche und Gefühle an. Kurz gesagt: Tauchen Sie in seine Welt ein und fassen Sie darin Fuß. Umfragen haben ergeben, dass sich die meisten Teenager mehr Zeit mit ihren Eltern wünschen und nicht weniger.[53]

Viertens braucht Ihr Teenager Erziehung. Teenager brauchen Grenzen. Eltern, die die Meinung vertreten: „Du bist ein Teenager. Mach, was du willst“, tun dem Teenager damit keinen Gefallen. Ein Leben ohne Grenzen wird schnell zu einem sinnlosen Leben. Eltern, die ihre Teenager lieben, setzen Grenzen, um sie vor Gefahren zu schützen und zu einer verantwortungsbewussten Selbstbeherrschung zu erziehen.

Wenn Eltern in einer Patchworkfamilie diese Grundprinzipien beachten, sind das gute Voraussetzungen, um gesunde, stabile Beziehungen aufzubauen und viele Konflikte zu entschärfen.

11

Liebe und der Wunsch nach Unabhängigkeit

Martin und Laura hatten um ein Gespräch mit dem Arzt gebeten, bei dem sie ihre Sorgen um ihren 13-jährigen Sohn Carl äußerten.

„Seine ganze Persönlichkeit hat sich verändert", begann Martin. „Er ist so unberechenbar geworden."

„Er war nie rebellisch", fügte Laura hinzu, „aber jetzt stellt er fast alles, was wir sagen, infrage. Und seine Sprache hat sich so verändert! Die halbe Zeit wissen wir nicht, was er eigentlich sagt. Vor zwei Wochen hat er laut geflucht. Carl hat früher nie geflucht."

„Wir haben Angst, dass Carl ein neurologisches Problem hat", sagte Martin.

„Womöglich einen Hirntumor", ergänzte Laura. „Wir wollten Sie bitten, ob Sie ihn untersuchen und uns Ihre Meinung sagen könnten."

Der Arzt stimmte zu und zwei Wochen später hatte Carl einen Untersuchungstermin. Nach einer gründlichen körperlichen Untersuchung, einschließlich eines CTs, teilte der Arzt Martin und Laura mit, dass Carl ein vollkommen gesunder Teenager war. Er hatte keine neurologischen Probleme. Das, was sie erlebten, waren Zeichen einer normalen Entwicklung in diesem Alter. Martin und Laura waren gleichzeitig erleichtert und verwirrt. Erleichtert, weil es keine körperlichen Probleme gab, aber verwirrt, weil sie nicht wussten, wie sie auf diese beängstigende Entwicklung reagieren sollten. Sie wussten nur, dass sie Carls Verhalten nicht einfach ignorieren konnten.

Martin und Laura erlebten das durchaus nicht ungewöhnliche Trauma von Eltern, deren Kinder *plötzlich* Teenager werden. Alles verändert sich so schnell, scheinbar über Nacht. Was früher funktioniert hat, funktioniert jetzt nicht mehr. Das Kind, das sie so gut zu kennen glaubten, ist plötzlich ein Fremder geworden.

Wir haben von der wachsenden Unabhängigkeit und der Suche des Teenagers nach seiner eigenen Identität gesprochen. In diesem Kapitel wollen wir uns auf die Veränderungen konzentrieren, die in dieser Entwicklungsphase des Teenagers typischerweise auftreten. Wenn Eltern wissen, wie sich das Streben nach Unabhängigkeit und der eigenen Identität äußert, können sie lernen, ihren Teenager besser zu bestätigen und ihm ihre Liebe zu zeigen. Und – ja – sie können dann effektiver die Sprache der Liebe ihres Teenagers sprechen.

Das Bedürfnis nach Unabhängigkeit ... und Liebe

Kennen Sie die zwei Phasen, in denen es häufig zu Konflikten zwischen Eltern und Kindern kommt? Die erste Phase tritt auf, wenn das Kind ungefähr zwei Jahre ist und die sogenannte „Trotzphase“ erreicht, die zweite in der Pubertät. Diese zwei Phasen haben ein gemeinsames Merkmal: *Unabhängigkeit.*

Wenn das Kind zwei ist, kämpft es darum, seine körperliche

Unabhängigkeit von den Eltern zu demonstrieren. Die kurzen Beinchen tragen das Kind an Orte, die seine Eltern nicht sehen, und die kleinen Hände tun Dinge, die für die Eltern sehr anstrengend sein können. Welche Eltern können nicht von Tapeten erzählen, auf die mit Mutters Lippenstift Bäume gemalt wurden; von Puder, der auf den Schlafzimmerteppich gekippt wurde; von Schubladen, die aufgezogen und ausgeleert wurden ... die Liste ließe sich endlos weiterführen.

Springen wir jetzt von diesem Kleinkindalter zum Anfang der Pubertät, der zweiten Phase, in der es verstärkt Konflikte zwischen Eltern und Kind gibt. Die Konflikte drehen sich immer noch um Unabhängigkeit. Natürlich ist der Teenager jetzt viel weiter in seiner Entwicklung, in seinem Wissen, seinen Fähigkeiten und seiner Selbständigkeit. Deshalb haben das Chaos, das er anrichtet, die Regeln, die er bricht, und die Intensität des Konflikts zwischen Eltern und Kind auch viel größere Konsequenzen. Laut den Experten Steinberg und Levine lautet die gute Nachricht, dass „Konfrontationen zwischen Eltern und Kindern meistens in der 8. oder 9. Klasse ihren Höhepunkt erreichen und danach wieder abnehmen.“[54]

In diesen beiden frustrierenden Entwicklungsstadien ist es hilfreich, wenn die Eltern wissen, was sie zu erwarten haben und wie sie darauf positiv reagieren können. Uns interessiert hier natürlich das zweite Stadium: der Anfang der Teenagerjahre.

Zuerst wollen wir einige übliche Verhaltensmuster betrachten, die Sie erwarten können. Das Bedürfnis des Teenagers nach Unabhängigkeit drückt sich in vielen Bereichen aus. Weiterhin braucht der Teenager aber unbedingt die Liebe seiner Eltern. Doch oft deuten die Eltern den Wunsch

Unser Ziel ist es, die Unabhängigkeit des Teenagers zu fördern, aber gleichzeitig sein Bedürfnis nach Liebe zu stillen.

des Teenagers nach mehr Unabhängigkeit als Zeichen dafür, dass er ihre Zuneigung ablehnt. Das ist ein schwerer Irrtum!

Unser Ziel ist es, die Unabhängigkeit des Teenagers zu fördern, aber gleichzeitig sein Bedürfnis nach Liebe zu stillen. Das typische Verhalten, das die Suche des Teenagers nach Unabhängigkeit begleitet, hat normalerweise mit folgenden bekannten Bereichen zu tun:

Der Wunsch nach persönlichem Freiraum

Der Teenager will Teil der Familie sein, aber gleichzeitig will er von der Familie unabhängig sein. Das drückt sich oft darin aus, dass er einen persönlichen Freiraum braucht. Vielleicht will Ihr Teenager nicht in der Öffentlichkeit mit seinen Eltern gesehen werden. Das gilt besonders, wenn er damit rechnet, dass er Freunde treffen könnte. Das heißt nicht, dass Ihr Sohn oder Ihre Tochter nicht mit Ihnen zusammen sein will, sondern vielmehr, dass er bzw. sie älter und unabhängiger wirken will. Das kann sich zum Beispiel so äußern: „Lass mich hier am Straßenrand aussteigen. In zwei Stunden treffen wir uns auf dem Parkplatz."

Die Mutter, die dachte, sie würde gemeinsam mit ihrer Tochter shoppen gehen, ist enttäuscht. Aber wenn sie das Bedürfnis des Teenagers nach Unabhängigkeit versteht, respektiert sie diese Bitte und zeigt ihrer Tochter in deren Liebessprache, dass sie sie liebt. Eine Mutter, die auf diese Bitte verletzt oder verärgert reagiert, löst wahrscheinlich ein Wortgefecht aus und ihre Tochter fühlt sich kontrolliert und ungeliebt.

Wenn Sie dem Teenager erlauben, beim Schulkonzert oder im Gottesdienst bei seinen Freunden statt bei seiner Familie zu sitzen, und diese Erlaubnis von einem Ausdruck der Liebe begleiten, bestätigen Sie damit seine Unabhängigkeit und stillen zugleich das Bedürfnis des Teenagers nach Liebe. Genauso ist es, wenn Sie Ihrem Sohn oder Ihrer Tochter gelegentlich erlauben, zu Hause zu bleiben oder zu einem Freund zu gehen, während die übrige Familie ins Restaurant geht.

Ein eigenes Zimmer

Spätestens im Teenageralter wollen die meisten Kinder ein eigenes Zimmer haben. Sie hatten vielleicht nichts dagegen, in den ersten zwölf Jahren ihres Lebens mit einem jüngeren Bruder oder einer jüngeren Schwester im selben Zimmer zu schlafen, aber glauben Sie mir: Wenn es irgendeine Möglichkeit gibt, will ein Teenager sein eigenes Zimmer haben. Er ist bereit, auf den Dachboden oder in den Keller zu ziehen; er nimmt sogar das Ende eines Flurs unter der Treppe in Kauf. Ihm ist alles recht – Hauptsache, er hat irgendwo einen Rückzugsraum. Eltern finden diese Forderungen oft frustrierend. Was der Teenager verlangt, klingt in ihren Ohren unvernünftig. Warum will er in einem feuchten Keller schlafen, wenn er ein schönes Zimmer mit einem jüngeren Bruder oder einer jüngeren Schwester hat? Die Antwort liegt im Bedürfnis nach Unabhängigkeit.

Ich rate den Eltern, auf diesen Wunsch des Teenagers einzugehen, wenn es irgendwie möglich ist. Und wenn er das Zimmer bekommt, will der Teenager es nach seinem Geschmack gestalten (jetzt sind die meisten Eltern froh, dass das Zimmer im Keller liegt!). Der Teenager wird vermutlich Farben, Formen und Stoffe aussuchen, die sie nicht gewählt hätten. Der Grund dafür ist wieder sein Wunsch nach Unabhängigkeit.

Wenn Sie dem Teenager ein eigenes Zimmer geben und die Freiheit, es so zu gestalten, wie er will, und wenn Sie ihm dabei Ihre Liebe zeigen, wird die Unabhängigkeit des Teenagers gefördert und sein Liebestank bleibt voll. Gefährlich wird es, wenn er diese Zugeständnisse erst nach wochenlangem Streit und abfälligen Bemerkungen vonseiten der Eltern bekommt. Dann verliert er sein Selbstwertgefühl und es wächst eine emotionale Mauer zwischen ihm und seinen Eltern, auch wenn die Eltern der Bitte schließlich nachgeben.

Ein eigenes Auto

Teenager wollen einen eigenen fahrbaren Untersatz. In unserer wohlhabenden westlichen Welt wünschen sich viele ein eigenes Auto, sobald sie den Führerschein machen können. Da der Führerschein in den USA schon mit 16 Jahren erworben werden kann – was viele Teenager auch in Anspruch nehmen –, nehmen solche Diskussionen in Teenager-Familien in den USA naturgemäß einen großen Raum ein. Darin zeigt sich wieder der Wunsch nach Unabhängigkeit: „Wenn ich mein eigenes Auto habe, kann ich allein zur Schule, zum Schwimmtraining, zur Jugendgruppe und zum Shoppen fahren. Das spart dir viel Zeit." (Das finden auch die meisten Eltern sehr verlockend.)

Nur weniges gibt Teenagern ein größeres Gefühl von Unabhängigkeit und Macht als ein eigenes Auto. Im nächsten Kapitel gehen wir noch einmal auf das Thema Auto ein, da es ein gutes Beispiel dafür ist, dass mit der Freiheit des Teenagers auch Verantwortung verbunden ist. Wir werden darüber sprechen, wer das Auto bezahlt und welche Erwartungen Sie an das Verantwortungsbewusstsein des Teenagers stellen können. Im Moment geht es uns jedoch darum, das Bedürfnis des Teenagers nach Unabhängigkeit zu stillen, ihm aber gleichzeitig unsere Liebe zu zeigen.

Gehen wir davon aus, dass alles dafür spricht, dass Ihr Teenager ein Auto zur Verfügung hat: Sie können es sich finanziell leisten; vielleicht sind Sie wegen Ihres Wohnortes auf ein Auto angewiesen; Ihr Teenager zeigt genügend Verantwortungsgefühl; Sie als Eltern können aus beruflichen oder anderen Gründe nicht länger „Mama-Taxi" spielen. Dann ist eine solche Anschaffung ein Bereich, in dem Sie als Eltern dem Teenager Vertrauen zeigen und dabei gleichzeitig seine

Unabhängigkeit fördern können. Denken Sie daran: *Geschenke* sind eine der fünf Sprachen der Liebe. Selbst wenn *Geschenke* nicht die bevorzugte Liebessprache Ihres Teenagers sind, sollten Sie, falls Sie sich für den Kauf eines Autos entscheiden, aus dem Geschenk eine große Sache machen. Wenn sich der Teenager geliebt und unabhängig fühlt und das Gefühl hat, dass Sie ihm etwas zutrauen und ihm vertrauen, helfen Sie ihm, einen weiteren Schritt in Richtung Erwachsenwerden zu gehen.

Der Wunsch nach emotionalem Freiraum

Teenager brauchen emotionalen Freiraum. In den ersten Jahren hat Ihr Kind Ihnen vielleicht alles erzählt – was in der Schule passiert ist, was es in der Nacht geträumt hat, wie schwer die Hausaufgaben waren etc. Aber seit es ein Teenager ist, fühlen Sie sich ausgeschlossen. Wenn Sie Ihren Teenager fragen, was in der Schule passiert ist, bekommen Sie zur Antwort: „Nichts" oder: „Das Gleiche wie immer." Wenn Sie Ihre Tochter nach ihren Freunden fragen, wirft sie Ihnen vielleicht vor, sich in ihre Angelegenheiten einmischen zu wollen und zu neugierig zu sein. Das bedeutet nicht zwingend, dass Ihre Tochter etwas angestellt hat, das sie verschweigen will. Ein Mittel, mit dem Teenager ihre emotionale Unabhängigkeit erreichen wollen, ist der Wunsch, ihre Gedanken und Gefühle für sich zu behalten. Eltern sollten diesen Wunsch respektieren. Teilen Sie Ihrem Teenager alle Ihre Gedanken und Gefühle mit? Hoffentlich nicht.

Ein Erwachsener entscheidet, was und wann er etwas anderen mitteilt. Ihr Teenager befindet sich im Prozess, erwachsen zu werden. Einfühlsame Eltern, die gelernt haben, wie wichtig emotionaler Freiraum für ihren Teenager ist, sagen vielleicht: „Ich weiß, dass du mir manchmal nicht alles erzählen willst, was du denkst und was du fühlst. Das verstehe ich und das ist vollkommen in Ordnung. Aber falls du sprechen willst, sollst du wissen, dass ich für dich da bin."

Eine andere Art, wie Teenager ihr Bedürfnis nach emotionalem Freiraum zum Ausdruck bringen, ist ihre Ablehnung von Ausdrucksformen der Liebe, für die sie früher empfänglich waren. Seien Sie nicht überrascht, wenn Ihre Tochter Ihre Bemühungen zurückweist, ihr bei etwas zu helfen. Jahrelang wurde Ihre Hilfsbereitschaft als Ausdruck von Liebe gern angenommen. Aber jetzt will Ihre Tochter alles selbst machen und entscheidet sich, es ganz anders zu machen als Sie. Manchmal geschieht das nicht, weil der Teenager Ihre Hilfe nicht bräuchte, sondern weil er nicht daran erinnert werden will, dass er Ihre Hilfe braucht. Er will unabhängig sein. Statt Druck auszuüben, halten sich kluge Eltern zurück und sagen: „Lass mich wissen, wenn du meine Hilfe brauchst." Wenn solche Worte von einem Ausdruck von Liebe begleitet werden, den der Teenager annehmen kann, fühlt sich Ihre Tochter oder Ihr Sohn unabhängig und geliebt. Dadurch entsteht auch eine positive Atmosphäre, in der der Teenager, der von Tag zu Tag erwachsener wird, tatsächlich um Ihre Hilfe bittet.

Eine andere Art, wie Teenager ihr Bedürfnis nach emotionalem Freiraum zum Ausdruck bringen, ist ihre Ablehnung von Ausdrucksformen der Liebe, für die sie früher empfänglich waren.

Wenn sich Ihre 13-jährige Tochter Ihren Umarmungen entzieht, tut sie das vielleicht nicht, weil sie keine körperliche Berührung will, sondern weil Sie das gemacht haben, als sie noch ein Kind war. Sie ist jetzt auf dem Weg zum Erwachsensein und will nicht wie ein Kind behandelt werden. Suchen Sie als Eltern neue Wege, ihren Teenager auf eine Weise zu berühren, die er annehmen kann.

Wenn Sie Ihren Teenager ermahnen, wie er sich verhalten

soll, wenn Verwandte zu Besuch kommen, sollten Sie darauf gefasst sein, dass er genau das Gegenteil davon machen wird. Solche Anweisungen empfindet der Teenager oft als kindisch und heuchlerisch. Achten Sie darauf, dass Ihre Worte aufrichtig sind, wenn Sie dem Teenager Lob und Anerkennung zusprechen. Wenn der Teenager meint, Sie würden versuchen, seine Gefühle mit freundlichen Worten zu manipulieren, wird er sie als verlogen abweisen.

Hinter alledem steht der Wunsch des Teenagers nach emotionalem Freiraum. Er will geliebt werden, aber er will nicht wie ein Kind behandelt werden. Hier wird es so wichtig, neue Dialekte der Liebessprache zu erlernen, wenn wir mit unserem Teenager kommunizieren.

Der Wunsch nach sozialer Unabhängigkeit

Freundschaften werden immer wichtiger

Der Teenager will nicht nur körperlichen und emotionalen Freiraum, er braucht auch die soziale Unabhängigkeit von den Eltern. Dieser Wunsch drückt sich auf verschiedene Art aus. Teenager sind oft lieber mit Freunden als mit ihrer Familie zusammen. Die Familie hat immer sehr viel gemeinsam gemacht. Jetzt will der Teenager nichts mehr mit der Familie unternehmen. Folgende Situation: Sie haben für Samstagnachmittag ein Picknick geplant. Am Donnerstagabend teilen Sie den Kindern Ihre Pläne mit, doch Ihr Teenager sagt: „Ich bin nicht dabei."

„Was soll das heißen?", antworten Sie als Vater. „Wir machen das als Familie und du bist Teil der Familie."

„Ich weiß, aber ich habe schon etwas anderes vor", antwortet der Teenager. „Ich gehe am Samstag mit meinen Freunden weg."

„Dann sag ihnen, dass du keine Zeit hast", verlangen Sie.

„Das ist ein Familienausflug und es ist uns allen wichtig, dass du dabei bist."

„Aber ich will nicht dabei sein", entgegnet der Teenager. Daraus kann sich ein hitziger Streit entwickeln, wenn Sie als Vater nicht schnell begreifen, dass Sie es hier mit einem Teenager und nicht mit einem Kind zu tun haben.

Eltern können von ihrem maulenden Kind einfordern, an Familienausflügen teilzunehmen. Wenn das Kind erst einmal dort ist, macht es ihm wahrscheinlich Spaß. Aber wenn Eltern bei einem Teenager die gleiche Taktik anwenden, verbringen sie den ganzen Nachmittag und Abend mit einem abweisenden, schlecht gelaunten Zaungast. Der Teenager schaltet nicht um und genießt den Ausflug. Er wird Ihnen deutlich zeigen, dass er sich nur Ihrem Druck gebeugt hat, und lebt auf seine Art seine Unabhängigkeit aus.

Wenn Sie meine Meinung hören wollen: Ich würde dem Teenager erlauben, nicht mitzufahren, besonders da Sie den Ausflug so spät angekündigt haben. Das soll nicht heißen, dass der Teenager nie mit seiner Familie etwas unternehmen sollte. Bei Anlässen, bei denen Ihnen die Anwesenheit des Teenagers sehr wichtig ist, sollten Sie ihm erklären, dass Sie seine Anwesenheit oder Mitarbeit erwarten. Aber diese Termine sollten weit im Voraus angekündigt werden. Das gibt Ihrem Teenager nicht nur die Möglichkeit, sich den Tag frei zu halten, sondern auch Zeit, um sich emotional darauf vorzubereiten. Sie als Eltern sollten außerdem erklären, warum Sie es für wichtig halten, dass der Teenager dabei ist. Wenn der Teenager das Gefühl hat, dass seine Termine und seine Interessen berücksichtigt werden, wird er vermutlich auch gerne an den Familienunternehmungen teilnehmen. Andererseits ist es wichtig, dass Teenager etwas ohne die Familie unternehmen, um ihre soziale Unabhängigkeit deutlich zu machen.

Eltern, die erkennen, wie wichtig die Unabhängigkeit für den Teenager ist, fördern sie, indem sie ihm erlauben, ohne die Familie etwas mit anderen zu unternehmen. Eltern, die mit dem Teenager diskutieren und nur widerstrebend nachgeben, fördern weder seine Unabhängigkeit noch bringen sie damit Liebe zum Ausdruck. Der Wunsch des Teenagers, mit seinen Freunden zusammen zu sein, ist keine Ablehnung der Eltern. Es ist der Beweis, dass sich sein sozialer Horizont erweitert und über die Familie hinausgeht.

Wenn sie in Ruhe darüber nachdenken, werden die meisten Eltern erkennen, dass sie sich genau das erhofft hatten. Welche Eltern wünschen es sich, dass ihr Teenager für immer sozial an sie gebunden ist? In den Teenagerjahren ist eine soziale Unabhängigkeit nötig. Einfühlsame Eltern helfen ihren Kindern, ein positives Fundament zu legen, auf dem sie später soziale Erfahrungen außerhalb der Familie machen können.

In den Teenagerjahren ist eine soziale Unabhängigkeit nötig.

Ein eigener Musikstil

Teenager suchen sich ihre eigene Musik. Nichts ist für die Teenagerkultur so zentral wie Musik. Ich würde keinem Teenager vorschlagen, welche Art von Musik er hören soll. Wenn ich hier schreiben würde, welche Musik heute in ist, wäre das morgen mit Sicherheit schon überholt. Ich kann Ihnen nur sagen: Die Musik, die Ihr Teenager hört, ist höchstwahrscheinlich anders als die Musik, die Ihnen gefällt. Wie kann ich mir da so sicher sein? Die Antwort ist in einem Wort begründet: Unabhängigkeit. Ihr Teenager will anders sein als Sie.

Wenn Ihre Kinder früher die Musik gehört haben, die Sie für gut halten, können Sie beruhigt sein. Diese Musik wird Ihren Teenager sein ganzes Leben lang beeinflussen. Musik berührt das Herz und die Seele des Menschen. Der Einfluss guter Musik lässt nie nach, aber Ihr Kind befindet sich im Moment in der Teenagerphase. In dieser Phase kämpft jeder

Mensch um seine Unabhängigkeit. Sie können sicher sein, dass diese immer stärker werdende Unabhängigkeit auch an seiner Musikwahl nicht spurlos vorübergeht.

In den Teenagerjahren (und schon in den Jahren vorher) müssen Eltern klare Richtlinien vorgeben, was in Musiktexten akzeptabel ist und was nicht. Zum Beispiel sollten Liedtexte, die Mord, Brutalität und perverse Sexpraktiken als normales Verhalten beschreiben, nicht akzeptabel sein. Der Teenager muss wissen, dass der Kauf einer solchen Musik Konsequenzen der Eltern nach sich zieht. Wenn diese Grenzen klar gezogen wurden, sollten Eltern dem Teenager die Freiheit geben, sich seine Musik selbst auszusuchen. Machen Sie sich bewusst, dass der Teenager verschiedene Musikrichtungen ausprobieren wird. Zu den meisten Musikdownloads findet man Kommentare, die etwas über den Inhalt der Texte aussagen. Anhand dieser Kommentare können Sie Ihrem Teenager zeigen, wie er seine Wahl treffen kann, und vernünftige Regeln aufstellen.

Eltern, die die Musikwahl des Teenagers kritisieren, kritisieren damit indirekt den Teenager selbst. Wenn diese Kritik weitergeht, fühlt sich der Teenager von den Eltern nicht geliebt. Wenn die Eltern aber die Wahlfreiheit des Teenagers bestätigen und in seiner Liebessprache mit ihm sprechen, wird sein Unabhängigkeitsgefühl gefördert und sein Bedürfnis nach Liebe gestillt. Ich rate Ihnen, die Texte der Musik, die Ihre Teenager hören, zu lesen. Ich sage bewusst *lesen*, denn wahrscheinlich können Sie die Worte nicht verstehen, wenn Sie sich die Musik anhören. Finden Sie so viel wie möglich über die Musiker heraus, die die Musik schreiben und singen, die sich Ihr Teenager anhört. Sprechen Sie an, was Ihnen an den Texten gefällt und was Sie an den Musikern positiv finden. Hören Sie zu, wenn Ihnen Ihr Teenager seine Eindrücke mitteilt – falls er das tut.

Wenn Sie so positiv mit seiner Musik umgehen, können Sie

gelegentlich sagen: „Weißt du, es beunruhigt mich ein wenig, dass in diesem Lied, das ansonsten so gut ist, diese Zeile vorkommt, die so destruktiv klingt. Wie siehst du das?"

Wenn Ihr Teenager weiß, dass Sie seine Musik nicht grundsätzlich kritisieren, sondern sogar viele positive Bemerkungen darüber gemacht haben, ist er vielleicht bereit, Ihre Kritik zu hören und Ihnen womöglich sogar zuzustimmen. Selbst wenn er anderer Meinung ist, wird Ihre Frage in ihm arbeiten. Wenn ein Musikidol Ihres Teenagers wegen Drogenkonsums verhaftet wird, an einer Überdosis stirbt oder sich scheiden lässt, dann reagieren Sie mitfühlend und nicht verurteilend. Bringen Sie Ihren Schmerz und Ihr Mitgefühl für den Menschen und Traurigkeit wegen der Situation zum Ausdruck. Haben Sie Mitgefühl mit den Gefühlen Ihres Teenagers. Dann wird sich Ihr Teenager von Ihnen verstanden fühlen. Denken Sie daran, dass der Teenager logisch denken kann. Er wird seine eigenen Schlussfolgerungen ziehen. Sie brauchen ihm keine Predigt zu halten. Wenn der Teenager Ihre emotionale Unterstützung hat, wird er sich geliebt fühlen.

Eine andere Sprache und andere Kleidung

Teenager sprechen eine andere Sprache. Wenn Ihr Kind ins Teenageralter kommt, wird es andere Worte und Ausdrücke verwenden. Bitte versuchen Sie nicht, diese Sprache auch zu sprechen (das wäre für alle Beteiligten peinlich). Warum ist das so wichtig, eine Sprache zu verwenden, die die Eltern nicht verstehen? Die Antwort lautet: soziale Unabhängigkeit. Der Teenager baut Abstand zwischen sich und den Eltern auf und ein Mittel, um das zu erreichen, ist die Sprache. Wenn Sie versuchen, die Sprache des Teenagers zu verstehen, machen Sie alles zunichte. Akzeptieren Sie die neue Sprache des Teenagers einfach als Zeichen dafür, dass er erwachsen wird. Es ist vollkommen legitim, wenn Sie hin und wieder sagen: „Könntest du mir das bitte auf Deutsch erklären?" Aber wenn der Teenager negativ reagiert, sollten Sie nicht weiter Druck auf ihn ausüben.

Teenager verstehen die Sprache der anderen, aber Erwachsene sollen sie gar nicht verstehen. Der Teenager baut einen Bezug zu Gleichaltrigen auf. Er baut soziale Beziehungen außerhalb der Familie auf und die neue Ausdrucksweise ist Teil dieser Beziehungen. Machen Sie sich nicht über seine neue Sprache lustig, sondern gestehen Sie dem Teenager diesen neuen Ausdruck sozialer Unabhängigkeit zu und hören Sie nicht auf, dem Teenager Ihre Liebe zu zeigen.

Teenager haben auch andere Vorstellungen von angemessener Kleidung. Ich kann Ihnen nicht sagen, was Ihr Teenager anziehen wird. Aber ich kann Ihnen mit ziemlich hoher Wahrscheinlichkeit verraten, dass es anders ist als das, was Sie tragen. Dazu kommen möglicherweise Frisuren und Farben, die Sie noch nie gesehen haben. Zu den Accessoires gehören Nagellackfarben, die Sie unmöglich finden, und der Schmuck befindet sich an Stellen, an denen Sie das nie vermutet hätten. Wenn Eltern sich darüber aufregen und dem Teenager Vorschriften machen wollen, wird er sich zurückziehen. Wenn Eltern sehr dominant sind und verlangen, dass der Teenager wieder „normal“ wird, tut er das vielleicht im Beisein der Eltern (d. h. sich so kleiden, wie er es mit elf Jahren gemacht hat), aber mit großem Widerwillen. Aber sobald die Eltern weg sind, verwandelt sich der Teenager wieder in einen Teenager.

Versuchen Sie, die Rolle der Kleidung in einem größeren sozialen Rahmen zu sehen. Die Kleidung wird in erster Linie durch die Kultur vorgegeben. Wenn Sie daran zweifeln, sollten Sie sich fragen: „Warum kleide ich mich selbst so und nicht anders?“ Wahrscheinlich tun Sie das, weil Menschen in Ihrem sozialen Umfeld ähnlich gekleidet sind. Beobachten Sie die Menschen, die mit Ihnen zusammenarbeiten, die in Ihrer Stadt leben, die Ihre Gemeinde besuchen oder zu denen Sie an anderen Stellen sozialen Kontakt haben. Wieder werden

Sie höchstwahrscheinlich feststellen, dass sich alle ähnlich kleiden. Teenager folgen dem gleichen Prinzip. Sie identifizieren sich einfach mit der Teenagerkultur.

Eltern, die wegen der Kleidung des Teenagers einen Krieg entfachen, kämpfen einen sinnlosen Kampf, in dem ein normales Entwicklungsphänomen zum Streitobjekt gemacht wird. Solche Kämpfe ändern nichts an den Vorstellungen unserer Teenager und führen für niemand zu einem positiven Ergebnis.

Sagen Sie, was Sie denken, wenn es nötig ist, aber halten Sie sich zurück und lassen Sie dem Teenager die Freiheit, seine soziale Unabhängigkeit zu entwickeln. Füllen Sie weiterhin den Liebestank des Teenagers, indem Sie seine Liebessprache sprechen und, soweit es möglich ist, auch die vier anderen Sprachen der Liebe.

Sagen Sie, was Sie denken, wenn es nötig ist, aber halten Sie sich zurück und lassen Sie dem Teenager die Freiheit, seine soziale Unabhängigkeit zu entwickeln.

Der Wunsch nach intellektueller Unabhängigkeit

Wir haben schon über die sich entwickelnden intellektuellen Fähigkeiten des Teenagers gesprochen. Der Teenager fängt an, abstrakter, logischer und globaler zu denken. Er stellt seine Überzeugungen auf den Prüfstand. Er betrachtet Dinge, die er früher kommentarlos hingenommen hat, kritisch und prüft sie jetzt anhand seiner Vernunft und Logik. Das bedeutet oft, dass er die Überzeugungen seiner Eltern genauso infrage stellt wie die Aussagen seiner Lehrer und anderer Bezugspersonen. Dabei geht es meistens um die folgenden drei wichtigen Bereiche: Werte, Moral und Religion.

Werte

Der Teenager stellt die Werte seiner Eltern infrage. Was ist im Leben wichtig? Er beobachtet kritisch, was seine Eltern sagen und wie sie ihr Leben gestalten. Oft sieht er Diskrepanzen zwischen den Werten, zu denen sie sich bekennen, und den Werten, die sie in ihrem Leben umsetzen. Der Vater erklärt, dass das Wichtigste in seinem Leben seine Familie sei. Aber in Wirklichkeit geht er so sehr in seinem Beruf auf, dass er nur wenig Zeit für seine Familie hat. Er sollte wissen, dass seinem Teenager dieses inkonsequente Verhalten nicht entgeht. Die Mutter sagt, dass Treue in der Ehe wichtig sei, fängt aber eine Affäre mit einem Kollegen an. In den Augen ihrer Tochter ist sie höchstwahrscheinlich eine Heuchlerin. „Aber du hast doch gesagt ..." ist oft Teil des Wortschwalls von Teenagern, wenn das Verhalten ihrer Eltern nicht den Werten entspricht, die sie lautstark verkünden.

Selbst wenn Eltern ihren Werten treu sind, wird der Teenager sie früher oder später infrage stellen. Er muss für sich klären, was im Leben wichtig ist. *Meine Eltern haben gesagt, dass es für meine Zukunft wichtig ist, dass ich Abitur mache und studiere. Aber ich bin nicht sicher, ob das stimmt. Einige der klügsten Leute, die ich kenne, haben nicht studiert und einige der reichsten Menschen auf der Welt haben kein Abitur gemacht. Woher soll ich wissen, dass ein Studium für mich das Beste ist?* So argumentiert der Teenager.

Selbst wenn Eltern ihren Werten treu sind, wird der Teenager sie früher oder später infrage stellen.

Eltern, die auf die Gedankengänge ihrer Teenager Einfluss nehmen wollen, müssen vom Monolog zum Dialog umschalten, von der Predigt zum Gespräch, vom Dogmatismus zur Offenheit, von der Kontrolle zur Beratung. Teenager brauchen und suchen in vielen wichtigen Bereichen ihres Lebens den Ratschlag ihrer Eltern. Aber wenn die Eltern sie wie ein Kind behandeln, hören sie nicht auf das, was sie sagen. Früher haben die Eltern dem Kind gesagt, was richtig ist und was es glauben soll. Wenn das Kind zum Teenager wird, gilt das nicht mehr. Der Teenager will den Grund wissen. Welche Beweise gibt es?

Wenn Eltern in die Welt des Dialogs eintreten, ihre eigenen Werte kritisch überdenken, Gründe nennen und trotzdem für die Meinung des Teenagers offen sind, erfährt der Teenager die Ansicht seiner Eltern und wird von ihren Werten beeinflusst. Aber wenn Eltern auf ihrem Standpunkt beharren nach der Devise: „Das ist so, weil ich es sage“, verlieren sie ihren Einfluss auf die Entwicklung des Teenagers.

Eltern, die einen Einfluss auf die Werte ihres Teenagers haben wollen, äußern sich vielleicht so: „Ich habe das immer für wichtig gehalten. Und zwar aus folgendem Grund ... Klingt das für dich sinnvoll? Wie geht es dir damit?“ Unzählige Gespräche, von denen jedes dort ansetzt, wo das letzte aufgehört hat, und die nicht verurteilend oder dogmatisch sind, bilden einen langen Prozess. Dadurch bleiben Eltern und Teenager in Kontakt und der Teenager wird intellektuell unabhängig, kann aber gleichzeitig von den Gedanken der Eltern profitieren.

Wenn dieser offene Dialog von Liebe begleitet ist, fördern Eltern die intellektuelle Unabhängigkeit des Teenagers und stillen sein Bedürfnis nach Liebe. Eltern, die sagen: „Ich respektiere dein Recht, deine Werte selbst festzulegen. Du siehst, wie ich lebe. Du kennst meine Stärken und meine Schwächen. Ich glaube, dass du sehr intelligent bist, und ich weiß, dass du weise Entscheidungen treffen wirst“, sprechen die Liebessprache *Lob und Anerkennung* und geben gleichzeitig der intellektuellen Unabhängigkeit des Teenagers Raum.

Moral

Werte beantworten die Frage: „Was ist wichtig?“
Moral beantwortet die Frage: „Was ist richtig?“

Der Mensch ist von Natur aus ein moralisches Wesen. Überzeugungen, was richtig und was falsch ist, gibt es in allen menschlichen Kulturen. Ich bin der Überzeugung, das liegt daran, dass der Mensch nach dem Bild eines persönlichen, moralischen Gottes geschaffen wurde. Dieses Bild spiegelt sich im Menschen wider. Unabhängig davon, wie man sich den Ursprung von Moral erklärt, ist es eine Realität, dass alle Menschen moralische Überzeugungen haben. Ihr Teenager wird nicht nur Ihre Werte, sondern auch Ihre Moral infrage stellen. Er wird nicht nur Ihre Worte, sondern auch Ihre Taten unter die Lupe nehmen.

Ihr Teenager wird nicht nur Ihre Werte, sondern auch Ihre Moral infrage stellen.

Wenn Sie ihm erklären, dass es richtig ist, die Gesetze zu befolgen, will der Teenager wissen, warum Sie sich dann nicht an die Geschwindigkeitsbeschränkung halten.

Wenn Sie sagen, dass es richtig ist, die Wahrheit zu sagen, wird Ihr Teenager Sie fragen: „Warum hast du dann am Telefon gesagt, Papa wäre nicht zu Hause?“

Wenn Sie sagen, dass es richtig ist, zu anderen freundlich zu sein, wird der Teenager fragen, warum Sie dann zu der Verkäuferin so unfreundlich waren.

Wenn Sie sagen, dass Fremdenhass falsch ist, will der Teenager wissen, warum Sie in der Fußgängerzone den Blick abwenden und schnell weitergehen, wenn Ihnen jemand mit einer anderen Hautfarbe entgegenkommt.

Das alles kann für Eltern, die sich an ihr inkonsequentes Verhalten gewöhnt haben, ziemlich lästig sein. Aber auch wenn es uns nicht gefällt, wird uns unser Teenager hartnäckig auf unsere moralische Inkonsequenz hinweisen.

Außerdem werden unsere Teenager unsere moralischen Überzeugungen genauso infrage stellen wie die Umsetzung in der Praxis. Sie werden sich – und uns – die schweren Fragen stellen: Wenn Mord falsch ist, was ist dann mit Abtreibung? Wenn Gewalt, die zur Zerstörung von Menschenleben führt, falsch ist, warum schauen wir uns dann die Gewaltdarstellungen aus Hollywood an? Wenn sexuelle Monogamie das Ideal ist, warum haben dann so viele Erwachsene reihenweise verschiedene Partner? Wird durch die allgemeine Meinung der Gesellschaft festgelegt, was richtig und falsch ist? Oder gibt es ein natürliches, moralisches Gesetz, das über der aktuell gültigen Meinung der Gesellschaft steht? Das sind die tieferen Fragen, mit denen unsere Teenager ringen.

Viele Eltern finden es beunruhigend, dass ihre Teenager diese alten, ungeklärten moralischen Fragen neu stellen. Aber wenn wir uns als Eltern weigern, über die moralischen Bedenken unserer Teenager zu sprechen, sind sie dem Einfluss von Gleichaltrigen und anderen Erwachsenen ausgesetzt, die bereit sind, über diese Themen zu sprechen. Wenn wir nicht bereit sind zuzugeben, dass zwischen unseren Überzeugungen und unserem Handeln eine Diskrepanz besteht, werden unsere Teenager unsere Meinung nicht mehr respektieren.

Wir müssen nicht moralisch perfekt sein, um unsere Teenager zu beeinflussen, aber wir müssen authentisch sein. „Mir ist bewusst, dass ich auf diesem Gebiet nicht immer nach meiner Überzeugung lebe, aber ich glaube immer noch, dass das richtig ist. Das, was ich getan habe, war falsch." Solche Aussagen von Eltern tragen dazu bei, dass der Teenager ihre Authentizität wieder respektiert. Wenn Sie bei unangenehmen Fragen Ihres Teenagers in Bezug auf Ihre eigenen Moralvorstellungen in die Defensive gehen, bringen Sie ihn dazu, dass er woanders brauchbare Antworten auf seine Fragen sucht. Halten Sie vielmehr den Weg für einen Dialog mit Ihrem Teenager offen, indem Sie

Wir müssen nicht moralisch perfekt sein, um unsere Teenager zu beeinflussen, aber wir müssen authentisch sein.

seine Fragen zu Moral begrüßen und fördern. Seien Sie bereit, über das zu sprechen, was Sie glauben und wie Sie das in die Tat umsetzen wollen. Sind Sie offen dafür, sich andere Standpunkte anzuhören. Nennen Sie Ihrem Teenager die Gründe für Ihre eigenen Überzeugungen. Mit einem solchen Verhalten können Sie die moralischen Entscheidungen Ihrer Teenager positiv beeinflussen.

Zeigen Sie Ihrem Teenager nach solchen Gesprächen über moralische Fragen, dass Sie ihn lieben. Dadurch bleibt der Liebestank Ihres Teenagers gefüllt und Sie schaffen eine Atmosphäre, in der Ihr Teenager das Gefühl hat, dass er jederzeit wiederkommen und den Dialog mit Ihnen fortsetzen kann.

Religion

Werte beantworten die Frage: „Was ist wichtig?“

Die Moral beantwortet die Frage: „Was ist richtig?“

Die Religion versucht, die Frage zu beantworten: „Was ist wahr?“

Schon immer ist die Menschheit auf der Suche nach der Wahrheit über das materielle und das immaterielle Universum. Wie erklären wir unsere Existenz und die Existenz des Universums? Gibt es eine spirituelle Realität, die über das hinausgeht, was ich sehen und berühren kann? Warum gibt es in allen Kulturen zu allen Zeiten den Glauben an eine geistliche Welt? Ist das ein Beweis dafür, dass es eine solche Welt gibt? Und wenn ja, wie ist diese Welt? Gibt es einen Gott? Und ist die Welt seine Schöpfung? Wenn ja, können wir Gott kennenlernen?

Das sind die Fragen, die Teenager stellen. Manche dieser Fragen haben möglicherweise jahrelang im Herzen und Kopf ihrer Eltern geschlummert. Vielleicht wurden sie von den Erwachsenen selbst nie befriedigend beantwortet.

Egal, welchen religiösen Glauben Sie haben oder nicht haben: Ihr Teenager wird sich irgendwann mit diesen Fragen auseinandersetzen. Diese Fragen haben die Menschen schon immer gestellt und Teenager sind Menschen (ich weiß, dass das manchmal schwer zu glauben ist, aber es ist so). Der Mensch ist unheilbar religiös. Der französische Arzt Blaise Pascal hat einmal festgestellt: „In jedem Herzen ist ein Vakuum, das nur Gott füllen kann."[55] Und Augustinus sagte: „Du hast uns für dich geschaffen. Das Menschenherz ist ruhelos, bis es Ruhe findet in dir."[56]

Ihr Teenager ist ruhelos. Er stellt Ihren Glauben infrage. Er hinterfragt, wie Sie Ihren Glauben im Alltag umsetzen. Auch hier gilt: Wenn er feststellt, dass Sie inkonsequent sind, wird er Sie damit konfrontieren. Wenn Sie dann in die Defensive gehen und sich weigern, über religiöse Fragen zu sprechen, wendet sich Ihr Teenager an Gleichaltrige und andere Erwachsene. Aber Ihr Teenager wird nicht aufhören, religiöse Fragen zu stellen.

Ihr Teenager erforscht vielleicht auch andere Religionen und lehnt womöglich sogar Aspekte Ihres Glaubens ab. Die meisten Eltern finden das sehr beunruhigend. In Wirklichkeit ist es jedoch ein notwendiger Schritt für Ihren Sohn oder Ihre Tochter, um eigene religiöse Überzeugungen zu finden. Im Gegenteil: Eltern sollten sich mehr Sorgen machen, wenn der Teenager den Glauben der Eltern einfach übernimmt, ohne sich ernsthaft Gedanken zu machen. Das könnte ein Hinweis darauf sein, dass dieser Glaube nur eine kulturelle Fassade ist und sozialen Zwecken dient, statt die tieferen Fragen nach dem Sinn des Lebens anzusprechen.

Wenn der Teenager erklärt, dass er nicht mehr zum Gottesdienst, zur Messe, in die Synagoge, zur Sonntagsschule oder in die Moschee gehen will, lenkt er damit die Aufmerksamkeit auf sich als einen Menschen, der von seinen Eltern unabhängig ist. Und er bringt den Wunsch nach intellektueller Unabhängigkeit zum Ausdruck. Als Trost für die Eltern ist zu sagen, dass Untersuchungen ergeben haben, dass „die Teenager die

Religion zwar vielleicht vehement ablehnen, aber diese Ablehnung ist selten von Dauer."[57]

Den meisten Eltern fällt es schwer, ruhig zu reagieren, wenn ihr Teenager sagt, dass er ihren Glauben ablehnt. Aber eine heftige Reaktion der Eltern kann die Tür zum Dialog zuschlagen. Vergessen Sie nicht: Der Teenager entwickelt nicht nur in den anderen Bereichen, über die wir gesprochen haben, seine Unabhängigkeit, sondern auch auf intellektuellem Gebiet. Dazu gehören moralische Werte und religiöse Überzeugungen. Das ist einfach ein Teil des größeren Prozesses, Dinge zu hinterfragen und zu erforschen. Es ist mehr ein Ausdruck von intellektueller Unabhängigkeit als eine Ablehnung von Religion und Glauben. Wenn Eltern das im Hinterkopf behalten, können sie gelassener auf die religiösen Ansichten reagieren, die der Teenager im Moment hat.

Versuchen Sie, sich anzuhören, was der Teenager denkt. Lassen Sie ihn frei äußern, warum er diese religiöse Überzeugung interessant oder uninteressant findet. Sagen Sie ihm, was Sie dazu denken, aber verurteilen Sie ihn nicht. Versichern Sie Ihrem Teenager, dass Sie froh sind, dass er sich über diese Fragen Gedanken macht. Wenn Sie sehr mutig sind, könnten Sie ihn fragen, was er davon hält, wie Sie Ihren religiösen Glauben leben. Vielleicht erfahren Sie dadurch, warum Ihr Teenager andere Wege sucht.

Dogmatismus wäre fehl am Platz, auch wenn Ihre persönlichen religiösen Überzeugungen vielleicht sehr tief sind. Jetzt geht es darum, Ihren Teenager zu ermutigen, den Dingen auf den Grund zu gehen. Ich gehe davon aus, dass Sie davon überzeugt sind, dass das, was Sie glauben, tatsächlich dem entspricht, was in Bezug auf die Welt wahr ist. Dann sollten Sie auch zuversichtlich sein, dass Ihr Teenager, der den Dingen ernsthaft auf den Grund geht, am Ende zu ähnlichen Überzeugungen finden wird wie Sie. Und andererseits: Wenn Ihre religiösen Überzeugungen nicht so tief sind und Sie sich nicht ganz sicher sind, ob sie der ultimativen Realität entsprechen, sollte es Sie vielleicht ermutigen, dass sich Ihr Teenager auf diese Suche begibt. Vielleicht findet er, was Sie noch nicht gefunden haben.

Tatsache ist: Ihr Teenager wird religiöse Vorstellungen hinterfragen. Die Frage lautet: Wollen Sie Teil seiner Suche und seiner Fragen sein? Und wollen Sie Ihren Teenager bei diesem Prozess liebevoll begleiten? Wenn die Antwort darauf „Ja“ lautet, schalten Sie auch hier vom Monolog zum Dialog um und schaffen Sie so eine Atmosphäre für offene, ehrliche Gespräche über religiöse Themen. Es ist wichtig, dass Sie Ihrem Teenager das Recht einräumen, eigene Gedanken zu haben, die sich von Ihren Gedanken unterscheiden. Seien Sie bereit, sowohl Ihre Argumente zu erklären als auch seine Gegenargumente anzuhören. Sie müssen sich bewusst machen, dass Ihr Teenager auf der Suche ist, und Sie sollten ihm die Zeit zugestehen, religiöse Überzeugungen zu hinterfragen und zu einem eigenen Ergebnis zu kommen.

Ihr Teenager wird religiöse Vorstellungen hinterfragen. Die Frage lautet: Wollen Sie Teil seiner Suche und seiner Fragen sein? Und wollen Sie Ihren Teenager bei diesem Prozess liebevoll begleiten?

Wenn Sie das tun und dabei gleichzeitig den Liebestank Ihres Teenagers füllen, wird er sich geliebt fühlen und intellektuelle Unabhängigkeit entwickeln. Der Teenager wird die religiösen Überzeugungen finden, nach denen er leben will – und Sie können bei dieser Suche einen positiven Einfluss ausüben.

Ihr Teenager möchte selbst entscheiden

Es liegt auf der Hand, dass unser Teenager in diesen ganzen Bereichen – Werte, Moral und Religion – Entscheidungen treffen wird. Hinter den meisten Konflikten zwischen Eltern und Teenagern steht die grundsätzliche Frage, ob der Teenager das Recht hat, seine Entscheidungen selbst zu treffen. Wenn seine Eltern ihm das Recht auf selbständiges Denken zugestehen und bereit sind, die Zeit zu investieren und die Atmosphäre für tief gehende Gespräche in einer liebevollen Umgebung zu schaffen, wird der Teenager weiterhin auf den Einfluss der Eltern hören.

Wenn Eltern hingegen Mauern aufbauen, dogmatische Proklamationen vom Stapel lassen, was der Teenager glauben und tun soll, wird dieser auf Konfrontation gehen. Viele Eltern schlagen diesen Weg ein und erleben, dass sich ihre Teenager von ihnen entfremden. Die Teenager wenden sich an Peergroups (manchmal sehr destruktive Peergroups) und an andere Erwachsene (manchmal sind das Erwachsene, die dem Teenager Akzeptanz und oberflächliche Liebe versprechen, ihn aber als Gegenleistung zu ihren eigenen Zwecken ausnutzen).

Behalten Sie im Hinterkopf: Ihr Teenager *wird* seine Unabhängigkeit ausleben. Das ist Teil des Erwachsenwerdens. Einfühlsame Eltern erkennen, dass dies ein Entwicklungsstadium ist, das ihr Teenager durchlaufen muss. Sie versuchen, ihn dabei zu unterstützen, statt seine Entwicklung zu behindern. Wenn Sie die Unabhängigkeit Ihres Teenagers so unterstützen, wie es in diesem Kapitel vorgeschlagen wurde, und gleichzeitig dafür sorgen, dass sein Liebestank voll bleibt, wird er zu einem verantwortungsbewussten Erwachsenen heranwachsen, der seinen Platz in der Gesellschaft findet und seinen wertvollen Beitrag auf der Welt leistet.

Ihr Teenager wird seine Unabhängigkeit ausleben. Das ist Teil des Erwachsenwerdens.

Ich weiß, dass an dieser Stelle viele Eltern fragen: „Aber was ist mit Grenzen? Was ist mit Verantwortung?“ Diese Fragen zeigen, dass Sie verstehen, welche Folgen das hat, was ich in diesem Kapitel gesagt habe. Und es führt uns zum nächsten Kapitel, in dem ich diese Themen ansprechen will. Ich rate Ihnen dringend, dass Sie dieses und das nächste Kapitel zusammen lesen. Die beiden Themen lassen sich nicht voneinander trennen: *Unabhängigkeit* und *Verantwortung.*

12

Liebe und die Notwendigkeit von Verantwortung

Michaels Vater kaufte ihm ein altes Auto, an dem sie mehrere Wochenenden gemeinsam arbeiteten. Als Michael seinen Führerschein hatte, zeigte ihm sein Vater die Feinheiten des Autofahrens. Zuerst fuhren sie bei Tageslicht; später übte Michael, bei Dunkelheit zu fahren. An einem Wochenende unternahmen er und sein Vater einen Campingausflug und Michael fuhr die ganze Strecke zum Zeltplatz. Es lief alles ziemlich gut, bis Michael endlich ohne Begleitung fahren durfte.

Hey, ich bin frei!, sagte er sich. *Papa muss nicht länger mitfahren.* Er träumte davon, dorthin zu fahren, wohin er wollte, wann er wollte und wie er wollte. Er verstand deshalb nicht, warum sein Vater Regeln aufstellte, wann, wo und wie er mit seinem Auto fahren durfte.

Doch sein Vater verfolgte mit seinen Vorgaben dieses eine Ziel: Michael sollte lernen, dass Freiheit und Verantwortung zwei Seiten derselben Medaille sind, von denen es keine ohne die andere gibt. Diese Regel gilt in der Erwachsenenwelt und der Teenager muss sie auch lernen. Erwachsene haben die Freiheit, in einem Haus zu wohnen, solange sie der Verantwortung nachkommen, die monatliche Miete oder Hypothekenrate zu zahlen. Die Stromversorgungsgesellschaft garantiert die Freiheit, das Licht einzuschalten, solange der Kunde die Verantwortung erfüllt, die monatliche Rechnung zu begleichen. Das ganze Leben ist geprägt von den Prinzipien *Freiheit* und *Verantwortung*. Die beiden sind eng miteinander verbunden. Und es ist eine wichtige Aufgabe der Eltern, dem Teenager diese Zusammenhänge zu zeigen.

Das ganze Leben ist geprägt von den Prinzipien Freiheit und Verantwortung.

Genauso wie Eltern, die ihren Teenager lieben, seine Unabhängigkeit und seine Freiheit fördern, sollten sie dem Teenager auch beibringen, die Verantwortung für sein Verhalten zu übernehmen. Freiheit ohne Verantwortung führt zu einem geringen Selbstvertrauen, zu sinnlosen Aktivitäten und letztendlich zu Langeweile und Depressionen. Allein aus der Tatsache, dass wir unabhängig sind, gewinnen wir kein Selbstwertgefühl. Unser Wert misst sich daran, dass wir Verantwortung übernehmen. Unabhängigkeit und Verantwortung zeichnen einen Erwachsenen aus. Der Teenager, der lernt, für sein Tun die Verantwortung zu übernehmen und dabei seine Unabhängigkeit und Identität zu entwickeln, wird ein gutes Selbstwertgefühl haben, sinnvolle Ziele erreichen und einen wertvollen Beitrag für die Gesellschaft leisten. Ein Teenager, der kein Verantwortungsbewusstsein lernt, wird schon jetzt Probleme bekommen und diese später auch als Erwachsener haben.

Die Rolle von Gesetzen (Grenzen)

Verantwortung erfordert Grenzen. Alle menschlichen Gesellschaften haben Grenzen – die normalerweise „Gesetze" genannt werden. Ohne soziale Grenzen wäre eine Gesellschaft selbstzerstörerisch. Wenn jeder einfach machen würde, was er selbst für richtig hält, würde das zu Chaos führen. Wenn sich die Mehrheit der Menschen an Gesetze hält – das heißt, wenn sie verantwortungsbewusste Bürger sind –, blüht eine Gesellschaft auf. Wenn eine große Anzahl von Menschen beschließt, ihren eigenen Weg zu gehen und verantwortungslos zu leben, bekommt die Gesellschaft die negativen Folgen zu spüren.

In einer Familie sind die Eltern dafür verantwortlich, Regeln aufzustellen oder Grenzen zu ziehen und dafür zu sorgen, dass alle innerhalb dieser Grenzen verantwortlich leben. Das Argument, dass Teenager rebellieren, wenn Eltern Grenzen setzen, stimmt nicht. Im Gegenteil, „die Mehrheit der Heranwachsenden findet, dass ihre Eltern die meiste Zeit vernünftig mit ihnen umgehen und Geduld mit ihnen haben. Über die Hälfte gibt zu: ‚Wenn meine Eltern streng sind, weiß ich, dass sie recht haben, selbst wenn ich mich darüber ärgere.'"[58]

Das Argument, dass Teenager rebellieren, wenn Eltern Grenzen setzen, stimmt nicht.

Lawrence Steinberg, Professor für Psychologie an der Temple Universität, beobachtete: „Was Jugendliche veranlasst zu rebellieren, ist nicht die Ausübung von Autorität, sondern die willkürliche Ausübung von Macht, ohne Erklärung der Regeln und ohne Beteiligung an der Festlegung der Regeln."[59] Das Problem ist also nicht die elterliche Autorität; das Problem sind vielmehr Eltern, die ihre Autorität auf diktatorische, lieblose Art ausüben. Als Ihr Kind noch klein war, konnten Sie willkürliche Regeln aufstellen. Ihr Kind hat Ihr Recht dazu selten infrage gestellt, obwohl es Ihre Regeln vielleicht nicht immer befolgt hat. Aber Teenager hinterfragen, ob Regeln zu ihrem Nutzen aufgestellt wurden oder einfach aus einer Laune heraus. Das Argument: „Weil ich das sage" reicht einfach nicht mehr. Wenn Sie weiterhin so diktatorisch vorgehen, können Sie sicher sein, dass Ihr Teenager rebelliert.

Legen Sie gemeinsam mit Ihrem Teenager die Regeln fest

Da der Teenager nach Unabhängigkeit strebt, muss er daran beteiligt werden, wenn Regeln aufgestellt und Konsequenzen festgelegt werden. Beziehen Sie Ihren Teenager in diesen Prozess ein. Hören Sie sich seine Gedanken dazu an, was faire und sinnvolle Regeln sind. Sie sollten Gründe nennen und erklären, warum Sie der Meinung sind, dass eine bestimmte Regel für den Teenager gut ist. Wenn Sie das machen, schaffen Sie eine Atmosphäre, die die Unabhängigkeit des Teenagers fördert und ihn gleichzeitig lehrt, dass es Freiheit ohne Verantwortung nicht gibt.

In einer offenen „Familienkonferenz" können Eltern und Teenager zusammenkommen. Die Eltern haben trotzdem das letzte Wort, aber es ist gut, wenn sie wissen, was der Teenager denkt und fühlt. Wenn der Teenager bei der Aufstellung der Regel ein Mitspracherecht hat, hält er diese Regel eher für fair und rebelliert nicht so leicht dagegen. Untersuchungen zeigen, dass „junge Menschen, deren Eltern bereit sind, mit ihnen zu sprechen, liebevoller und respektvoller sind und eher sagen, dass sie so sein wollen wie ihre Eltern, als junge Menschen, deren Eltern darauf bestehen, dass sie immer recht haben."[60]

Als Eltern sollten wir immer daran denken, dass es im Umgang mit unseren Teenagern nicht unser Ziel ist, die Oberhand zu behalten, sondern unseren Teenagern beizubringen, bei der Entwicklung ihrer Unabhängigkeit Verantwortung zu zeigen. Es gilt das Prinzip: „Wenn du Verantwortung übernimmst, kannst du Freiheit haben. Wenn du keine Verantwortung übernimmst, bist du für Freiheit noch nicht bereit." Wenn unsere Teenager verstehen, dass diese beiden Punkte immer zusammengehören, haben sie eine wichtige Lektion gelernt, die ihnen für den Rest ihres Lebens helfen wird.

Die Bedeutung der Liebe

Wenn dieser Prozess hin zu immer mehr Unabhängigkeit und Verantwortung des Teenagers reibungslos ablaufen soll, ist es wichtig, dass Sie ihn mit der richtigen Sprache der Liebe unterstützen. Wenn sich Teenager von ihren Eltern geliebt fühlen – wenn sie in der Tiefe ihres Herzens wissen, dass die Eltern nur ihr Bestes im Sinn haben, dass die Regeln nur zu ihrem Wohl aufgestellt und durchgesetzt werden –, können sich Unabhängigkeit und Verantwortung besser entwickeln. Sorgen Sie dafür, dass der Liebestank Ihres Teenagers voll bleibt, dann wird seine Rebellion wahrscheinlich nur sporadisch auftreten. Wenn sich Ihr Teenager andererseits nicht geliebt fühlt – wenn er Ihre Regeln als willkürlich empfindet und das Gefühl hat, dass Sie sich mehr für Ihr eigenes Wohl und Ihren eigenen Erfolg interessieren als für seine Interessen –, rebelliert er wahrscheinlich gegen die Regeln und damit auch gegen Sie, weil Sie die Regeln aufstellen und auf ihre Einhaltung pochen.

> *Nur mit Liebe und nicht mit Zwang wecken Sie bei Ihrem Teenager positive Gefühle gegenüber seinen Eltern.*

Bemühungen, Teenager durch Zwang kontrollieren zu wollen, scheitern fast immer. Nur mit Liebe und nicht mit Zwang wecken Sie bei Ihrem Teenager positive Gefühle gegenüber seinen Eltern. Eltern, die das im Kopf behalten und sich bemühen, dem Teenager weiterhin ihre Liebe zu zeigen, gehen den ersten und wichtigsten Schritt, um ihm Verantwortung vorzuleben und gleichzeitig seine Unabhängigkeit zu fördern.

Professor Lawrence Steinberg sagt: „Wenn Eltern auf Abstand gehen, weil sie meinen, der Jugendliche wollte oder bräuchte ihre Zuneigung nicht mehr, fühlt sich der Teenager im Stich gelassen. So banal es klingen mag: Liebe ist das Wichtigste, was Sie Ihrem Jugendlichen geben können."[61] Wenn Sie Ihrem Teenager zeigen, dass Sie ihn lieben, schaffen Sie damit ein Klima, in dem Sie sowohl seine wachsende Unabhängigkeit fördern als auch auf ein verantwortungsvolles Verhalten bestehen können.

Nachdem das geklärt ist, können wir jetzt darauf eingehen, *wie* Regeln für Teenager aufgestellt und durchgesetzt werden können.

Eine spezielle Familienkonferenz

Inzwischen ist hoffentlich klar geworden, dass die Regeln, die aufgestellt wurden, als Ihr Teenager noch ein Kind war, nicht automatisch auf die Teenagerjahre übertragen werden können. Der Teenager befindet sich in einem anderen Lebensstadium; deshalb ist es nötig, die Regeln zu überdenken und entsprechend anzupassen. Eltern, die meinen, sie könnten „einfach so" in die Teenagerjahre hineinrutschen, ohne sich Gedanken über neue Familienregeln zu machen und mit ihrem Teenager darüber zu sprechen, werden bald Widerstand und Rebellion erleben. Besser ist es, wenn Sie vorher aktiv werden und eine Familienkonferenz ins Leben rufen. Dadurch zeigen Sie dem Teenager, dass Ihnen die Notwendigkeit bewusst ist, die Familienregeln zu überdenken, um ihm mehr Freiheit und mehr Verantwortung zu geben.

Idealerweise berufen Sie eine solche Familienkonferenz ein, bevor der Teenager anfängt, sich über die kindischen Regeln zu beschweren, nach denen er leben muss. Der Teenager, der überrascht ist, wenn seine Eltern erklären, dass er mehr Freiheiten und Verantwortung bekommt, nimmt an einer solchen Familienkonferenz viel bereitwilliger teil als der Teenager, der ein halbes Jahr auf seine Eltern einreden muss, bis endlich ein solches Treffen Wirklichkeit wird.

Auch wenn Ihr Teenager schon 15 ist und Sie noch nie eine Familienkonferenz hatten, ist es trotzdem nicht zu spät, dass Sie die Initiative ergreifen und gemeinsam die Regeln überdenken. Damit werden Sie Ihren Teenager sicher überraschen.

Einige Regeln zu den Regeln

Ich möchte Ihnen drei Richtlinien zur Aufstellung von Regeln vorschlagen, durch die der ganze Prozess leichter und zielgerichteter wird. Danach werde ich Ihnen drei Richtlinien vorstellen, wie Sie während einer solchen Familienkonferenz Konsequenzen festlegen können.

1. Es sollte so wenige Regeln wie möglich geben

16 Seiten Familienregeln zu schreiben, kostet nicht nur viel Zeit; sie werden wahrscheinlich auch nicht beachtet. Hier gilt: Weniger ist mehr. Teenager brauchen Raum für Spontaneität und Unbeschwertheit. Zu viele Regeln verunsichern Ihren Teenager nur.

Warum sind Regeln so wichtig? Lassen Sie es mich so erklären: Grundsätzlich geht es darum, dass Ihr Teenager sich von dem, was für ihn physisch, emotional oder sozial schädlich ist, fernhält und dass all das gefördert wird, was ihn in seiner Entwicklung unterstützt. Wer verantwortlich lebt, sagt „Nein" zu den Dingen, die zerstören, und „Ja" zu den Dingen, die fördern.

Das Ziel von Regeln ist es nicht, jede Minute im Leben von Teenagern zu regulieren, sondern ihnen wichtige Grenzen zu setzen, innerhalb derer sie ihre Entscheidungen treffen können. Erinnern Sie sich: Gott hat nur zehn Regeln aufgestellt, die Zehn Gebote[62]. Jesus fasste diese zehn Gebote in zwei Geboten zusammen[63]. Da Sie nicht so allwissend sind wie Gott, kommen Sie wahrscheinlich nicht mit zehn Regeln aus, aber versuchen Sie, sie auf ein Minimum zu beschränken.

Das Ziel von Regeln ist es nicht, jede Minute im Leben von Teenagern zu regulieren, sondern ihnen wichtige Grenzen zu setzen, innerhalb derer sie ihre Entscheidungen treffen können.

2. Regeln sollten so klar wie möglich sein

Zweideutige Regeln sind für alle verwirrend. „Komm zu einer vernünftigen Zeit nach Hause" wird von Teenagern und Eltern sicher unterschiedlich interpretiert. „Sei um 23.30 Uhr zu Hause" ist dagegen eine klare Aussage. Der Teenager hält sich vielleicht nicht unbedingt an diese Regel, aber er weiß genau, wie sie lautet. „Fahr höchstens fünf Stundenkilometer schneller als erlaubt." Diese Regel versteht jeder, der den Führerschein hat (es mag schwer sein, sie zu befolgen, aber schwer zu verstehen ist sie nicht).

Wenn die Regel klar ist, weiß ein Teenager, wann er dagegen verstößt. Vielleicht versucht er, seinen Fehler zu kaschieren. Vielleicht argumentiert er sogar, dass es gar nicht so war. Vielleicht versucht er zu begründen, warum es passiert ist. Aber er *weiß*, dass er gegen die Regel verstoßen hat. Wenn die Regel hingegen zweideutig ist, wird der Teenager diskutieren, dass er überhaupt nicht dagegen verstoßen hätte.

3. Regeln sollten so fair wie möglich sein
Ich sage „so fair wie möglich", weil kein Mensch in seinem Verständnis, was fair ist, perfekt ist. Sie und Ihr Teenager sind vielleicht völlig unterschiedlicher Meinung, ob eine Regel fair ist. Im Rahmen eines offenen Dialogs, in dem Sie versuchen, den Standpunkt des anderen zu verstehen, finden Sie und Ihr Teenager vielleicht einen Konsens darüber, was fair ist. Geben Sie nicht nach, wenn Sie überzeugt sind, dass Ihre Regel im Interesse des Teenagers ist. Aber seien Sie kompromissbereit, wenn Sie das Gefühl haben, dass Sie damit dem Wohl des Teenagers nicht schaden.

Fairness ist für Teenager *sehr* wichtig. Für sie spielen Werte, Moral, Logik und Argumente eine große Rolle. Wenn sie etwas als ungerecht empfinden, können sie das nur schwer ertragen. Wenn Eltern dann das Gespräch abbrechen und die Durchsetzung der Regel erzwingen, ohne sich den Argumenten der Teenager zu stellen, fühlen sie sich abgelehnt.

Sie sollten sich die Bedenken Ihres Teenagers in puncto Fairness bei der Festlegung von Regeln auf jeden Fall anhören. Wenn er zustimmt, dass die Regel fair ist, rebelliert er wahrscheinlich nicht gegen die Durchsetzung dieser Regel. Und das führt uns zum Thema Konsequenzen.

Einige Regeln zu den Konsequenzen

Regeln ohne Konsequenzen sind nicht nur wertlos, sondern auch verwirrend. Teenager empfinden Eltern gegenüber, die nicht liebevoll, aber bestimmt die Einhaltung von Regeln durchsetzen, keinen Respekt. Anders ist es, wenn sie den Teenager die Konsequenzen tragen lassen, die sich aus Regelverstößen ergeben. Die Konsequenzen für das eigene Verhalten, auch das Fehlverhalten, tragen zu müssen, ist eine wichtige Realität im Leben von Erwachsenen.

Wenn ich die Hypothekenrate nicht überweise, muss ich im nächsten Monat Strafzinsen zahlen. Wenn ich nach einer festgelegten Zeit nicht gezahlt habe, kommt es zur Zwangsversteigerung meines Hauses.

Wenn ich gegen die Geschwindigkeitsbegrenzung verstoße, muss ich nicht nur die Geldstrafe zahlen, sondern bekomme möglicherweise auch Punkte in der Verkehrssünderdatei.

Konsequenzen können hart sein, aber sie fördern das Verantwortungsbewusstsein. Ein blaues Blinklicht in der Ferne veranlasst Autofahrer, den Fuß vom Gaspedal zu nehmen. Die Angst vor unangenehmen Konsequenzen ist ein starker Motivationsfaktor bei der Einhaltung von Regeln.

Hier sind drei Richtlinien, wie man Konsequenzen formulieren und durchsetzen kann:

1. Konsequenzen sollten festgelegt werden, bevor gegen die Regeln verstoßen wurde

Die meisten Gesetze funktionieren nach diesem Prinzip. Die Höhe der Strafzinsen, die ich zahlen muss, wenn ich meine Hypothekenrate nicht pünktlich zahle, ist schon festgelegt, bevor ich in Zahlungsrückstand gerate. Das Geldinstitut legt nicht willkürlich eine Säumnisgebühr fest, wenn ich den Vertrag von meiner Seite aus nicht eingehalten habe. In den meisten Ländern ist die Strafe für ein Verkehrsdelikt festgelegt, bevor man gegen die Straßenverkehrsordnung verstößt. Wenn wir unsere Teenager darauf vorbereiten, in der Welt der Erwachsenen zu leben, ist es sinnvoll, schon jetzt dieses Prinzip anzuwenden.

Ich staune über die vielen Eltern, denen dieser Gedanke noch nie gekommen ist. Sie warten, bis der Teenager eine Regel nicht einhält, und verkünden dann, oft verärgert, welche Konsequenzen dieses Fehlverhalten hat. Die Art der Konsequenzen hängt oft von der emotionalen Verfassung der Eltern in diesem Moment ab. Die Chancen, dass der Teenager diese

Konsequenzen als fair empfindet, sind gleich null. Wenn Eltern gut gelaunt sind, gibt es vielleicht überhaupt keine Konsequenzen. Den Teenager muss diese willkürliche Festlegung der Konsequenzen natürlich verwirren.

Die Konsequenzen für Verstöße sollten zusammen mit den Regeln festgelegt werden und die Teenager sollten in diesen Prozess einbezogen werden. Warum sollten sie, wenn sie an der Festlegung der Regeln beteiligt sind, nicht auch bei der Festlegung der Konsequenzen mitsprechen? Das hilft ihnen dabei, ihr moralisches Urteilsvermögen zu entwickeln. Oft sind Teenager strenger, als es die Eltern wären. Sie als Eltern sind der Meinung, eine Woche Fahrverbot wäre eine faire Konsequenz für den Verstoß gegen eine bestehende Regel. Der Teenager schlägt vielleicht zwei Wochen vor. Wichtig ist, sich auf eine Konsequenz zu einigen, die der Teenager für fair hält.

Eltern ersparen sich viele Diskussionen, wenn Konsequenzen festgelegt werden, bevor gegen die Regeln verstoßen wird. Das ist eine Win-win-Situation: Die Eltern sind weniger frustriert und der Teenager hat stärker das Gefühl, dass es gerecht zugeht. Außerdem übernimmt der Teenager auf diese Weise mehr Verantwortung.

2. Konsequenzen sollten mit Liebe durchgesetzt werden

Eltern dürfen nicht schadenfroh sein, wenn sie Konsequenzen durchsetzen. Die Konsequenzen für etwas zu übernehmen, das man falsch gemacht hat, ist schon für Erwachsene schwer. Für Teenager ist es auch nicht leichter. Welcher Erwachsene würde den Polizisten, der den Strafzettel mit einem schadenfrohen Grinsen ausstellt, nicht unsympathisch finden?

Genauso wenig sollten die Eltern streng und kalt sein, wenn sie Konsequenzen durchsetzen. „Ich habe es dir gesagt! Wenn du auf mich gehört hättest, wärst du jetzt nicht in dieser Situation!" Mit einer solchen Aussage bauen die Eltern vielleicht ihren Frust ab, aber beim Teenager kommt so etwas überhaupt nicht gut an.

Es ist wichtig, dass unsere Teenager spüren, dass wir sie lieben, auch wenn sie gegen die Regeln verstoßen haben. Sie brauchen Mitgefühl und Verständnis, aber sie brauchen keine Eltern, die kapitulieren und die Konsequenzen abschwächen.

Es ist wichtig, dass unsere Teenager spüren, dass wir sie lieben, auch wenn sie gegen die Regeln verstoßen haben.

„Ich weiß, dass es sehr schwer für dich sein wird, diese Woche auf das Auto verzichten zu müssen. Aber so war es ausgemacht.“ Verständnis und Mitgefühl helfen dem Teenager, die Konsequenzen als fair und als Ausdruck von Liebe zu akzeptieren. Er wird sich zwar aufregen, aber er wird seine Eltern, die freundlich und einfühlsam Konsequenzen durchsetzen, deswegen nicht ablehnen.

Es ist ebenfalls wichtig, nach einer solchen Konfrontation die Liebessprache des Teenagers zu sprechen. Wenn seine Sprache der Liebe zum Beispiel *Zärtlichkeit* ist, kann ein Schulterklopfen guttun, bevor Sie mit dem Autoschlüssel in der Hand das Zimmer verlassen. Wenn seine Liebessprache *Hilfsbereitschaft* ist, füllen Sie seinen Liebestank und machen Sie seinen Lieblingsnachtisch, auch wenn es ihn schmerzt, dass er auf das Auto verzichten muss. Wenn *Lob und Anerkennung* seine Liebessprache sind, versichern Sie ihm Ihre Liebe und machen Sie die Konsequenzen erträglich, wenn Sie ihn mit Worten bestätigen, bevor und nachdem Sie die Konsequenzen durchsetzen.

3. Konsequenzen sollten auch durchgesetzt werden

Konsequenzen sollten nicht nach Lust und Laune verhängt werden. Von Natur aus wird jeder Mensch von seinen Gefühlen beeinflusst. Wenn Eltern gut gelaunt sind, sind sie oft geneigt, einfach zu übersehen, dass der Teenager gegen die Regeln verstoßen hat. Wenn die Eltern jedoch übermäßig gestresst sind und sich vielleicht über einen Arbeitskollegen oder Nachbarn geärgert haben, reagieren sie auf Fehlverhalten oft zu streng. Eine solche Willkür schafft Ärger, Abneigung und Verwirrung im Herzen des Teenagers. Sein Gerechtigkeitssinn wird verletzt. Er wird wütend und hitzige Wortgefechte und aggressives Verhalten sind wahrscheinlich die Folge.

Eltern, die die Konsequenzen vor dem Verstoß festlegen, erlauben dem Teenager, bei der Festlegung der Konsequenzen mitzureden. Wenn es dann darum geht, die Konsequenzen in Liebe durchzusetzen, ist es tatsächlich einfacher, konsequent zu bleiben. Wer die Konsequenzen freundlich, bestimmt, in Liebe und nicht willkürlich durchsetzt, der hilft seinem Teenager, Verantwortung zu lernen. Er ist darüber zwar nicht unbedingt glücklich, aber er nimmt die Konsequenzen bereitwilliger in Kauf.

Schaffen Sie Verantwortungsbereiche

Ohne den Anspruch auf Vollständigkeit zu erheben, wollen wir jetzt einige konkrete Bereiche im Familienleben betrachten, in denen Regeln und Konsequenzen nötig sind, um Teenagern Verantwortung zu übertragen und gleichzeitig ihre Unabhängigkeit zu fördern.

Beantworten Sie für sich die folgenden zwei Fragen, bevor Sie Regeln und Konsequenzen aufstellen: 1. Was ist wichtig, um meinem Teenager zu helfen, sich zu einem verantwortungsbewussten, selbständigen Erwachsenen zu entwickeln? 2. Welche Gefahren müssen vermieden werden und wo muss er Verantwortung lernen?

Ja, einige Regeln werden Verbote sein, die den Teenager

davor schützen sollen, sich selbst oder anderen körperlich oder emotional Schaden zuzufügen. Andere Regeln sollen ihn dabei unterstützen, positive Verhaltensweisen einzuüben, die seine Entwicklung fördern und seinen Mitmenschen das Leben erleichtern.

In folgenden Bereichen sollten Regeln und Konsequenzen definiert werden:

1. Aufgaben „in Haus und Garten“

In einer Familie hat jeder bestimmte Pflichten, die erfüllt werden müssen. Aber solche Pflichten oder Aufgaben sind auch Gelegenheiten, um sich für andere zu engagieren. In den letzten Jahren hat ein Engagement, das nicht das eigene Wohl, sondern das der anderen im Blick hat, zunehmend an Wert verloren. Aber die Menschen, die am meisten bewundert und anerkannt werden, zeichnen sich nach wie vor durch Hilfsbereitschaft aus. Im Gegensatz dazu ist der Mensch, der nur um sich selbst kreist und nur seinen eigenen Vorteil sieht, vielleicht finanziell erfolgreich, aber er genießt selten hohes Ansehen.

Wenn Teenager lernen sollen, sich außerhalb der Familie zu engagieren, müssen sie das zuerst zu Hause üben. Dazu brauchen sie wichtige Aufgaben im Haushalt, die das Leben der anderen Familienmitglieder erleichtern. Diese Aufgaben sehen in jeder Familie anders aus. Es kann z. B. dazugehören, auf jüngere Geschwister aufzupassen, beim Kochen zu helfen, sich um ein Haustier zu kümmern, den Rasen zu mähen, die Büsche zu schneiden, die Blumen zu gießen, Staub zu saugen, das Badezimmer zu putzen, Böden zu wischen oder die Wäsche zu waschen. Die Aufgaben sollten sich von Zeit zu Zeit ändern, damit der Teenager Gelegenheit bekommt, in verschiedenen Bereichen Fertigkeiten zu erwerben.

Es ist wichtig, dass sich Teenager als Teil der Familie sehen und verstehen, dass in einer Familie jeder Verantwortung übernehmen muss. Sie lernen dabei immer mehr Fertigkeiten. Das bedeutet nicht nur mehr Freiheiten, sondern auch mehr Verantwortung. Ein Teenager hat auf jeden Fall mehr Verantwortung als sein achtjähriger Bruder. Mit dieser Verantwortung verbunden ist das Vorrecht, länger aufzubleiben, Zeit ohne die Familie zu verbringen etc. Meiner Erfahrung nach ist es gut, solche Freiheiten immer an eine angemessene Verantwortung zu knüpfen. Wenn Teenager verantwortungsvolle Aufgaben übernehmen, sollte man ihnen auch größere Freiheiten zugestehen.

In der Familienkonferenz, in der Regeln und Konsequenzen festgelegt werden, sollte dieses Prinzip klar kommuniziert werden. Es besteht kein Zwang, Pflichten im Haushalt zu übernehmen, sondern die Teenager erhalten die Gelegenheit, ihre Selbständigkeit zu zeigen, indem sie bereitwillig Verantwortungsbereiche übernehmen und sich dadurch ein größeres Maß an Freiheit sichern. Wenn sich die Teenager entscheiden, ihrer Verantwortung innerhalb der Familie nicht gerecht zu werden, besteht die Konsequenz darin, dass sie einen Teil ihrer Freiheiten wieder verlieren.

Wenn Teenager verantwortungsvolle Aufgaben übernehmen, sollte man ihnen auch größere Freiheiten zugestehen.

Beispielsweise ist es die Aufgabe eines Teenagers, der schon den Führerschein hat, mit dem Familienauto am Samstag bis spätestens 12 Uhr in die Waschanlage zu fahren. Falls er das nicht tut, darf er zwei Tage lang nicht Auto fahren, das hat man vorher gemeinsam festgelegt. Nun ist auch das Verhalten der Eltern wichtig: Sie sollten ihm nicht im Nacken sitzen und ihm ständig Druck machen, zur Waschanlage zu fahren. Der Teenager hat die Wahl: Entweder fährt er das Auto pünktlich zur Waschanalage oder eben nicht. Die Konsequenzen sind ihm bewusst. Ich kann Ihnen versichern, dass der Teenager seine Freiheit, über das Auto zu verfügen, nicht verlieren will. Die Eltern sparen sich viel Zeit und Energie, wenn sie klare Absprachen treffen.

2. Hausarbeiten

Was ist in Bezug auf die berufliche Zukunft des Teenagers wichtig? Diese Frage müssen Sie und Ihr Teenager gemeinsam beantworten. Die meisten Eltern werden sagen, dass ein guter Schulabschluss unabdingbar ist. In der westlichen Kultur haben Teenager ohne oder mit einem niedrigen Schulabschluss schlechtere Berufschancen. Wenn Sie als Eltern das auch so sehen, legen Sie dieses Ziel als nicht verhandelbar fest. Danach fragen Sie: „Welche Regeln helfen unserem Teenager, dieses Ziel zu erreichen?" Im Allgemeinen gehören dazu der regelmäßige Schulbesuch und die pünktliche und vollständige Erledigung von Hausaufgaben. Die Regeln können in diesem Bereich ganz einfach sein: täglicher Schulbesuch (außer bei Krankheit), vollständige Erledigung der Hausaufgaben und sonstigen Schulprojekte. Falls gegen diese Regeln verstoßen wird, sollten Sie sich vorab sinnvolle Konsequenzen überlegen. Vielleicht könnte Ihr Teenager für jeden Fehltag am Samstag ein Buch lesen und den Eltern den Inhalt zusammenfassen. Oder er könnte die Zeit, in der er die Schule geschwänzt hat, am Samstag zu Hause verbringen müssen. Ich kann Ihnen fast garantieren, dass die meisten Teenager nur einen einzigen Samstag auf diese Weise verbringen wollen.

Ob Hausaufgaben und Schularbeiten sorgfältig erledigt werden, ist schwerer zu beurteilen. Normalerweise spiegelt sich die Leistung in den Schulnoten wider oder Sie vereinbaren einen Gesprächstermin mit dem Lehrer. Wenn Sie herausfinden, dass die Hausaufgaben nicht vollständig gemacht wurden und deshalb schlechte Noten die Folge sind, könnte die Konsequenz darin bestehen, dass Ihr Teenager die Hausaufgaben am Samstag- oder Sonntagnachmittag nachholt, auch wenn der Lehrer sagt, dass das an der Note nichts mehr ändert. Sie sollten die Erledigung dieser Aufgaben – auch wenn sie keinen Lohn in Form von besseren Noten bringen – genau überwachen. Solche Regeln und Konsequenzen befreien Sie davon, den Teenager jeden Tag daran zu erinnern, dass er seine Hausaufgaben machen soll.

3. Autobenutzung

Dass Teenager Auto fahren dürfen, ist ein Privileg und kein Recht, auf das sie Anspruch hätten. Teenagern sollte nicht das Recht eingeräumt werden, nach Belieben mit dem eigenen Auto oder dem Familienauto zu fahren. Autofahren ist ein Vorrecht, das durch verantwortungsbewusstes Verhalten erworben wird. Das sollte ihnen schon klargemacht werden, bevor sie den Führerschein machen. Auch hier geht es darum, dass sie den Bezug zwischen Freiheit und Verantwortung verstehen. Die meisten Eltern möchten ihren Teenagern die Freiheit geben, das Auto zu benutzen, aber viele Eltern versäumen es, diese Freiheit an eine Verantwortung zu knüpfen. Als Folge davon sehen Teenager das Autofahren als etwas Selbstverständliches an, das man ihnen nicht entziehen darf.

Was sind wichtige Regeln im Zusammenhang mit dem Autofahren? Alle Eltern und Teenager können sich wahrscheinlich auf Folgendes einigen: Der Teenager, andere Verkehrsteilnehmer und seine Beifahrer dürfen nicht zu Schaden kommen und die Straßenverkehrsordnung muss eingehalten werden. Manche Familien einigen sich vielleicht auch darauf, inwieweit der Teenager mit seinem eigenen Geld das Autofahren mitfinanziert und für den Sprit selbst aufkommt. Andere legen vielleicht fest, wann der Teenager Auto fahren darf und wann er wieder zu Hause sein muss. Daraus lassen sich konkrete Regeln und angemessene Konsequenzen aufstellen. Dazu ein paar Beispiele:

Regel: Alle Regeln der Straßenverkehrsordnung werden befolgt. *Konsequenz bei Verstoß:* Wenn der Teenager einen Strafzettel bekommt, darf er eine Woche lang kein Auto fahren und bezahlt die Strafe von seinem eigenen Geld. Wenn innerhalb von drei Monaten ein zweiter Verstoß erfolgt, darf er zwei Wochen lang kein Auto fahren und bezahlt die Strafe selbst.

Regel: Lass nie einen Freund mit deinem Auto fahren. *Konsequenz bei Verstoß:* Verlust der Fahrerlaubnis für zwei Wochen.

Man kann auch festlegen, dass der Teenager zu einer bestimmten Zeit mit dem Auto wieder zu Hause sein muss oder es regelmäßig sauber macht.

4. Umgang mit Geld

Diskussionen wegen Geld kommen zwischen Eltern und Teenagern häufig vor. Das liegt oft daran, dass die Eltern keine klaren Regeln und keine klaren Konsequenzen festgelegt haben. Was sind da die großen Themen? Die erste Tatsache liegt auf der Hand: In den meisten Familien sind die finanziellen Ressourcen begrenzt. Das bedeutet, dass der Teenager nicht alles haben kann, was er sich wünscht. Ein zweiter wichtiger Punkt ist, dass der Teenager mit gewissen Grundregeln vertraut sein sollte, was den Umgang mit Geld betrifft. Ein einfaches Grundprinzip lautet: „Wenn kein Geld mehr da ist, wird so lange nichts mehr gekauft, bis wieder welches da ist." Selbst viele Erwachsene halten sich nicht an dieses Prinzip (in ihrem eigenen Leben und im Umgang mit ihren Teenagern) und haben deshalb finanzielle Probleme. Aus diesem Grund sollten Teenager meiner Meinung nach nie eine Kreditkarte bekommen. Kreditkarten verleiten dazu, mehr Geld auszugeben, als man hat, und es wäre sehr schlecht, wenn sich Teenager das angewöhnen.

Grundsätzlich kann ein Teenager erst lernen, mit Geld umzugehen, wenn er über Einkünfte verfügt. Aus diesem Grund geben viele Eltern ihren Teenagern regelmäßig Taschengeld, damit sie nicht ständig kommen müssen, um sie um Geld zu bitten, damit sie sich dieses oder jenes kaufen können. Eltern, die 10 Euro hier und 20 Euro dort verteilen, bringen ihrem Teenager nicht bei, verantwortungsbewusst mit Geld umzugehen. Ich halte es für viel besser, wenn man sich auf ein wöchentliches oder monatliches Taschengeld einigt. Dabei muss klar geregelt sein, welche Ausgaben damit von dem Teenager selbst bestritten werden sollen.

Sie sollten bei der Höhe des Taschengeldes so realistisch wie möglich sein. Sprechen Sie offen miteinander darüber. Und wenn das Geld bis zum Monats- bzw. Wochenende einmal nicht reicht, sollten Sie nicht gleich etwas dazugeben, sondern gemeinsam überlegen, woran es liegt. Vielleicht ist es auch möglich, dass Ihr Teenager einen Minijob annimmt, z. B. Zeitungen austragen, oder sich durch Babysitten oder Rasenmähen etwas dazuverdient. Dadurch lernt er nicht nur den Umgang mit Geld, sondern er lernt auch den Wert des Geldes schätzen, das mit eigener Arbeit erworben wird. In wohlhabenden Familien ist die Gefahr natürlich größer, dass die Eltern ihrem Teenager eine Taschengelderhöhung in Aussicht stellen, um den Familienfrieden zu erhalten. Doch damit erweisen sie auf lange Sicht dem Teenager einen Bärendienst.

Erklären Sie Ihrem Teenager, dass Sie ihm Taschengeld geben, weil Sie ihn lieben und weil er lernen soll, verantwortlich damit umzugehen. Sie geben ihm das Geld nicht, weil er im Haus Aufgaben erledigt. Das ist ein völlig anderer Verantwortungsbereich. Ich schlage vor, dass der Teenager bei seinen Eltern kein Geld verdienen kann. Sonst lässt sich nicht mehr so leicht trennen, welche Aufgaben die Eltern von ihm erwarten können und für welche er Geld bekommt. Es ist besser, den Teenager das Geld außerhalb der Familie verdienen zu lassen. Ich bin auch der Ansicht, dass es ein Fehler ist, dem Teenager Geld zu leihen. Sonst gewöhnt er sich an, über seine finanziellen Verhältnisse zu leben.

5. Beziehung zum anderen Geschlecht

Dieses Thema beunruhigt viele Eltern. Einige Eltern erinnern sich an ihre eigenen Erfahrungen auf diesem Gebiet und wollen nicht, dass ihre Teenager die gleichen Fehler machen wie sie. Deswegen stellen sie strenge Regeln auf. Außerdem herrscht viel Verwirrung darüber, was es heißt, wenn sich ein Junge und ein Mädchen treffen. Wenn sie miteinander einen Hamburger essen gehen und danach drei Stunden auf der Rückbank eines Autos verbringen und sich gegenseitig sexuell stimulieren, sollten schon die Alarmglocken der Eltern schrillen. Aber wenn eine Gruppe von Mädchen und Jungs zusammen Pizza essen und danach ins Kino geht, kann das eine positive Erfahrung sein, die das Selbstwertgefühl des Teenagers und seine Beziehungsfähigkeiten fördert, was für eine reife Liebesbeziehung im Erwachsenenalter nötig ist.

Sicherlich ist jede Familiensituation und jeder Teenager anders, sodass man keine allgemeingültigen Altersgrenzen festlegen sollte. Doch ich möchte Sie ermutigen, dass Sie frühzeitig das Gespräch mit Ihrem Kind und dann Teenager suchen, um Ihre Ansichten und vielleicht auch Bedenken zu äußern.

Nach 40 Jahren als Ehe- und Familientherapeut bin ich davon überzeugt, dass Teenager zuerst einmal gleichgeschlechtliche Freundschaften aufbauen sollten. Dann können Gruppenaktivitäten folgen, an denen Mädchen und Jungs beteiligt sind. Erst später sollten sie anfangen, zu zweit etwas zu unternehmen. Wenn die Teenager reifer werden, fühlen sie sich im Umgang mit dem anderen Geschlecht wohler, haben mehr Selbstvertrauen und sind besser in der Lage, richtig mit dem anderen Geschlecht umzugehen und damit, dass sie sich möglicherweise verlieben. Diesen Prozess in der sozialen und emotionalen Entwicklung abkürzen zu wollen und schon sehr früh dazu zu ermutigen, dass ein Junge und ein Mädchen zu zweit etwas unternehmen, halte ich für bedenklich.

Natürlich ist es wichtig, dass Sie sich über dieses Thema mit

Ihrem Teenager austauschen. Falls Sie meine oben dargestellte Meinung teilen, sollten Sie – wenn Ihr Kind ca. neun, zehn oder elf Jahre alt ist – mit ihm darüber sprechen. Dann geht es ohne den Druck, so bald wie möglich einen Freund/eine Freundin haben zu müssen, in die Teenagerjahre. Es freut sich auf Gruppenaktivitäten und lässt sich genügend Zeit für eine feste Beziehung.

Selbstverständlich male ich hier ein Idealbild, das viele Faktoren außer Acht lässt: Persönlichkeitsveränderungen, Unsicherheiten, den Druck von Gleichaltrigen und anderes, was den Teenager vielleicht dazu treibt, schon sehr früh emotionalen Trost in einer Liebesbeziehung zu suchen. Das ist ein weiterer Grund, warum für Teenager die Liebe der Eltern so wichtig ist, für Jungs besonders die Liebe der Mutter und für Mädchen die Liebe des Vaters. Wenn sich das Mädchen von seinem Vater geliebt fühlt, sucht es wahrscheinlich nicht so schnell bei einem älteren männlichen Teenager emotionale Liebe. Der Junge, der sich von seiner Mutter geliebt fühlt, steht weniger in der Gefahr, ein jüngeres Mädchen zu seiner emotionalen oder körperlichen Befriedigung auszunutzen.

Welche Regeln könnten eine gesunde soziale Reife fördern?

Regel: Freundschaften mit gleichgeschlechtlichen Teenagern werden gefördert. Übernachtungen bei Freunden sind in Ordnung, wenn Sie die Familie kennen. Sprechen Sie vorher mit Ihrem Teenager, um sich ein Bild von der Lage zu machen. Fragen Sie nach, ob die Eltern auch zu Hause sind und wer noch mit von der Partie ist. Geben Sie Ihrem Teenager das Gefühl, dass Sie es gut mit ihm meinen und nur sein Bestes wollen. Teenager ertragen es nur schwer, wenn sie sich von ihren Eltern dauernd kontrolliert fühlen. Suchen Sie in schwierigen Situationen immer das Gespräch.

Regel: Unternehmungen in einer Gruppe mit Jungs und Mädchen sind in Ordnung. Aber sprechen Sie mit Ihrem Teenager vorher darüber, wer zu der Gruppe gehört, wenn Ihnen das nicht schon bereits bekannt ist. Wenn Sie bei einzelnen Jugendlichen, die auch teilnehmen, ein mulmiges Gefühl haben, erwähnen Sie das gegenüber Ihrem Teenager. Wenn es im Gespräch nicht gelingt, Ihre Bedenken auszuräumen, können Sie im äußersten Fall auch die Teilnahme an der Aktivität verbieten. Aber begründen Sie Ihrem Teenager gegenüber Ihre Entscheidung.

Wenn der Teenager älter wird, gibt es immer mehr Gelegenheiten, eine Beziehung einzugehen. Dann wird es besonders wichtig, dass Sie und Ihr Teenager schon im Voraus darüber gesprochen und eventuell auch Regeln aufgestellt haben. Selbst wenn heute vieles ganz anders ist als noch vor einer Generation, haben Teenager nach wie vor dieselben Bedürfnisse und Sehnsüchte und leiden immer noch unter denselben Unsicherheiten, die sie schon immer hatten.

Die von mir vorgeschlagenen Regeln sind nur ein Vorschlag. Eltern und Teenager müssen gemeinsam eigene Regeln und Vereinbarungen treffen, was sie für den Umgang miteinander in der Familie für fair halten und umsetzen können.

6. Alkohol- oder Drogenkonsum

Drogen- und Alkoholmissbrauch nimmt unter Teenagern rasant zu. Doch nichts zerstört ihre Unabhängigkeit schneller als Alkohol- oder Drogensucht. Was können Sie als Eltern tun, damit Ihr Teenager den gesunden Umgang mit Alkohol lernt und die Finger von Drogen lässt? Klar ist, dass Sie ihn nicht rund um die Uhr kontrollieren können. Daher ist es wichtig, dass Sie Vertrauen zu Ihrem Teenager haben und sich auf ihn verlassen können, auch in Situationen, in denen andere unter Umständen Drogen oder Alkohol zu sich nehmen. Was können Sie konkret dafür tun?

Erstens, und das ist das Wichtigste: Seien Sie selbst ein Vorbild. Teenager, die mitbekommen, dass ihre Eltern jeden Abend Alkohol trinken, um sich zu entspannen, empfinden

Alkoholkonsum als etwas Normales. Dann ist die Gefahr groß, dass sie schnell die Grenzen überschreiten. Teenager, die beobachten, dass ihre Eltern viel zu viele verschreibungspflichtige Medikamente nehmen, haben möglicherweise eine niedrigere Hemmschwelle, selbst gefährliche Substanzen auszuprobieren. Ich kann die Vorbildfunktion der Eltern in diesem Bereich nicht genug betonen.

Aber Sie können noch mehr tun. Was sind die größten Sorgen im Zusammenhang mit Alkohol- und Drogenkonsum? Am größten ist normalerweise die Angst, dass der Teenager alkoholkrank oder drogensüchtig wird. Diese Angst ist berechtigt. Eine andere Befürchtung kann sein, dass der Teenager zu einem betrunkenen Fahrer ins Auto steigt und bei einem Verkehrsunfall verletzt oder getötet wird. Eine dritte Sorge ist, dass der Teenager Kontakt zu anderen Jugendlichen bekommt, die Drogen und Alkohol konsumieren, und sich unter dem Einfluss dieser Suchtmittel auf kriminelle Aktivitäten einlässt. Das alles sind durchaus berechtigte Sorgen.

Welche Regeln wären in diesem Zusammenhang sinnvoll? Zunächst einmal sollten Sie in Ihrer Familienkonferenz Ihren Wunsch, dass der Teenager die Finger von Drogen und Alkoholmissbrauch lässt, deutlich zum Ausdruck bringen. Erklären Sie ihm, dass diese Überzeugung nichts mit irgendeinem unbegründeten, unlogischen, religiösen oder persönlichen Glauben zu tun hat, sondern auf Fakten gründet, die wissenschaftlich belegt sind.

Legen Sie schon vorher fest, welche Konsequenzen es für Ihren Teenager hat, wenn er doch übermäßig viel Alkohol konsumiert. Dass man ihm dann das elterliche Fahrzeug nicht mehr zur Verfügung stellt, ist selbsterklärend. Nüchtern betrachtet wird er diese Konsequenz sofort einsehen. Machen Sie ihm darüber hinaus klar, dass der Besitz von illegalen Drogen einen Gesetzesverstoß darstellt und er mit juristischen Konsequenzen rechnen muss.

Grundsätzlich sollten Sie im Umgang mit Ihrem Teenager beides – Freiheit und Verantwortung – nicht voneinander trennen. Alle Regeln und Konsequenzen haben nur das Ziel, aus Ihrem Teenager einen lebenstüchtigen Menschen zu machen, der in der Lage ist, gute Entscheidungen zu treffen. Berücksichtigen Sie immer die Gedanken und Gefühle des Teenagers, wenn Sie Regeln und Konsequenzen festlegen, aber üben Sie trotzdem in Liebe Ihre elterliche Autorität aus. Zeigen Sie Ihrem Teenager, dass Sie an seinem Leben und seinen Entscheidungen interessiert sind und ihn lieben, dass es Ihnen nicht egal ist, welche Freunde er hat und was er in seiner Freizeit unternimmt. Er wird es Ihnen abspüren, ob Sie von Angst getrieben seinen Lebensradius einschränken oder ob Sie Vertrauen zu ihm haben und ihm Schritt für Schritt mehr Freiheiten einräumen.

Grundsätzlich sollten Sie im Umgang mit Ihrem Teenager beides – Freiheit und Verantwortung – nicht voneinander trennen.

13

Lieben Sie Ihren Teenager, auch wenn er einen Fehler macht

Daniel war ein kräftiger Mann mit dichten, braunen Haaren und einem gepflegten Bart. Er war erfolgreicher Manager und war in seiner Gemeinde und Nachbarschaft sehr beliebt und geachtet. Doch als er in meinem Büro saß, liefen ihm die Tränen in den Bart.

„Ich kann es einfach nicht glauben, Dr. Chapman. Das kommt mir alles vor wie ein schlimmer Traum. Ich wünschte, ich könnte aus diesem Albtraum aufwachen. Aber ich weiß, dass es kein Traum ist. Und ich weiß nicht, was ich tun soll. Ich will das Richtige tun, aber in meiner Verfassung weiß ich nicht, ob ich dazu in der Lage bin. Einerseits würde ich ihn am liebsten würgen und fragen: ‚Wie konntest du uns das nur antun?' Gleichzeitig will ich ihn in die Arme nehmen und einfach nur festhalten. Meine Frau ist so aufgewühlt, dass sie heute nicht mitkommen konnte. Er kommt morgen nach Hause und wir wissen nicht, wie wir reagieren sollen."

Daniels Tränen, sein Ärger, sein Frust und seine Verwirrung

hatten mit seinem 19-jährigen Sohn zu tun. Sein Sohn war zum Studium vor einiger Zeit in eine andere Stadt umgezogen. Am Vorabend hatte er angerufen und seinen Eltern, Daniel und Anna, erklärt, dass eine Mitstudentin von ihm schwanger geworden sei. Er hatte zugegeben, dass er sicher war, dass diese Nachricht seine Eltern verletzen würde, und dass er auch wusste, dass er einen Fehler gemacht habe. Aber er brauchte Hilfe und wusste nicht, an wen er sich sonst wenden sollte. Daniel und Anna hatten eine schlaflose Nacht hinter sich, in der sie versucht hatten, sich gegenseitig zu trösten. Aber sie waren untröstlich. Ihr Sohn hatte einen Fehler gemacht, der lebenslange Konsequenzen nach sich ziehen würde, und es gab keine leichten Lösungen.

Nur Eltern, die selbst ähnliche Anrufe bekommen haben, können wirklich mitfühlen, wie es Daniel und Anna oder anderen Paaren in einer solchen Situation ergeht. Der Schmerz scheint unerträglich. Gefühle schießen durch den Körper. Schmerz, Ärger, Mitleid, Trauer und eine tiefe Liebe – eine Liebe, die noch mehr Schmerz, Ärger, Mitleid und Trauer hervorruft – wirbeln wie Socken in einer Waschmaschine im Kopf herum. Sie hoffen gegen jede Hoffnung, wenn morgen die Sonne aufgeht, stellt sich das alles nur als schlechter Traum heraus. Doch in ihrem Herzen wissen diese Eltern, dass sie sich der Realität stellen müssen.

Teenager werden Fehler machen

Wenn ich von Daniels und Annas Schmerz erzähle, muss ich an etwas denken, das der Kinderpsychologe Hannes Rosemond einmal sagte: „Gute Eltern tun das *Richtige,* wenn ihr Kind das *Falsche* macht.“[64]

Darum geht es in diesem Kapitel: Wie reagieren wir als Eltern richtig, wenn unsere Teenager etwas falsch gemacht oder versagt haben? Wir können unsere Kinder nicht vor Fehlern bewahren und unsere Teenager schon gar nicht. Selbst unsere größten Bemühungen, sie zu lieben und ihnen gute Eltern zu sein, garantieren nicht, dass sie keine Fehler machen. Teenager sind eigene Persönlichkeiten und sie haben die Freiheit, Entscheidungen zu treffen: gute und schlechte Entscheidungen. Wenn Teenager schlechte Entscheidungen treffen, leiden die Eltern. Das geht gar nicht anders. Da wir eine Familie sind, spüren alle in der Familie die Auswirkungen, wenn der Teenager einen Fehler macht. Niemand fühlt den Schmerz jedoch tiefer als seine Eltern.

> *„Gute Eltern tun das Richtige, wenn ihr Kind das Falsche macht.“*

Nicht alle Fehler von Teenagern sind gleich schwerwiegend. Genauso wie bei Erdbeben gibt es kleinere Beben und Beben der Stärke 7,5. Die Nachwirkungen sind auch völlig verschieden. Alex vermasselte drei aufeinanderfolgende Aufschläge beim Volleyball – von denen jeder seiner Mannschaft den Sieg beschert hätte –, und das vor den Augen seiner Freunde und seiner Familie. Alex hatte versagt, aber sein Versagen war ein kleines Beben im Vergleich zu dem Versagen von Daniels und Annas Sohn. Doch womöglich saß an diesem Abend ein Talentscout auf der Tribüne, um Alex für eine höherklassige Mannschaft zu beobachten. Wie könnten diese drei vergebenen Aufschläge seine Entscheidung beeinflussen?

Verschiedene Arten von Versagen

Die Erwartungen der Eltern werden nicht erfüllt

Es liegt nicht nur ein Unterschied darin, wie schlimm oder weniger schlimm ein Versagen ist, sondern es gibt auch verschiedene Arten des Versagens. Alex‘ Situation ist ein Beispiel dafür, dass ein Teenager sein Können nicht zeigt oder die Erwartungen seiner Eltern nicht erfüllt. Diese Art des Versagens tritt in den Bereichen Sport, Kunst, Schule etc. häufig auf. Ein Teil dieses Versagens geschieht, weil Eltern und/oder Teenager unrealistische Erwartungen haben. Wenn das Ziel unrealistisch ist, ist Versagen vorprogrammiert. Wir sollten von Anfang an im Blick behalten, dass nicht jeder Sportler die Goldmedaille gewinnen kann. Wenn Eltern nur mit Perfektion zufrieden sind, werden sie in den meisten Situationen auch mit ihrem Teenager unzufrieden sein. Wenn Leistungsziele unerreichbar sind, entmutigen sie.

Helfen Sie vielmehr Ihrem Teenager, die Ergebnisse mit einem anderen Blick zu sehen. Bei einem Turnier den zweiten Platz einzunehmen, ist keine Niederlage. Wenn 30 Mannschaften teilgenommen haben, bedeutet der zweite Platz, dass die Mannschaft besser war als 28 andere. Bei einem Marathon als Letzter ins Ziel zu kommen bedeutet, dass man ein besserer Läufer ist als die vielen Menschen, die an dem Lauf gar nicht teilgenommen haben. Wenn Ihre Tochter im Schulorchester, das unter 100 Schulen den zehnten Platz eingenommen hat, Klarinette spielt, war ihr Orchester besser als 90 Prozent der Teilnehmer! Das ist ein Grund zu feiern und kein Grund, „das schlechte Abschneiden“ des Orchesters zu beklagen.

Wenn Eltern nur mit Perfektion zufrieden sind, werden sie in den meisten Situationen auch mit ihrem Teenager unzufrieden sein. Wenn Leistungsziele unerreichbar sind, entmutigen sie.

Natürlich gewinnt jeder gern. Aber dass es nur einen Sieger geben kann, bedeutet nicht, dass alle anderen Verlierer wären. In unserer Kultur, die sehr auf Wettbewerb bedacht ist und in der gilt: „Gewinnen ist alles“, werden Teenager oft durch Erwachsene, die es gut mit ihnen meinen (meistens die Eltern), zum Scheitern verurteilt.

Ein weiterer Grund, warum Teenager in ihren Leistungen versagen, ist der, dass sie in Leistungsbereiche gedrängt werden, für die sie nur wenig oder überhaupt kein Interesse und nicht viel Begabung mitbringen. Weil die Eltern sich für Sport interessieren, wird der Teenager im Sportverein angemeldet, obwohl er lieber ein Musikinstrument spielen würde. Der Teenager hätte ein ausgezeichneter Trompetenspieler werden können; stattdessen sitzt er auf der Ersatzbank und fühlt sich als Versager. Wenn wir Teenager in Bereiche drängen, an denen sie kein Interesse haben, verurteilen wir sie zum Scheitern.

Ich denke dabei an einen Bekannten, der seinen Sohn drängte, Arzt zu werden. Sein Sohn quälte sich durch die ersten Semester an der Universität und schaffte es nach zwei Nervenzusammenbrüchen schließlich, das Studium abzuschließen. An dem Tag seiner Absolvierungsfeier präsentierte er seinem Vater seine in Leder gebundene Abschluss-Urkunde und weigerte sich, eine Assistenzarztstelle anzutreten. Vor Kurzem hörte ich, dass dieser Sohn in einem Fastfood-Restaurant jobbt und herauszufinden versucht, was er aus seinem Leben machen will.

Natürlich machen Eltern ihren Teenager mit den Bereichen vertraut, für die sie sich selbst interessieren. Das ist logisch. Aber sie dürfen nicht versuchen, den Teenager dazu zu manipulieren, die Wege einzuschlagen, die sich die Eltern wünschen, wenn sie nicht mit den Interessen und Fähigkeiten des Teenagers übereinstimmen. Eltern, die diese Tendenz bei sich erkennen, empfehle ich, sich den Filmklassiker *Der Club der toten Dichter* anzusehen. Diese Geschichte von einem jungen Schüler, der es seinem Vater nie recht machen konnte, wird Ihnen Tränen in die Augen treiben, aber er wird Ihnen auch die Augen öffnen.

Moralisches Versagen

Eine zweite Kategorie, in der der Teenager versagen kann, ist sowohl für den Teenager als auch für die Eltern weitaus schmerzlicher. Ich nenne diesen Bereich das „moralische Versagen". Dieses Versagen tritt ein, wenn der Teenager gegen den Moralkodex verstößt, nach dem die Familie seit Jahren lebt. Von der frühesten Kindheit an vermitteln Eltern ihren Kindern ihre moralischen Werte. Die meisten Eltern hoffen, dass ihre Kinder in den Teenagerjahren ihre moralischen Grundsätze übernehmen, auch wenn sie sie vielleicht hinterfragen. Die Realität zeigt, dass das nicht immer der Fall ist.

Teenager verstoßen auf zweierlei Weise gegen moralische Werte: Einige entscheiden sich bewusst, die moralischen Werte der Familie abzulehnen und ihre eigenen aufzustellen. Andere übernehmen zwar das Wertesystem der Familie, verstoßen aber gegen seine Grundsätze. In beiden Fällen führt das zu Schmerz für die Eltern und normalerweise auch für den Teenager. Eltern trauern, wenn ihr Sohn oder ihre Tochter eine moralische Entscheidung trifft, die die Eltern für falsch halten. Sie wissen, dass den Teenager Konsequenzen erwarten. Und der Teenager spürt normalerweise, dass die Eltern enttäuscht sind, oder er spürt den Schmerz der Eltern oder sogar eine Entfremdung von ihnen.

Die Konsequenzen für moralisches Versagen können für die Eltern verheerend sein. Die meisten Eltern haben sich schon irgendwann einmal die Frage gestellt: „Was würde ich tun, wenn meine Tochter sagt, dass sie schwanger ist? Oder wenn mein Sohn mir mitteilt, dass seine Freundin schwanger ist (wie im Fall von Daniel und Anna)? Was würde ich tun, wenn ich erfahren würde, dass mein Teenager Drogen nimmt oder dealt? Was würde ich tun, wenn mir mein Teenager sagen würde, dass er AIDS oder irgendeine andere durch Geschlechtsverkehr übertragene Krankheit hat? Was würde ich tun, wenn die Polizei anruft und mir mitteilt, dass mein Teenager wegen Diebstahls oder Körperverletzung verhaftet wurde?“

Solche Fragen stellen sich vermutlich die meisten Eltern irgendwann einmal, wenn ihre Kinder Teenager sind.

Wie begegnen Sie dem moralischen Versagen Ihres Teenagers?

Auf den restlichen Seiten dieses Kapitels möchte ich einige praktische Ideen weitergeben, die Eltern geholfen haben, besonnen und liebevoll mit dem moralischen Versagen ihres Teenagers umzugehen. Wir handeln als gute Eltern, wenn wir auf das Versagen unseres Teenagers mit Mitgefühl und Hilfe reagieren – „das Richtige tun, wenn (unser) Kind das Falsche tut“, wie Rosemond sagt.

1. Geben Sie nicht sich selbst die Schuld

Bevor Sie Ihrer Tochter oder Ihrem Sohn helfen können, ist es wichtig, dass Sie zuerst Ihre eigene Reaktion richtig einordnen. Die erste Reaktion vieler Eltern, wenn ihr Teenager versagt, ist die vorwurfsvolle, an sich selbst gerichtete Frage: „Was haben wir falsch gemacht?“

Das ist eine logische Frage, besonders in einer Gesellschaft, die der richtigen Erziehung so viel Bedeutung beimisst. Aber viele Selbsthilfebücher und Erziehungsseminare überschätzen den Einfluss einer positiven Erziehung und übersehen die Entscheidungsfreiheit des Teenagers. Es ist eine Tatsache, dass Teenager sowohl zu Hause als auch außerhalb ihrer Familie Entscheidungen treffen können und werden. Diese Entscheidungen haben immer Konsequenzen. Schlechte Entscheidungen führen zu negativen Folgen, während kluge Entscheidungen positive Auswirkungen haben.

Eltern können nicht rund um die Uhr bei ihren Teenagern

sein und ihr Verhalten kontrollieren. Das haben Sie gemacht, als Ihre Tochter drei war, aber wenn sie 13 ist, geht das nicht mehr. So beängstigend es auch sein mag: Ihr Teenager muss die Freiheit bekommen, Entscheidungen zu treffen.

Die Entscheidungsfreiheit wird in den Teenagerjahren immer größer. Das ist ein notwendiger und normalerweise gesunder Prozess, aber dadurch wächst das Risiko, dass der Teenager versagt. Eltern, die sich selbst die Schuld daran geben, erweisen ihrem Teenager keinen guten Dienst. Wenn Eltern die Schuld auf sich nehmen, nehmen sie sie dem Teenager ab. Wenn er seine Schuld auf andere abwälzen kann, lernt er aus seinem Fehler nichts und die Wahrscheinlichkeit steigt, dass er ihn wieder macht.

So beängstigend es auch sein mag: Ihr Teenager muss die Freiheit bekommen, Entscheidungen zu treffen.

Eltern, die erkannt haben, dass sie in den ersten Jahren in ihrer Erziehung viele Fehler gemacht haben, sind besonders anfällig dafür, die Schuld für das moralische Versagen ihres Teenagers auf sich zu nehmen. Ich will damit nicht sagen, dass Eltern keine Verantwortung hätten. Was ich damit sagen will, ist vielmehr: Ja, Sie sind für Ihr eigenes Versagen verantwortlich, aber nicht für das Versagen Ihres Teenagers. Wenn Sie in Ihrem früheren Verhaltensmuster als Eltern konkrete Fehler erkennen, dann bekennen Sie sie vor Gott und Ihrem Teenager. Bitten Sie um Vergebung, aber übernehmen Sie nicht die Verantwortung für die falschen Entscheidungen Ihres Teenagers.

2. Halten Sie keine Moralpredigt

Teenager, die eine falsche Entscheidung in Sachen Moral getroffen haben, verspüren normalerweise bereits Schuldgefühle. Sie wissen, dass sie ihre Eltern durch ihr Verhalten verletzen. Ihnen ist bewusst, wenn sie gegen die moralischen

Werte verstoßen, mit denen sie aufgewachsen sind. Predigen ist unnötig.

Zu Daniel, dem Vater, den wir am Anfang dieses Kapitels kennengelernt haben, sagte ich damals in meinem Büro ungefähr Folgendes:

„Wenn Ihr Sohn morgen nach Hause kommt, dann empfangen Sie ihn nicht mit verurteilenden Worten. Sagen Sie *nicht*: ‚Warum hast du das gemacht? Du weißt, dass das gegen alles verstößt, was wir dich immer gelehrt haben. Wie konntest du uns das nur antun? Weißt du denn nicht, dass du uns damit das Herz brichst? Du hast alles kaputt gemacht. Wie konntest du nur so dumm sein!' Ich verstehe, dass Sie diese Gefühle und Gedanken haben, aber es hilft Ihrem Sohn nicht, wenn Sie ihn jetzt verurteilen. Diese Gedanken beschäftigen ihn selbst und diese Fragen stellt er sich schon längst selbst. Wenn Sie solche Vorwürfe machen und solche Fragen stellen, geht er vermutlich in die Defensive und hört auf, sich diesen Fragen zu stellen."

Ein Teenager, der versagt hat, muss sich mit seinen Schuldgefühlen auseinandersetzen, aber wenn seine Eltern ihn verurteilen, hilft das niemandem weiter.

3. Versuchen Sie nicht, die Sache in Ordnung zu bringen

Die natürliche Reaktion vieler Eltern ist es, dass sie versuchen, den angerichteten Schaden so klein wie möglich zu halten. Auf „Schadensbegrenzung" zu schalten und den Teenager beschützen zu wollen, halte ich aber für eine ungesunde und falsche Entscheidung. Wenn Sie die natürlichen Folgen des Versagens Ihres Teenagers beseitigen, verhindern Sie, dass Ihr Teenager reif wird. Teenager lernen die wichtigsten Lektionen, wenn sie selbst erleben,

Teenager lernen die wichtigsten Lektionen, wenn sie selbst erleben, welche Folgen ihr Versagen hat.

welche Folgen ihr Versagen hat. Wenn Eltern ihnen diese Konsequenzen abnehmen, vermitteln sie dem Teenager eine andere Botschaft, die ein verantwortungsloses Verhalten fördert: „Wenn ich etwas falsch mache, trägt jemand anders dafür die Konsequenzen." Solche Schlussfolgerungen machen es dem Teenager schwer, Verantwortung zu lernen.

Ich weiß, dass es schwer ist zuzusehen, wie unsere Teenager unter den Folgen ihrer Entscheidungen leiden. Aber wenn wir ihnen die Konsequenzen abnehmen, rauben wir ihnen einen wichtigen Lehrer. Ein Vater sagte einmal zu mir: „Das Schwerste, was ich je in meinem Leben gemacht habe, war, aus dem Gefängnis zu gehen und meinen Sohn hinter Gittern zu lassen. Ich wusste, dass ich ihn gegen Kaution freibekommen hätte. Aber ich wusste auch, dass er dann noch in derselben Nacht wieder mit Drogen gedealt hätte. Zu seinem eigenen Besten entschied ich mich, ihn die Folgen für seine Fehler tragen zu lassen. Rückblickend war es eine der besten Entscheidungen, die ich in Bezug auf ihn je getroffen habe."

Bis jetzt haben wir uns auf das Negative konzentriert: Geben Sie sich nicht selbst die Schuld. Predigen Sie nicht. Versuchen Sie nicht, es in Ordnung zu bringen. Jetzt wollen wir uns dem Positiven zuwenden.

4. Zeigen Sie Ihrem Teenager Ihre bedingungslose Liebe

Am wichtigsten ist, dass Sie Ihrem Teenager zeigen, dass Sie ihn bedingungslos lieben. Das ist kein Widerspruch zu dem, was wir gerade gesagt haben. Den Teenager die Konsequenzen für sein eigenes Fehlverhalten tragen zu lassen, ist Handeln aus Liebe. Denn damit zeigen Sie, dass Sie sein Wohl im Blick haben, und das ist der Kern der Liebe. Jetzt möchte ich mich jedoch auf das emotionale Bedürfnis des Teenagers nach Liebe konzentrieren. An dieser Stelle werden die fünf Sprachen der Liebe besonders wichtig. Wenn Sie die Liebessprache Ihres Teenagers kennen, ist jetzt der Zeitpunkt, sie intensiv zu sprechen und gleichzeitig auch die anderen vier Sprachen so oft wie möglich einzusetzen.

Das moralische Versagen des Teenagers erzeugt Schuldgefühle. Diese Gefühle trennen den Teenager von Ihnen. Genau wie Adam und Eva versuchten, sich im Garten Eden vor Gottes Gegenwart zu verstecken, versucht Ihr Teenager vielleicht, sich vor Ihnen zu verstecken. Der Teenager fürchtet womöglich Ihre Verurteilung. Doch Gottes Reaktion auf Adams und Evas Versagen ist für uns Eltern ein gutes Vorbild. Er ließ die beiden die Folgen ihres Versagens tragen, aber gleichzeitig machte er ihnen ein Geschenk. Sie versuchten, sich mit Feigenblättern zu bedecken. Er gab ihnen Lederkleidung. Einfühlsame Eltern zeigen dem Teenager ihre Liebe, egal, wie sehr er versagt hat.

Daniel und Anna erzählten mir später, dass sie ihren Sohn mit ausgebreiteten Armen empfingen, als er nach Hause kam. Beide umarmten ihn lange und sagten ihm mit Tränen in den Augen: „Wir lieben dich."

Dann setzten sie sich zusammen. Daniel und Anna hörten zu, wie ihr Sohn ihnen bekannte, dass er falsch gehandelt hatte, und sie um Vergebung bat. Bedingungslose Liebe schafft das Klima für einen offenen Dialog. Der Teenager muss wissen, dass – egal was er getan hat – jemand da ist, der immer noch an ihn glaubt, der immer noch glaubt, dass er wertvoll ist, und der bereit ist, ihm zu vergeben. Wenn der Teenager die emotionale Liebe der Eltern spürt, gelingt es ihm leichter, sich seinem Versagen zu stellen, die Konsequenzen, die er verdient, zu tragen und aus der Erfahrung etwas Positives zu lernen.

Der Teenager muss wissen, dass – egal was er getan hat – jemand da ist, der immer noch an ihn glaubt, der immer noch glaubt, dass er wertvoll ist, und der bereit ist, ihm zu vergeben.

5. Hören Sie mitfühlend zu

Wir haben schon festgestellt, dass jetzt nicht der richtige Zeitpunkt für eine Strafpredigt ist. Jetzt ist mitfühlendes Zuhören gefragt. Empathie oder Mitgefühl bedeutet, sich in die Gefühle des anderen hineinzuversetzen. Versetzen Sie sich in den Teenager hinein und versuchen Sie zu verstehen, was zu dem Versagen geführt hat – und auch das, was der Teenager im Moment fühlt. Wenn der Teenager spürt, dass seine Eltern versuchen, seine Gefühle zu verstehen und nachzuempfinden, ermutigt ihn das zum Weitersprechen. Wenn der Teenager hingegen spürt, dass ihn seine Eltern verurteilen und dass sie das missbilligen, was er getan hat, ist das Gespräch schnell beendet und der Teenager fühlt sich ungeliebt und abgelehnt.

Ein mitfühlendes Zuhören wird durch reflektierende Fragen noch vertieft, zum Beispiel: „Willst du damit sagen, dass du das gefühlt hast? Heißt das, dass du das Gefühl hattest, wir würden dich nicht verstehen? Hast du das gemeint?" Solche Rückfragen geben dem Teenager Gelegenheit, seine Gedanken und Gefühle zu erklären. Und sie geben den Eltern eine weitere Gelegenheit, ihn zu verstehen.

Mitfühlendes Zuhören führt zu Verständnis. Und Verständnis ist die Voraussetzung, damit Sie dem Teenager wirklich helfen können.

6. Unterstützen Sie den Teenager

Wenn Sie zugehört und die Gedanken und Gefühle des Teenagers verstanden haben, sind Sie in der Lage, ihn emotional zu unterstützen. Lassen Sie ihn wissen, dass Sie zwar mit dem, was er getan hat, nicht einverstanden sind und dass Sie ihn nicht vor allen Konsequenzen bewahren können, aber dass Sie für ihn da sind und zu ihm stehen, während er die Konsequenzen seines Versagens trägt.

Nachdem sich Daniel und Anna die Geschichte ihres Sohnes angehört und gemeinsam mit ihm geweint hatten, sagte

Daniel: „Du sollst wissen, dass deine Mutter und ich zu dir stehen. Natürlich sind wir über das, was passiert ist, nicht glücklich. Wir wissen nicht, was jetzt alles auf dich zukommen wird. Aber wir begleiten dich dabei. Wir hoffen, dass du deine Verantwortung gegenüber der jungen Frau und dem Baby wahrnimmst, und wir werden alles tun, um dich dabei zu unterstützen. Das bedeutet aber nicht, dass wir die finanziellen Folgen tragen werden. Das ist etwas, das in deine Verantwortung fällt. Aber wir werden dich ermutigen, für dich beten und alles tun, um dir zu helfen, um dadurch stärker zu werden."

Mit solchen Worten zeigen Sie Ihre emotionale Unterstützung. Der Teenager muss wissen, dass er trotz seines Versagens nicht allein ist. Jemand liebt ihn und steht in seinem Schmerz und bei seinen Schwierigkeiten zu ihm.

7. Helfen Sie Ihrem Teenager, verantwortungsvolle Entscheidungen zu treffen

Es ist wichtig, dass Sie als Eltern Ihren Teenager durch diese Situation führen. Mit Führung meine ich nicht Manipulation. Eltern, die zu einer kontrollierenden Persönlichkeit neigen, wollen nach einem moralischen Versagen oft das Verhalten des Teenagers überwachen. Wenn Eltern entscheiden, was zu tun ist, und versuchen, den Teenager dazu zu drängen, ist das Manipulation und nicht Führung. Führung bedeutet, dem Teenager zu helfen, die Situation zu durchdenken, damit er verantwortungsvolle Entscheidungen treffen kann, wie er mit den Konsequenzen seines Versagens umgehen sollte.

Führung bedeutet, dem Teenager zu helfen, die Situation zu durchdenken, damit er verantwortungsvolle Entscheidungen treffen kann, wie er mit den Konsequenzen seines Versagens umgehen sollte.

Wir Eltern müssen die Gefühle, Gedanken und Wünsche des Teenagers unbedingt ernst nehmen. Sie dürfen nicht als unbedeutend unter den Tisch gekehrt werden. Nur weil der Teenager einen Fehler gemacht hat, bedeutet das nicht, dass die Eltern ihm jetzt die Entscheidung abnehmen dürfen. Der Teenager kann kein verantwortungsbewusster Erwachsener werden, wenn er nicht die Freiheit hat, sich seiner Situation zu stellen und zu entscheiden, wie es weitergehen soll.

Eine Möglichkeit, wie Eltern ihren Teenager durch diese Situation führen können, besteht darin, dem Teenager zu helfen, seine eigenen Gedanken logisch weiterzudenken. Zum Beispiel überlegte Daniels und Annas Sohn: „Mir kam die Idee, dass ich einfach weggehe. Ich könnte nach Kalifornien ziehen und dort neu anfangen."

Anna war klug genug, nicht auszusprechen, was sie dachte: *Das ist eine dumme Idee. Damit löst du überhaupt nichts.* Stattdessen sagte sie: „Wenn du genug Geld auftreiben könntest, um nach Kalifornien zu ziehen, in welchem Beruf würdest du dann arbeiten?"

Nachdem ihr Sohn ihr seine Gedanken dazu gesagt hatte, fragte sie: „Würdest du Geld für den Unterhalt des Kindes überweisen?"

Darauf antwortete ihr Sohn: „Natürlich. Ich werde mich nicht vor meiner Verantwortung drücken."

„Vielleicht könntest du im Internet nachsehen, wie hoch die Mieten in Kalifornien sind", schlug Anna dann vor. „Es wäre wahrscheinlich nicht schlecht, eine Vorstellung davon zu bekommen, was das Leben dort kostet." Mit diesen und anderen Fragen half Anna ihrem Sohn, darüber nachzudenken, was mit einem Umzug nach Kalifornien verbunden wäre.

Eltern, die auf diese Weise Anleitung geben, können die Entscheidungen ihrer Teenager in eine positive Richtung beeinflussen. Aber Eltern, die vorschnell ein Urteil fällen und dogmatische, abfällige Aussagen über die Gedanken ihres Teenagers machen, sorgen für einen Abbruch der Kommunikation. Damit bringen sie den Teenager dazu, bei jemand anderem nach Rat zu fragen. Oder der Teenager trifft vielleicht sogar als Trotzreaktion auf die besserwisserische Haltung der Eltern eine leichtfertige Entscheidung.

Diese Art von Führung fällt vielen Eltern schwer. Es ist leichter, unseren Teenagern zu sagen, was wir denken, und kritische Aussagen über den Wert oder die Absurdität ihrer Ideen zu machen. Doch das hilft dem Teenager nicht, seine Fähigkeit zu entwickeln, selbst Entscheidungen zu treffen. Der Teenager braucht keine Befehle. Er braucht Ratschläge, Anleitung und Führung.

Eine andere Art der Unterstützung ist es, Ihre Ideen als Möglichkeiten zu formulieren. „Eine mögliche Lösung könnte sein …“ ist viel hilfreicher als „Ich denke, du musst …“ Vergessen Sie nicht: Auch wenn er einen moralischen Fehler gemacht hat, will der Teenager nach wie vor seine Unabhängigkeit und seine eigene Identität entwickeln. Das dürfen Eltern nicht vergessen, wenn sie versuchen, ihrem Teenager zu helfen, aus seinen Fehlern zu lernen. Es kann gut sein, dass Sie Möglichkeiten sehen, die Ihr Teenager nicht sieht. Ihr Teenager könnte von Ihrem Wissen profitieren, wenn Sie Ihre Gedanken als Möglichkeiten und nicht als „Du sollst und du musst“ formulieren.

Dennoch kann es natürlich geschehen, dass Sie nach Ihrem Gespräch sehen, dass der Teenager dabei ist, eine in Ihren Augen falsche Entscheidung zu treffen. Sie haben berechtigte Sorge, dass diese Entscheidung die Situation einfach nur schlimmer und nicht besser machen würde. Doch auch dann sollten Sie bitte daran denken, Ihrem Teenager Ratschläge und keine Befehle zu erteilen. Es ist sehr wichtig, dass Sie die Eigenständigkeit des Teenagers als Person aner-

Es ist sehr wichtig, dass Sie die Eigenständigkeit des Teenagers als Person anerkennen und sich bewusst machen, dass er letztendlich seine Entscheidung selbst treffen muss.

kennen und sich bewusst machen, dass er letztendlich seine Entscheidung selbst treffen muss.

In einer solchen Situation könnten Sie vielleicht sagen: „Du musst diese Entscheidung selbst treffen, denn du bist derjenige, der mit den Konsequenzen leben muss. Aber ich will dir sagen, was ich befürchte, wenn du diese Entscheidung triffst." Sie äußern Ihre Befürchtungen und sagen dann: „Aus diesen Gründen habe ich das Gefühl, es wäre vielleicht besser, wenn du es anders angehst. Ich könnte es mir folgendermaßen vorstellen ..." Dann teilen Sie ihm Ihre eigenen Ideen mit.

Damit nehmen Sie Ihrem Teenager die Verantwortung nicht ab, seine Entscheidung zu treffen. Sie haben auch nicht autoritär verlangt, dass Ihr Teenager das tut, was Sie wollen. Aber Sie haben ihm mitgeteilt, was Sie denken und fühlen, und zwar so, dass er es leichter annehmen kann.

Wenn der Teenager am Ende trotzdem eine Entscheidung trifft, die Sie für falsch und unklug halten, lassen Sie ihn die logischen Folgen dieser Entscheidung tragen. Wenn diese Folgen negativ sind und der Teenager wieder versagt, wiederholen Sie den oben beschriebenen Prozess und behalten dabei im Hinterkopf, dass verantwortungsbewusste Eltern ihrem Teenager helfen, aus seinen Fehlern zu lernen.

Der Teenager nimmt Drogen und trinkt Alkohol

Da Drogen- und Alkoholkonsum in unserer Gesellschaft ein so großes Problem ist, möchte ich an dieser Stelle gerne ein paar Hinweise geben, wie Eltern ihren Teenagern helfen können, die auf diesem Gebiet versagen. Doch zunächst ein paar Worte über Prävention: Eltern können nichts Besseres tun, als zu Beginn der Teenagerjahre über die Themen Tabak, Alkohol und Drogen zu sprechen und aktiv dafür zu sorgen, dass der Teenager klar auf die Gefahren hingewiesen wird.

In der Familienkonferenz erklärten Frank und Sarah ihrem 13-jährigen Sohn, dass ihnen bewusst sei, dass er als Teenager von seinen Freunden unter Druck gesetzt werden könnte, zu rauchen, zu trinken und Drogen zu nehmen. „Da du jetzt ein Teenager bist, bist du alt genug, um über diese Dinge Bescheid zu wissen. Deshalb werden wir Eltern zusammen mit dir die Informationsveranstaltung des Krankenhauses über die schädlichen Folgen des Rauchens besuchen." Frank fügte hinzu: „Deine Mutter und ich wollen, dass du die Fakten kennst, bevor deine Freunde versuchen, dich zum Rauchen zu überreden."

Die meisten Teenager werden auf eine solche Gelegenheit positiv reagieren, und wenn sie Bilder von Raucherlungen und Krebsgeschwüren gesehen haben, werden sie hoffentlich nicht mit dem Rauchen anfangen. In Bezug auf Alkohol und Drogen können Sie ähnlich verfahren, egal, ob Sie eine Informationsveranstaltung in Ihrer Stadt besuchen oder im Internet die schädlichen Folgen von Alkoholmissbrauch und Drogenmissbrauch recherchieren und darüber sprechen. Wenn Ihr Teenager über die Folgen von Alkohol und Drogen informiert ist, wird ihm das helfen, gute Entscheidungen zu treffen, bevor er von Gleichaltrigen verführt oder unter Druck gesetzt wird, Alkohol zu trinken oder Drogen zu nehmen.

Nachdem Sie Ihrem Teenager solche grundlegenden Informationen haben zukommen lassen, können Sie ihn hin und wieder auf Artikel in der Zeitung hinweisen, die von tragischen Todesfällen infolge von Autofahren unter Alkohol- oder Drogeneinfluss berichten. Vielleicht gehen Sie mit Ihrem Teenager auch in eine Einrichtung, in der Männer und Frauen leben, deren Leben durch Alkohol oder Drogen zerstört wurde. Auf diese Weise bekommt Ihr Teenager ein Bild von den Folgen des Drogen- und Alkoholmissbrauchs, den er im Fernsehen oder Kino nie sehen wird.

Sie sollten mit Ihrem Teenager auch darüber sprechen, dass

die Werbung versucht, junge Menschen zu manipulieren und auszunutzen, indem sie ihnen nur eine Seite des Alkohol- und Drogenkonsums zeigt. Wenn Ihr Teenager das erkennt, reagiert er wahrscheinlich auf die Werbung und den Druck von Gleichaltrigen ganz anders. Wenn Sie derart selbst aktiv werden, bevor Alkohol, Drogen oder Rauchen für Ihren Teenager zum Thema werden, ist das meiner Meinung nach die beste Herangehensweise an diese Themen.

Doch vielleicht hatten Sie keine Gelegenheit, frühzeitig mit Ihrem Sohn oder Ihrer Tochter darüber zu sprechen. Und plötzlich stellen Sie fest, dass Ihr Teenager bereits raucht. Spätestens jetzt sollten Sie unbedingt aktiv werden. Verschließen Sie nicht einfach die Augen vor dem Problem und gehen Sie nicht davon aus, dass es von selbst weggeht. Es reicht auch nicht, die Schubladen des Teenagers zu durchwühlen und die Zigaretten wegzuwerfen in der Hoffnung, dass keine neuen nachkommen. Nein, in einer solchen Situation ist es viel besser, den Teenager mit Ihrem Wissen zu konfrontieren und zu ihm zu sagen: „Ich gehe davon aus, dass du weißt, dass ich mir ernsthaft wünsche, du würdest nicht rauchen. Rauchen ist für deine Gesundheit sehr schädlich. Aber ich weiß, dass ich diese Entscheidung nicht für dich treffen kann. Ich kann verhindern, dass du im Haus rauchst, aber ich kann nicht kontrollieren, was du machst, wenn du weggehst. Wenn du weiterhin rauchst, will ich, dass du dir über die Folgen im Klaren bist. Deshalb bitte ich dich, die Informationsveranstaltung im Krankenhaus zu besuchen. Dabei geht es um die gesundheitlichen Folgen des Rauchens. Ich weiß, dass ich dich nicht zwingen kann, diese Veranstaltung zu besuchen. Aber ich liebe dich und mir liegt sehr viel an deinem Wohlergehen, deshalb bitte ich dich dringend, dorthin zu gehen."

Wenn der Teenager diese Veranstaltung besucht, kann er seine Entscheidung mit dem Wissen treffen, wofür oder wogegen er sich entscheidet. Die meisten Teenager werden sich hoffentlich noch rechtzeitig gegen das Rauchen entscheiden, wenn sie die Fakten kennen.

Wenn sich der Teenager weigert, diese Veranstaltung zu besuchen, können die Eltern zwei Dinge tun: Erstens können sie dafür sorgen, dass der Teenager zu Hause nicht raucht. Machen Sie Ihrem Teenager klar, dass Sie nicht bereit sind, dass sich der Zigarettengeruch im Haus festsetzt, und weisen Sie ihn auf die Gefahren des Passivrauchens für die anderen Familienmitglieder hin. Zweitens können Sie Taschengeld und andere Privilegien streichen, um Ihrem Wunsch Nachdruck zu verleihen, dass Ihr Teenager zu dieser Veranstaltung geht. Wieder gilt: Sie zwingen den Teenager zu nichts. Sie zeigen ihm nur, dass Freiheit und Verantwortung immer zusammengehören. Er hat nicht mehr die Freiheit, Taschengeld zu bekommen, solange er nicht die Verantwortung wahrnimmt, diese Veranstaltung zu besuchen.

Vielleicht ist das Problem nicht Rauchen, sondern übermäßiger Alkoholkonsum oder Drogenmissbrauch. Alkohol- und Drogenmissbrauch können das Leben eines Menschen nicht nur beeinträchtigen, sondern zerstören. Und beides hat einen schädlichen Einfluss auf das Umfeld der Person, die trinkt oder Drogen nimmt. Wenn Sie den Eindruck haben, dass Ihr Teenager süchtig ist, nehmen Sie unbedingt professionelle Hilfe in Anspruch. Ich rate Ihnen dringend zu zwei Schritten: Suchen Sie erstens für Ihren Teenager Hilfe. Beratungsstellen, Gruppen wie „Anonyme Alkoholiker" oder Therapeuten haben die nötigen Qualifikationen und Erfahrungen, um Suchtkranken zu helfen. Und zweitens: Nehmen auch Sie als Eltern persönliche Hilfe in Anspruch. Suchen Sie einen Psychotherapeuten, der Erfahrung darin hat, Eltern von suchtkranken Teenagern zu helfen. Sie als Eltern schaffen das nicht allein. Sie brauchen die Unterstützung von Menschen, die damit Erfahrung haben. Sicherlich gibt es gute eigene Hilfsprogramme oder Ratgeber und es lohnt sich sicher, auch diese auszuprobieren.

Doch Sie selbst brauchen auch die Hilfe eines professionellen Therapeuten, um in diesem Prozess kluge Entscheidungen zu treffen. Wenn die Eltern eines suchtkranken Teenagers selbst keine Hilfe bekommen, können sie wahrscheinlich auch ihrem Teenager nicht helfen.

Die Macht der Liebe

Viele Eltern können wie Daniel und Anna sagen: „Die dunkelste Nacht unseres Lebens war der Anfang einer tieferen Beziehung zu unserem Teenager." Die Liebe ist der Schlüssel, um aus einem Versagen einen Triumph zu machen. Eltern, die ihre Teenager so sehr lieben, dass sie die Schuld nicht sich selbst geben, dass sie nicht predigen, dass sie nicht versuchen, die Sache in Ordnung zu bringen; Eltern, die mitfühlend zuhören, die Unterstützung und Führung geben – und das alles im Geist bedingungsloser Liebe –, diese Eltern haben gute Chancen zu erleben, wie ihr Teenager an der Situation reift, während er die Konsequenzen für sein Versagen trägt.

In diesem Kapitel habe ich versucht zu erklären, dass der Teenager, der versagt hat, keine Eltern braucht, die hinter ihm herstapfen, ihn treten oder ihn wegen seines Versagens verurteilen.

Genauso wenig braucht er Eltern, die vorausmarschieren, ihn mitzerren und versuchen, ihn zu zwingen, sich ihren Wünschen zu fügen.

Was der Teenager braucht, sind Eltern, die neben ihm hergehen, die seine Liebessprache sprechen und ihn mit dem aufrichtigen Wunsch begleiten, dass er lernt, die Verantwortung zu übernehmen und die Konsequenzen seines Versagens zu tragen.

Epilog

Zwei Stürme brausen über den Horizont der heutigen Teenagerkultur. Der eine besteht aus den herzzerreißenden Schreien tausender Teenager, die sich nach Gemeinschaft, Struktur, Richtlinien und einem Sinn im Leben sehnen. Der zweite ist ein Wirbelwind der Verwirrung, der den ersten Sturm bedroht.

Für viele Teenager ergibt die Welt keinen Sinn und das Leben scheint der Mühe kaum wert zu sein. Die Teenager, die in diesem Sturm der Verwirrung gefangen sind, verbringen oft einen großen Teil ihres Lebens in Niedergeschlagenheit und setzen manchmal allem mit selbstzerstörerischen Taten ein Ende; womöglich reißen sie sogar andere mit sich in die Tiefe.

Ich bin der festen Überzeugung, dass der wichtigste Einfluss auf die seelische Verfassung und die Entscheidungen unserer Teenager die Liebe ihrer Eltern ist. Ohne das Gefühl, dass ihre Eltern sie lieben, lassen sich Teenager leichter von diesem Sturm der Verwirrung mitreißen. Im Gegensatz dazu

Ich bin der festen Überzeugung, dass der wichtigste Einfluss auf die seelische Verfassung und die Entscheidungen unserer Teenager die Liebe ihrer Eltern ist.

sind Teenager, die sich von ihren Eltern wirklich geliebt fühlen, eher bereit, die tiefe Sehnsucht nach Gemeinschaft zu stillen, Strukturen anzunehmen, auf Ratschläge einzugehen und einen Sinn und ein Ziel für ihr Leben zu suchen. Nichts hat so viel Kraft, um junge Menschen positiv zu verändern, wie die Liebe der Eltern.

Ich habe dieses Buch als praktische Hilfe geschrieben für Eltern, die sich von ganzem Herzen dafür einsetzen wollen, dass sich ihre Teenager geliebt fühlen. Nach vielen Jahren als Ehe- und Familientherapeut weiß ich, dass die meisten Eltern ihre Teenager lieben. Aber ich habe auch beobachtet, dass sich viele Teenager von ihren Eltern nicht geliebt fühlen. *Die ernst gemeinte Absicht allein genügt nicht.* Wenn wir einem Teenager unsere Liebe so zeigen wollen, dass er sie annehmen kann, ist es unabdingbar, dass wir seine bevorzugte Sprache der Liebe lernen und sie regelmäßig sprechen. Wir müssen auch die Dialekte der Liebessprache lernen, die die Seele des Teenagers am tiefsten ansprechen. Wenn wir das tun, können wir die anderen vier Sprachen der Liebe ebenfalls einsetzen und sie werden unsere Bemühungen unterstützen.

Aber wenn wir die Liebessprache unseres Teenagers nicht sprechen, werden alle Bemühungen, die anderen vier Sprachen der Liebe zu sprechen, seinen Liebestank nicht füllen.

Es ist nicht immer leicht, einem Teenager zu zeigen, dass man ihn liebt. Es ist ganz gewiss nicht mehr so leicht, wie es in seiner Kindheit war. In gewisser Weise sind unsere Teenager „bewegliche Ziele". Zum einen verfolgen sie aktiv viele Interessen, die sich auch schnell wieder ändern können, und zum anderen machen sie radikale Stimmungsschwankungen durch. Beides macht es Eltern schwer herauszufinden, welche

Sprache oder welchen Dialekt sie von Fall zu Fall sprechen sollten. Die wachsende Unabhängigkeit und die Entwicklung der eigenen Identität des Teenagers verstärken diesen Prozess noch zusätzlich. Wenn Sie Ihrem Teenager Ihre Liebe so zeigen wollen, dass er sie annehmen kann, dürfen Sie diesen Prozess nicht behindern.

Obwohl ich dieses Buch in erster Linie für Eltern geschrieben habe, ist es mein Wunsch, dass auch Großeltern, Lehrer, Jugendreferenten, Erzieher, Pädagogen, Seelsorger und andere Erwachsene, denen Teenager am Herzen liegen, es lernen, ihnen ihre Liebe besser zu zeigen, indem sie die Prinzipien in diesem Buch lesen und anwenden. Es ist entscheidend, dass ein Teenager die Liebe seiner Eltern fühlt, doch er braucht auch die Liebe von anderen wichtigen Bezugspersonen in seinem Leben. Jede Begegnung gibt dem Teenager das Gefühl, geliebt oder nicht geliebt zu werden. Wenn der Teenager sich von einem Erwachsenen geliebt fühlt, ist er für seine Ratschläge und seinen Einfluss offen. Wenn sich ein Teenager nicht geliebt fühlt, stößt man auf taube Ohren. Der Teenager braucht dringend die Weisheit und die Anleitung von erfahrenen, einfühlsamen Erwachsenen. Aber ohne Liebe kommt die Weisheit bei ihm nicht an.

Die in diesem Buch vorgestellten Prinzipien sollten täglich praktiziert werden. Genauso wie der Körper des Teenagers täglich Nahrung braucht, sehnt sich seine Seele täglich neu nach Liebe. Ich würde dieses Buch am liebsten allen Eltern von Teenagern in die Hand drücken und sagen: „Das habe ich für euch geschrieben. Ich weiß, dass ihr euren Teenager liebt. Aber ich bin mir nicht sicher, ob euer Teenager eure Liebe fühlt. Geht nicht davon aus, dass alles gut ist. Lernt die Liebessprache eures Teenagers und sprecht sie regelmäßig. Das ist nicht leicht, ich weiß. Ich habe das auch durchgemacht. Aber die Mühe lohnt sich. Euer Teenager wird davon profitieren – und ihr selbst auch."

Nichts ist für künftige Generationen wichtiger, als dass wir die Teenager dieser Generation aus ganzem Herzen lieben und es ihnen in der richtigen Sprache der Liebe zeigen.

Der Liebessprachen-Test für Teenager

Worum geht's?

Deine Eltern haben *Die 5 Sprachen der Liebe* gelesen und fragen sich, ob sie deine Liebessprache sprechen. Falls sie es dir noch nicht erklärt haben: Die „Sprache der Liebe“ ist eine der folgenden fünf Arten, wie Menschen Liebe ausdrücken und annehmen: *Lob und Anerkennung, Zärtlichkeit, Zweisamkeit, Geschenke* oder *Hilfsbereitschaft*. Du weißt, dass deine Eltern dich lieben, weil sie dir ihre Liebe oft durch eine dieser „Sprachen der Liebe“ zeigen.

Im Folgenden findest du 30 Satzpaare, die beschreiben, was deine Eltern tun oder sagen könnten, um dir ihre Liebe zu zeigen. Kreuze bitte bei jedem Paar den Satz an, der dir besser gefällt. In einigen Beispielen gefallen dir vielleicht beide Möglichkeiten, aber kreuze trotzdem nur eine an. Wenn du bei allen 30 Paaren jeweils einen Satz angekreuzt hast, kannst du deine Punkte zählen. Das Ergebnis zeigt dir und deinen Eltern, was deine bevorzugte Liebessprache ist.

Vielleicht denkst du jetzt: *Na toll! Meine Eltern haben wieder mal ein Buch* über Erziehung *gelesen!* Das ist kein Grund, ihnen deshalb Vorwürfe zu machen. Deine Eltern möchten nur, dass du weißt, dass sie dich lieben. Viele Eltern glauben, ihr Teenager wüsste, wie sehr sie ihn lieben. Und dann hören sie irgendwann mal diesen traurigen Satz: „Ich habe nie gewusst, ob meine Mutter oder mein Vater mich liebt."

Mach bitte diesen Test. Dabei erfährst du wahrscheinlich etwas Neues über dich selbst und es hilft deinen Eltern, dich besser zu lieben.

Die 5 Sprachen der Liebe: Testbogen für Teenager

Hier findest du also 30 Satzpaare, in denen beschrieben wird, wie Eltern ihren Teenagern ihre Liebe zeigen wollen. Es können Dinge sein, die deine Eltern tun oder sagen. Vielleicht sind es auch Dinge, von denen du dir wünschst, dass sie sie tun oder sagen würden. Kreuze jeweils nur den Satz an, der dir mehr zusagt, und kreise den Buchstaben ein, der hinter diesem Satz steht. Zähle am Ende, wie oft du jeden Buchstaben eingekreist hast, und notiere dein Ergebnis.

Mein Vater/meine Mutter ...

1	➤ fragt mich, was ich denke.	A
	➤ legt mir den Arm um die Schulter.	E
2	➤ geht zu meinen Sportveranstaltungen, Aufführungen etc.	B
	➤ wäscht meine Wäsche.	D
3	➤ kauft mir Kleidung.	C
	➤ schaut mit mir Filme an.	B
4	➤ hilft mir bei Schulprojekten.	D
	➤ umarmt mich.	E
5	➤ küsst mich auf die Wange.	E
	➤ gibt mir Geld für Sachen, die ich brauche.	C
6	➤ nimmt sich frei, um mit mir etwas zu machen.	B
	➤ massiert meine Schultern oder meinen Rücken.	E
7	➤ schenkt mir zum Geburtstag coole Sachen.	C
	➤ spricht mir Mut zu, wenn ich etwas falsch mache.	A
8	➤ streichelt liebevoll über meinen Arm.	E
	➤ massiert meine Schultern oder meinen Rücken.	A
9	➤ geht mit mir essen oder einkaufen.	B
	➤ lässt mich ihre/seine Sachen benutzen.	C
10	➤ sagt, dass ich der beste Sohn/die beste Tochter der Welt bin.	A
	➤ fährt mich überallhin.	D

11	➤ nimmt fast jeden Tag mindestens eine Mahlzeit mit mir ein.	B
	➤ hört mir zu und hilf mir, eine Lösung für meine Probleme zu finden.	A
12	➤ respektiert meine Privatsphäre.	D
	➤ hält oder drückt meine Hand.	E
13	➤ steckt mir kleine Zettel mit ermutigenden Sätzen zu.	A
	➤ kennt mein Lieblingsgeschäft.	C
14	➤ hat manchmal stundenlang Zeit für mich.	B
	➤ sitzt neben mir auf der Couch.	E
15	➤ sagt mir, wie stolz er/sie auf mich ist.	A
	➤ kocht mir etwas zu essen.	D
16	➤ rückt meinen Kragen, meine Kette etc. zurecht.	E
	➤ zeigt Interesse an Dingen, die mich interessieren	B
17	➤ erlaubt, dass meine Freunde bei uns sind.	D
	➤ zahlt das Geld, damit ich an Schul- oder Gemeindeausflügen teilnehmen kann.	C
18	➤ sagt mir, dass ich gut aussehe.	A
	➤ hört mir zu, ohne mich zu verurteilen.	B
19	➤ berührt oder massiert meinen Kopf.	E
	➤ lässt mich manchmal aussuchen, wohin ein Familienausflug geht.	D

20	➤ fährt mich zum Arzt, Zahnarzt etc.	D
	➤ vertraut mir, wenn ich allein zu Hause bin.	C
21	➤ nimmt mich zu Ausflügen mit.	B
	➤ fährt meine Freunde und mich ins Kino, zu Konzerten etc.	D
22	➤ schenkt mir Sachen, die mir wirklich gefallen.	C
	➤ bemerkt, wenn ich etwas gut mache.	A
23	➤ gibt mir extra Geld, das ich ausgeben darf.	C
	➤ fragt, ob ich Hilfe brauche.	D
24	➤ unterbricht mich nicht, wenn ich spreche.	B
	➤ mag die Geschenke, die ich ihm/ihr kaufe.	C
25	➤ lässt mich manchmal länger schlafen.	D
	➤ scheint wirklich gern etwas mit mir zu unternehmen.	B
26	➤ klopft mir auf den Rücken.	E
	➤ kauft mir Sachen und überrascht mich damit.	C
27	➤ sagt mir, dass er/sie an mich glaubt.	A
	➤ kann mit mir im Auto sitzen, ohne mir Vorträge zu halten.	B
28	➤ besorgt Sachen aus verschiedenen Geschäften, die ich brauche.	C
	➤ berührt manchmal mein Gesicht oder hält es fest.	E

29	➤ lässt mich in Ruhe, wenn ich aufgewühlt bin oder mich ärgere.	D
	➤ sagt mir, dass ich begabt oder etwas Besonderes bin.	A
30	➤ umarmt oder küsst mich mindestens einmal am Tag.	E
	➤ sagt, dass er/sie dankbar ist, dass ich sein/ihr Kind bin.	A

Dein Ergebnis:

A: _____ B: _____ C: _____ D: _____ E: _____

A = Lob und Anerkennung
B = Zweisamkeit – Zeit nur für dich
C = Geschenke, die von Herzen kommen
D = Hilfsbereitschaft
E = Zärtlichkeiten

Auswertung deines Testergebnisses

Bei welcher Sprache hast du die meisten Punkte? Sie ist deine bevorzugte Liebessprache. Wenn zwei Sprachen ungefähr gleich viele Punkte haben, sprechen dich zwei Sprachen der Liebe an. Wenn eine zweite Sprache fast genauso viele Punkte hat wie deine bevorzugte Sprache, bedeutet das, dass du noch eine zweite Sprache sprichst und dass beide für dich wichtig sind. Das höchste mögliche Ergebnis für jede Liebessprache ist 12 und die Summe aller Punkte ist 30. Dein Ergebnis könnte z. B. so aussehen: 11 für deine erste Liebessprache; 9 für deine zweite Sprache; dann 5, 3 und 2 für die anderen. Oder du hast z. B. eine 12 mit großem Abstand gefolgt von 6, 5, 4 und 3. Du wirst wahrscheinlich keine gleichmäßige Aufteilung haben (überall 6 Punkte); das wäre ein sehr seltenes Ergebnis.

Aber egal, was deine Liebessprache ist, solltest du die anderen Sprachen nicht abhaken. Vielleicht drücken deine Freunde oder Familienangehörigen in diesen Sprachen ihre Liebe aus und können Liebe in diesen Sprachen annehmen. Es wäre gut, wenn du das über sie wüsstest. Wenn wir die Sprache der Liebe des anderen sprechen, können wir eine bessere Beziehung zu ihm aufbauen.

Anmerkungen

Einleitung

1 Unter der Bezeichnung „Generation X“ versteht man in der Soziologie die Generation derer, die zwischen ca. 1965 und 1980 geboren wurden (nach Wikipedia).
2 http://www.bib-demografie.de/SharedDocs/Publikationen/DE/Bev_Aktuell/2014_2.pdf?__blob=publicationFile&v=3, Abruf am 13.02.2017.

1. Teenager von heute verstehen

3 http://www.du-bist-wertvoll.info/216; Abruf am 13.02.2017.
4 1. Samuel 3,10.
5 YOUTHviews 6, Nr. 7 (März 1999): 3.
6 James Garbarino, *Lost Boys: Why Our Sons Turn Violent and How We Can Save Them (New York: Free Press, 1999), 6-7.*
7 YOUTHviews 5, Nr. 9 (Mai 1998): 2.

8 https://www.destatis.de/DE/PresseService/Presse/Pressekonferenzen/2011/Mikro_Kinder/pressebroschuere_kinder.pdf?__blob=publicationFile, Abruf am 13.02.2017.
9 http://www.frauenzimmer.de/cms/scheidungskinder-zum-vater-oder-zur-mutter-wieviel-eltern-braucht-das-kind-1382890.html, Abruf am 13.02.2017.
10 Jerold K. Footlick: „What Happened to the American Family?“, *Newsweek (Special Edition), Winter/Spring 1990, 15.*
11 Eric Miller with Mary Porter, *In the Shadow of the Baby Boom (New York: EPM Communications, 1994), 5.*
12 Richard Louv, *Childhood's Future (New York: Anchor, 1990), 6.*
13 Christian Smith and Melinda Lundquist Denton, *Soul Searching: The Religious and Spiritual Lives of American Teenagers (New York: Oxford University Press, 2005), 40.*
14 Ibid, 31, 40, 45.
15 Ibid, 37.
16 http://www.spiegel.de/lebenundlernen/schule/jugend-studie-so-denken-junge-menschen-in-deutschland-a-1089407.html; Abruf am 13.02.2017.
17 YOUTHviews 5, Nr. 1 (September 1997): 1.

2. Der Schlüssel: Liebe von den Eltern

18 YOUTHviews 5, Nr. 8 (April 1998): 1; herausgegeben vom George H. Gallup International Institute, Princeton, NJ.
19 YOUTHviews 5, Nr. 9 (Mai 1998): 2.
20 YOUTHviews 6, Nr. 8 (April 1999): 3.
21 YOUTHviews 5, Nr. 7 (März 1998): 2.
22 YOUTHviews 5, Nr. 6 (Februar 1998): 5.
23 Lawrence Steinberg and Ann Levine, *You and Your Adolescent (New York; Harper, 1997), 2.*
24 YOUTHviews 5, Nr. 2 (Oktober 1997): 1, 4.
25 James Garbarino, *Lost Boys: Why Our Sons Turn Violent and How We Can Save Them (New York: Free Press, 1999), 50.*

26 Ibid, 51.
27 Epheser 1,6 (Hoffnung für alle).
28 Ken Canfield, *The Heart of A Father (Chicago: Northfield, 2006), 225.*
29 Garbarino, *Lost Boys, 158.*
30 Allen, die mit nicht verarbeitetem Ärger kämpfen, empfehle ich: Gary Chapman, *Die andere Seite der Liebe: Ärger, Wut und Zorn. Wie negative Gefühle zur positiven Kraft werden (Gießen: Brunnen-Verlag, 2012).*
31 Garbarino, *Lost Boys, 138.*
32 Daniel Goleman, *Emotional Intelligence (New York: Bantam, 2006), 20-30.*
33 David Popenoe, *Life Without Father (New York: Free Press, 1996), 191; Henry Cloud and John Townsend, Boundaries with Kids (Grand Rapids: Zondervan, 1998), 46; und Garbarino, Lost Boys, 154.*
34 Matthäus 22,35-40 (Hoffnung für alle).
35 Garbarino, *Lost Boys, 168.*
36 Ibid, 132.

3. Sprache der Liebe Nummer 1: Lob und Anerkennung

37 Sprüche 18,21 (Hoffnung für alle).
38 Anne Cassidy, „Fifteen Ways to Say ‚I Love You'", *Woman's Day, 18. Februar 1997, 24.*

4. Sprache der Liebe Nummer 2: Zärtlichkeit

39 Prediger 3,1 und 5 (Neues Leben. Die Bibel).
40 YOUTHviews 6, Nr. 8 (April 1999): 1; herausgegeben vom George H. Gallup International Institute, Princeton, NJ.

5. Sprache der Liebe Nummer 3: Zweisamkeit – Zeit nur für dich

41 Ross Campbell, *Teenager brauchen mehr Liebe (Marburg: Verlag der Francke-Buchhandlung, 2009).*
42 Gary Smalley and Greg Smalley, *Bound by Honor (Wheaton, IL: Tyndale, 1998), 98.*
43 Eastwood Atwater, *Adolescence (Englewood Cliffs, NJ: Prentice Hall, 1996), 198.*
44 Ibid, 201.
45 Smalley and Smalley, *Bound by Honor, 107.*
46 Lawrence Steinberg and Ann Levine, *You and Your Adolescent (New York; Harper, 1997), 13.*

6. Sprache der Liebe Nummer 4: Hilfsbereitschaft

47 Matthäus 20,28 (Neues Leben. Die Bibel).
48 Matthäus 20,26 (Hoffnung für alle).

9. Ärger und Teenager

49 Bis 100, 500 oder sogar bis 1000 zu zählen, kann ein effektives Mittel sein, um zu verhindern, dass man spontan und unkontrolliert reagiert. Zu Vorschlägen dazu siehe Gary Chapman, *Anger: Taming a Powerful Emotion (Chicago: Moody, 2015), 38-40.*

10. Alleinerziehende Eltern und Patchworkfamilien mit Teenagern

50 Shmuel Shulman and Inge Seiffge-Krenke, *Fathers and Adolescents (New York: Routledge, 1997), 97.*
51 Tom and Andrienne Frydenger, *The Blended Family (Old Tappan, NJ: Revell, 1984), 19.*

52 Shmuel Shulman and Inge Seiffege-Krenke, *Fathers and Adolescents, 123; Frydenger, The Blended Family, 120.*
53 Lawrence Steinberg and Ann Levine, *You and Your Adolescent (New York; Harper, 1997), 13.*

11. Liebe und der Wunsch nach Unabhängigkeit

54 Lawrence Steinberg and Ann Levine, *You and Your Adolescent (New York; Harper, 1997), 150.*
55 George Sweeting, *Who Said That? (Chicago: Moody, 1995), 302.*
56 Ibid, 370.
57 Lawrence Kutner, *Making Sense of Your Teenager (New York: William Morrow, 1997), 44.*

12. Liebe und die Notwendigkeit von Verantwortung

58 Lawrence Steinberg and Ann Levine, *You and Your Adolescent (New York; Harper, 1997), 16.*
59 Ibid.
60 Ibid, 16-17.
61 Ibid, 16.
62 Siehe 2. Mose 20.
63 Die zwei Gebote, die Jesus als die größten bezeichnete, lauten, dass wir Gott von ganzem Herzen lieben sollen und dass wir unseren Nächsten wie uns selbst lieben sollen; siehe Markus 12,30-31.
64 Hannes Rosemond, *Teen-Proofing: A Revolutionary Approach to Fostering Responsible Decision Making in Your Teenager (Kansas City, MO: Andrews McMeel Publishing, 1998), 170.*

Unsere Buchtipps für Sie

Ross Campbell
Teenager brauchen mehr Liebe
ISBN 978-3-86827-082-2
200 Seiten, kartoniert

Ein Rettungsring für alle Eltern, die mit Schwierigkeiten in der Erziehung ihrer Teenager kämpfen. Dr. Campbell schreibt praktisch, geistlich ausgereift, leicht zu lesen und mit der unbezahlbaren Gabe, gebeutelten Eltern Liebe, Glaube und Hoffnung für ihre Teenies zurückzugeben. Wer den heißen Draht zu seinem Teenager sucht, dem zeigt er, was es heißt,

- den jungen Menschen bedingungslos zu lieben,
- sich ihm ganz und gar zuzuwenden,
- konstruktiv mit seinen Aggressionen und dem eigenen Zorn umzugehen,
- richtig auf depressives Denken bei Jugendlichen einzugehen und
- ihm zu helfen, geistig und geistlich zu wachsen.

Gary Chapman
Die 5 Sprachen der Liebe
Wie Kommunikation in der Partnerschaft gelingt
ISBN 978-3-86122-126-5
224 Seiten, Paperback

Es gibt nichts Schöneres als zu lieben und geliebt zu werden. Doch wie kann es gelingen, dass der andere sich tatsächlich dauerhaft geliebt fühlt und unsere Liebesbekundungen ihn mitten ins Herz treffen?

Gary Chapman ist dem Geheimnis einer erfüllten Liebesbeziehung auf die Spur gekommen: Es geht nicht darum, irgendetwas Liebevolles für den anderen zu tun, sondern das richtige. Denn es gibt 5 verschiedene Sprachen der Liebe – und jeder von uns hat eine Muttersprache …

Mit praktischem Liebessprachentest!

Jörg Berger
Stacheln in der Partnerschaft
Wie Sie Ihre Liebe vor Verletzungen schützen
ISBN 978-3-86827-612-1
186 Seiten, Paperback

Warum werden wir manchmal von unserem Liebespartner verletzt? Und warum verletzen und enttäuschen wir selbst den Menschen, den wir am tiefsten lieben? Auch in der Partnerschaft fahren wir unsere Stacheln aus, mit denen wir uns in Stresssituationen schützen. Lernen Sie, wie Sie unnötige Verletzungen verhindern. Lösen Sie Blockaden auf, machen Sie Ihre Liebe noch sicherer und lebendiger. Entdecken Sie das spirituelle Thema Ihrer Liebesbeziehung.

Mit Illustrationen von Thees Carstens.

Lynn Austin
Oasenzeiten
Wie ich auf den Spuren Jesu neue Hoffnung fand
ISBN 978-3-86827-573-5
288 Seiten, Paperback

„Ich glaube, ich bin Gott ein bisschen böse, weil es nicht so gekommen ist, wie ich es mir immer ausgemalt habe.“

Durststrecken und Dürreperioden kennt jeder Christ, auch die Bestsellerautorin Lynn Austin. Ihr Leben hat innerhalb kürzester Zeit eine andere Richtung eingeschlagen als die geplante. Auf einer Reise durch Israel will sie innehalten und Gott neu begegnen. Dabei besucht sie viele biblische Stätten, beschäftigt sich intensiv mit der Bibel und macht ganz erstaunliche Entdeckungen, die sie mit ihren Lesern in zwölf Kapiteln teilt.

VALORIE BURTON
Das Geheimnis glücklicher Frauen
Francke

Buchtipps für Ihren Teenager

Gary Chapman
Die 5 Sprachen der Liebe – Teen-Edition
ISBN 978-3-86827-685-5
ca. 144 Seiten, Paperback

Endlich da: Die fünf Sprachen der Liebe in einer Spezialausgabe für Teens!

Egal ob Eltern, Geschwister oder Freunde ... zu jedem dieser Menschen hast du eine Beziehung. Jeder ist dir wichtig, aber jeder ist anders. Hast du dich jemals gefragt warum? Und wie die Beziehungen zu den anderen stressfreier werden könnten?

Das Konzept der fünf Sprachen der Liebe hilft dir dabei. Denn jeder Mensch hat eine andere Art, Liebe auszudrücken und zu empfangen. Wenn du lernst, wie das bei den Menschen um dich herum funktioniert und welches deine eigene Liebessprache ist, hast du eine echte Chance auf tiefe, stabile Beziehungen. Und davon profitieren alle – am meisten du selbst!

Ab 13 Jahren

Fossi Bäumer (Hg.)
Face 2 God
Mein Leben als Follower
ISBN 978-3-86827-648-0
199 Seiten, gebunden

„Meine lieben Freunde!
In ‚Face 2 God' erzählen ganz verschiedene junge Leute davon, wie sie zu Gott gefunden haben und wie ein Leben mit Gott im ganz normalen Alltag funktionieren kann. Egal, wo du gerade bist in deinem Leben – ob auf der Suche, ob ein frisch gebackener Gottesmensch oder jemand, der oder die schon längere Zeit ‚Face 2 Face' mit Gott lebt – ‚Face 2 God' ist genau das Richtige für dich: Ultravoll mit guten Gedanken, ergreifenden Erzählungen, anregenden Anstößen, illustren Ideen, malerischen Mutmachern, tränenernstnehmenden Trostworten, aufwühlenden Aufweckern, stressfreien Streicheleinheiten und wertvollen Worten des großen Liebhabers der Menschen.
Dein Fossi."

Mit Comics von Wilhelm Dolle.

Max Lucado
You made my day
Ein Überlebensguide für Teens
ISBN 978-3-86827-418-9
144 Seiten, gebunden

Wäre es nicht toll, gut gelaunt durch den Tag zu gehen? Und zu spüren, dass Gott da ist? Zu oft ziehen 24 Stunden einfach so an einem vorbei ... und geben dem nächsten öden Tag die Klinke in die Hand. Wäre es nicht super, wenn du selbst beeinflussen könntest, wie dein Tag läuft? Wenn du die Zeit mit Bedeutung und Sinn füllen könntest? Wenn du die Möglichkeit hättest, aus den Zitronen des Lebens Limonade zu machen? Aber hat man da überhaupt eine Wahl?

Max Lucado antwortet darauf mit einem ganz klaren Ja. Mit lustigen und lebendigen Geschichten aus dem Alltag und der Bibel zeigt er, wie du deinen Tag in Gottes Nähe so gestalten kannst, dass er gelingt. Selbst dann, wenn er ätzend angefangen hat ...